…たいみの ことわざ

雀百《すずめひゃく》まで踊《おど》り忘《わす》れず（201ページ）

三《み》つ子《ご》の魂《たましい》百《ひゃく》まで（304ページ）

釈迦《しゃか》に説法《せっぽう》（158ページ）

猿《さる》に木登《きのぼ》り（174ページ）

河童《かっぱ》に水練《すいれん》（232ページ）

団栗《どんぐり》の背比《せいくら》べ（261ページ）

五十歩百歩《ごじっぽひゃっぽ》（314ページ）

虻蜂《あぶはち》取《と》らず（212ページ）

二兎《にと》を追《お》う者《もの》は一兎《いっと》をも得《え》ず（302ページ）

暖簾《のれん》に腕押《うでお》し（128ページ）

豆腐《とうふ》に鎹《かすがい》（150ページ）

転《ころ》ばぬ先《さき》の杖《つえ》（125ページ）

石橋《いしばし》を叩《たた》いて渡《わた》る（322ページ）

なかまでおぼえる

はじめてのことわざ辞典

オールカラー

小学館国語辞典編集部 編

小学館

この辞典《じてん》のとくちょう

この辞典《じてん》は、はじめて「ことわざ」をしらべるみなさんのために作《つく》りました。

はじめて聞《き》く知《し》らないことわざを調《しら》べたり、聞《き》いたことがあることわざをかくにんしたりして、この本《ほん》をどんどん使《つか》ってみましょう。

そして調《しら》べたときは、前後《ぜんご》にある「おなじなかまのことわざ」もついでにいっしょに読《よ》んでみてください。


いつかまたどこかで、そのことわざに出会《であ》うことがあると思《おも》います。

そのとき、頭《あたま》のどこかにかくれていた、そのことわざの意味《いみ》をきっと思《おも》い出《だ》すことでしょう。

もしはっきりおぼえてなければ、もう一度《いちど》この辞典《じてん》で調《しら》べてかくにんすればそのことわざはもうきみのものです。


おぼえたことわざを、お父《とう》さん、お母《かあ》さん、友《とも》だちと話《はな》すときにじっさいに使《つか》ってみてください。

そうすればきっとみんなに感心《かんしん》されるし、会話《かいわ》がもっと楽《たの》しくなると思《おも》います。


この本《ほん》ではことわざをおぼえやすいように、次《つぎ》のようなくふうをしました。

①すべての漢字《かんじ》にふりがなをつけて、どの学年《がくねん》でも読《よ》めるようにしました。
②「いきもの」「からだ」「かず」など、みんなのまわりの、みぢかななかまに分《わ》けておぼえやすくしました。
③カラーイラストで楽《たの》しくことわざがおぼえられます。
④中学受験《ちゅうがくじゅけん》にも役立《やくだ》つ大切《たいせつ》なことわざを八〇〇項目選《こうもくえら》びました。
⑤似《に》た意味《いみ》のことわざを集《あつ》めて、まとめておぼえられるようにしました。
⑥なかまごとの一覧表《いちらんひょう》で、ことわざを見《み》つけやすくしました。

これらがこの本《ほん》のとくちょうです。

どんどん活用《かつよう》して、みんなの学力《がくりょく》がぐんぐんアップするように役立《やくだ》ってくれることをねがっています。

もくじ

ことわざのなりたち 4
ことわざ いくつわかるかな① 6
ことわざ いくつわかるかな② 8
この辞典《じてん》の使《つか》い方《かた》 10
第1章 からだ 11
第2章 ひと 77
第3章 くらし 105
第4章 いきもの 159
第5章 しぜん 235
第6章 いろ 275
第7章 かず 295
第8章 そのた 319
さくいん 340

■この辞典にかかわった人

●装丁
細山田光宣・天池聖
(細山田デザイン事務所)

●表紙・本文イラスト
門司美恵子
(有限会社チャダル)

●口絵イラスト
豆画屋亀吉

●DTP・編集協力
株式会社日本レキシコ

小学館
●編集 福本康隆
●制作 粕谷裕次
●制作企画 後藤直之
●資材 苅谷直子
●宣伝 阿部慶輔
●販売 窪康男

ことわざのなりたち

北村孝一《きたむらよしかつ》（ことわざ研究者《けんきゅうしゃ》）

ことわざは、いつごろ、どのようにして、できたのでしょうか？

「無《な》くて七癖《ななくせ》」というのは二五〇年《ねん》あまり前《まえ》から、「猿《さる》も木《き》から落《お》ちる」は四〇〇年《ねん》ほど昔《むかし》から使《つか》われていました。もっと新《あたら》しいものもありますが、たいていは、みなさんのおじいさんやおばあさんが生《う》まれる前《まえ》から使《つか》われていたといってよいでしょう。

どうして、そんなに古《ふる》いことわざが、今《いま》でも使《つか》われるのでしょうか？

「無《な》くて七癖《ななくせ》」は、あまり癖《くせ》がなさそうな人《ひと》でも、よく見《み》ると七《なな》つぐらい、いろいろな癖《くせ》がある、ということですね。「なるほど、そうだよね」「わかる、わかる」というみなさんの声《こえ》が聞《き》こえてきそうです。ことわざは、多《おお》くの人《ひと》が確《たし》かにそうだと感《かん》じて、納得《なっとく》するから、今《いま》でも使《つか》われ続《つづ》けているのです。

「猿《さる》も木《き》から落《お》ちる」は、だれかが自分《じぶん》の得意《とくい》なことでたまたま失敗《しっぱい》したようなときに使《つか》います。ちょっと笑《わら》いながら、でもあんなに木登《きのぼ》りが上手《じょうず》な猿《さる》だって木《き》から落《お》ちることがあるんだから、むりもないよね、という気持《きも》ちです。お猿《さる》さんにたとえて、ほんとうは人《ひと》のことをいうんですね。「なるほど、そうか」「うまい言《い》い方《かた》だなあ」と感心《かんしん》した人《ひと》も多《おお》いでしょう。こんどは自分《じぶん》でも使《つか》ってみようかな、という気《き》にもなりますね。

では、こうしたことわざは、だれが言《い》いだしたのでしょうか？

ことわざは、とくにえらい人《ひと》や有名《ゆうめい》な人《ひと》が作《つく》ったわけではありません。ふつうの人《ひと》の暮《く》らしのなかから生《う》まれ、だれかが言《い》いだし、まわりの人《ひと》がなるほどとか、うまい言《い》い方《かた》だなと思《おも》って使《つか》うようになって、だんだん広《ひろ》まったものです。最初《さいしょ》から文字《もじ》で書《か》かれたものではなく、口《くち》で伝《つた》えられるので、どこのだれが言《い》いだしたのか、わからないものがほとんどです。実際《じっさい》に使《つか》うときは、もっと言《い》いやすいものにしたり、気《き》のきいたものに言《い》いかえたりしてもよいので、だれか一人《ひとり》が作《つく》ったというより、大勢《おおぜい》の人《ひと》が長《なが》い時間《じかん》をかけて、いつの間《ま》にかできてきたのが、ことわざといってもよいでしょう。不思議《ふしぎ》ですね。

この本《ほん》には、そんなことわざがたくさん集《あつ》められていて、イラストといっしょにわかりやすく説明《せつめい》されていますから、ゆっくり楽《たの》しんでみてください。

ことわざ いくつわかるかな ①

火《ひ》の付《つ》いたよう
（243ページ）
猿《さる》も木《き》から落《お》ちる
（172ページ）
猿《さる》真《ま》似《ね》
（174ページ）
鳶《とび》に油《あぶら》揚《あ》げ
（194ページ）
烏《からす》の行水《ぎょうずい》
（199ページ）
鳩《はと》が豆鉄砲《まめてっぽう》を食《く》ったよう
（203ページ）
心《こころ》が弾《はず》む
（101ページ）
ぐー
ぐー
狸《たぬき》寝《ね》入《い》り
（178ページ）
虎《とら》の子《こ》
（183ページ）
舌鼓《したつづみ》を打《う》つ
（57ページ）
目《め》を細《ほそ》める
（47ページ）

ことわざ いくつわかるかな ②

同《おな》じ釜《かま》の飯《めし》を食《く》う
（111ページ）
油《あぶら》を売《う》る
（111ページ）
紺屋
紺《こう》屋《や》の白袴《しろばかま》
（89ページ）
瓜《うり》二《ふた》つ
（146ページ）
肩《かた》を怒《いか》らす
（24ページ）
泣《な》く子《こ》も黙《だま》る
（83ページ）
狐《きつね》につままれる
（176ページ）
渡《わた》りに船《ふね》
（133ページ）

この辞典の使い方

ことわざは、なかまごとに分かれています。

ことわざを大きな文字で示しました。なかまのことばに当たる部分は、さらに大きく赤い文字で目立たせました。

ことわざの使い方を、短い文で示しました。そのことわざが使われている部分は、赤い文字で区別しています。

ことわざが、どのような意味で使われるかを示しました。

くわしい説明や、ほかの言い方・書き方を示しました。

目白（めじろ）

目白押し

つかいかた 秋にはいろいろな行事が目白押しだ。

いみ たくさんの人や物が、ぎっしりと並んでいること。

さんこう 鳥の目白は、木の枝に並んで止まり、押し合いをするということから。

鳥（とり）

飛ぶ鳥を落とす勢い

つかいかた 連戦連勝、飛ぶ鳥を落とす勢いだ。

いみ 非常に勢いに乗っているようす。空を飛んでいる鳥までが、そのいきおいにおされて落ちるほどであるという意味。

にたいみのことば 破竹の勢い（勢いがさかんで、みんなが従うこと）

鳥（とり）

立つ鳥跡を濁さず

つかいかた 立つ鳥跡を濁さずにならって、キャンプをした跡はきちんと片付けていこう。

いみ 立ち去るときは、きれいにしておくものだということ。また、引きぎわがきれいであるというたとえ。水鳥が飛び立つ跡の水面は、濁らないで清くすんでいることから。

はんたいのことば 飛ぶ鳥跡を濁さず（→238ページ）とても言えない。

「濁す」を使うことば
- お茶を濁す（適当にごまかす）
- 口を濁す（あいまいに言ってごまかす）
- 言葉を濁す（はっきり言わない）

そのことわざと、意味のにていることわざを示しました。

そのことわざと、はんたいの意味になることわざを示しました。

そのことわざを使った別のことばや、にた意味のことわざを示しました。

※本書では、ことわざのほか、慣用句（二つ以上の語が結びついてきたことば）・故事成語（言い伝えからできたことば）も紹介しています。

鳥無き里の蝙蝠…すぐれた人がいない所で、つらない者がいばること。

自白とは？…目の回りが白く、美しい声で鳴く小鳥。

第1章
からだ

第《だい》1章《しょう》

からだ

体《からだ》　15ページ

身《み》を粉《こ》にする●身《み》から出《で》た錆《さび》●身《み》の毛《け》がよだつ●胸《むね》が躍《おど》る●胸《むね》がすく●胸《むね》が一杯《いっぱい》になる●胸《むね》を撫《な》で下《お》ろす●胸《むね》を痛《いた》める●胸《むね》が張《は》り裂《さ》ける●腹《はら》を決《き》める●腹《はら》を割《わ》る●腹《はら》の虫《むし》が治《おさ》まらない●肩《かた》で息《いき》をする●肩《かた》の荷《に》が下《お》りる●肩《かた》を怒《いか》らす●肩《かた》を落《お》とす●背《せ》に腹《はら》はかえられない●背筋《せすじ》が寒《さむ》くなる●腰《こし》が低《ひく》い●腰《こし》を抜《ぬ》かす●尻《しり》が重《おも》い●尻《しり》に火《ひ》が付《つ》く

骨身《ほねみ》を惜《お》しまず⬇骨《ほね》（29ページ）■頭隠《あたまかく》して尻隠《しりかく》さず⬇頭《あたま》（35ページ）■腹八分《はらはちぶ》に医者《いしゃ》いらず⬇医者《いしゃ》（86ページ）■悪銭身《あくせんみ》に付《つ》かず⬇金《かね》（142ページ）■獅子身中《しししんちゅう》の虫《むし》⬇獅子《しし》（179ページ）■尻馬《しりうま》に乗《の》る⬇馬《うま》（186ページ）■尻切《しりき》れ蜻蛉《とんぼ》⬇蜻蛉《とんぼ》（215ページ）■背水《はいすい》の陣《じん》⬇水《みず》（248ページ）■団栗《どんぐり》の背比《せいくら》べ⬇団栗《どんぐり》（261ページ）■腹《はら》が黒《くろ》い⬇黒《くろ》（294ページ）

骨《ほね》と内臓《ないぞう》　28

骨折《ほねお》り損《ぞん》のくたびれ儲《もう》け●骨《ほね》を折《お》る●骨身《ほねみ》を惜《お》しまず●肝《きも》が据《す》わる●肝《きも》を冷《ひ》やす●断《だん》腸《ちょう》の思《おも》い●腸《はらわた》が煮《に》えくり返《かえ》る●血《ち》の出《で》るよう●血《ち》も涙《なみだ》もない

どこの馬《うま》の骨《ほね》⬇馬《うま》（186ページ）

頭《あたま》と髪《かみ》　33

頭《あたま》を抱《かか》える●頭《あたま》が固《かた》い●頭《あたま》を捻《ひね》る●頭隠《あたまかく》して尻隠《しりかく》さず●頭《あたま》に湯気《ゆげ》を立《た》てる●頭《ず》が高《たか》い●後《うし》ろ髪《がみ》を引《ひ》かれる●間髪《かんはつ》を入《い》れず●首《くび》が回《まわ》らない●首《くび》を突《つ》っ込《こ》む●首《くび》を長《なが》くする●首《くび》を傾《かし》げる

鰯《いわし》の頭《あたま》も信心《しんじん》から→鰯《いわし》（206ページ）
頭《あたま》の上《うえ》の蠅《はえ》を追《お》え→蠅《はえ》（215ページ）
鬼《おに》の首《くび》を取《と》ったよう→鬼《おに》（230ページ）

顔《かお》

40

顔《かお》から火《ひ》が出《で》る●顔《かお》に泥《どろ》を塗《ぬ》る●合《あ》わせる顔《かお》が無《な》い●何食《なにく》わぬ顔《かお》●顎《あご》で使《つか》う●顎《あご》を出《だ》す●頰《ほお》を染《そ》める●頰《ほお》が落《お》ちる

仏《ほとけ》の顔《かお》も三度《さんど》→仏《ほとけ》（156ページ）
顔色《かおいろ》をうかがう→色《いろ》（279ページ）

目《め》

44

目《め》が回《まわ》る●目《め》を奪《うば》う●目《め》が眩《くら》む●目《め》の中《なか》に入《い》れても痛《いた》くない●目《め》から鼻《はな》へ抜《ぬ》ける●目《め》を皿《さら》のようにする●目《め》を細《ほそ》める●目《め》を三角《さんかく》にする●目《め》を丸《まる》くする●眉《まゆ》に唾《つば》を付《つ》ける●眉《まゆ》をひそめる●涙《なみだ》を呑《の》む●涙《なみだ》に暮《く》れる

血《ち》も涙《なみだ》もない→血《ち》（32ページ）
壁《かべ》に耳《みみ》あり障子《しょうじ》に目《め》あり→建物《たてもの》（121ページ）
猫《ねこ》の目《め》のよう→猫《ねこ》（165ページ）
生《い》き馬《うま》の目《め》を抜《ぬ》く→馬《うま》（185ページ）
鵜《う》の目鷹《めたか》の目《め》→鵜《う》・鷹《たか》（197ページ）
雀《すずめ》の涙《なみだ》→雀《すずめ》（200ページ）
目白押《めじろお》し→目白《めじろ》（204ページ）
鬼《おに》の目《め》にも涙《なみだ》→鬼《おに》（229ページ）
日《ひ》の目《め》を見《み》る→日《ひ》（270ページ）
目《め》の色《いろ》を変《か》える→色《いろ》（281ページ）
白《しろ》い目《め》で見《み》る→白《しろ》（290ページ）
目《め》を白黒《しろくろ》させる→白《しろ》（291ページ）
白眉《はくび》→白《しろ》（293ページ）

鼻《はな》

51

鼻《はな》が高《たか》い●鼻《はな》で笑《わら》う●鼻《はな》に掛《か》ける

目《め》から鼻《はな》へ抜《ぬ》ける→目《め》（46ページ）
木《き》で鼻《はな》を括《くく》る→木《き》（257ページ）

口《くち》

53

口《くち》が堅《かた》い ● 口《くち》を尖《とが》らせる ● 口《くち》が酸《す》っぱくなる程《ほど》 ● 良薬《りょうやく》は口《くち》に苦《にが》し ● 開《あ》いた口《くち》が塞《ふさ》がらない ● 人《ひと》の口《くち》には戸《と》が立《た》てられない ● 舌《した》を巻《ま》く ● 舌《した》が回《まわ》る ● 舌鼓《したつづみ》を打《う》つ ● 喉元《のどもと》過《す》ぎれば熱《あつ》さを忘《わす》れる ● 喉《のど》から手《て》が出《で》る ● 歯《は》を食《く》いしばる ● 歯《は》が立《た》たない ● 歯《は》の抜《ぬ》けたよう ● 歯《は》の根《ね》が合《あ》わない ● 息《いき》を吹《ふ》き返《かえ》す ● 息《いき》が合《あ》う ● 息《いき》を殺《ころ》す

白《しろ》い歯《は》を見《み》せる ↓ 白《しろ》（289ページ）

耳《みみ》

63

耳《みみ》を貸《か》す ● 耳《みみ》を澄《す》ます ● 耳《みみ》にたこができる ● 小耳《こみみ》に挟《はさ》む ● 寝耳《ねみみ》に水《みず》

壁《かべ》に耳《みみ》あり障子《しょうじ》に目《め》あり ↓ 建物《たてもの》（121ページ） ▬ 馬《うま》の耳《みみ》に念仏《ねんぶつ》 ↓ 馬《うま》（184ページ）

手《て》

66

手《て》も足《あし》も出《で》ない ● 手《て》をこまぬく ● 手《て》に付《つ》かない ● 手《て》に汗《あせ》を握《にぎ》る ● 手《て》を替《か》え品《しな》を替《か》え ● 後《うし》ろ指《ゆび》を指《さ》される ● 指《ゆび》をくわえる ● 爪《つめ》を研《と》ぐ ● 爪《つめ》に火《ひ》をともす ● 腕《うで》が鳴《な》る ● 腕《うで》を磨《みが》く

喉《のど》から手《て》が出《で》る ↓ 喉《のど》（59ページ） ▬ 暖簾《のれん》に腕押《うでお》し ↓ 暖簾《のれん》（128ページ） ▬ 濡《ぬ》れ手《て》で粟《あわ》 ↓ 粟《あわ》（143ページ） ▬ 手《て》塩《しお》に掛《か》ける ↓ 塩《しお》（144ページ） ▬ 猫《ねこ》の手《て》も借《か》りたい ↓ 猫《ねこ》（164ページ） ▬ 飼《か》い犬《いぬ》に手《て》を噛《か》まれる ↓ 犬《いぬ》（170ページ） ▬ 能《のう》ある鷹《たか》は爪《つめ》を隠《かく》す ↓ 鷹《たか》（196ページ） ▬ 上手《じょうず》の手《て》から水《みず》が漏《も》れる ↓ 水《みず》（244ページ） ▬ 両手《りょうて》に花《はな》 ↓ 花《はな》（255ページ） ▬ 五指《ごし》に入《はい》る ↓ 五《ご》（307ページ） ▬ 十指《じっし》に余《あま》る ↓ 十《じゅう》（312ページ） ▬ 六十《ろくじゅう》の手習《てなら》い ↓ 六十《ろくじゅう》（313ページ）

足《あし》

72

足《あし》を延《の》ばす ● 足《あし》が棒《ぼう》になる ● 足《あし》が竦《すく》む ● 足《あし》を引《ひ》っ張《ぱ》る ● 揚《あ》げ足《あし》を取《と》る ● 足元《あしもと》に火《ひ》がつく ● 足元《あしもと》を見《み》られる ● 膝《ひざ》が笑《わら》う ● 膝《ひざ》を交《まじ》える ● 親《おや》の脛《すね》をかじる

手《て》も足《あし》も出《で》ない ↓ 手《て》（66ページ） ▬ 二足《にそく》の草鞋《わらじ》を履《は》く ↓ 草鞋《わらじ》（117ページ） ▬ 蛇足《だそく》 ↓ 蛇《へび》（226ページ） ▬ 足《あし》が地《ち》に着《つ》かない ↓ 地《ち》（274ページ）

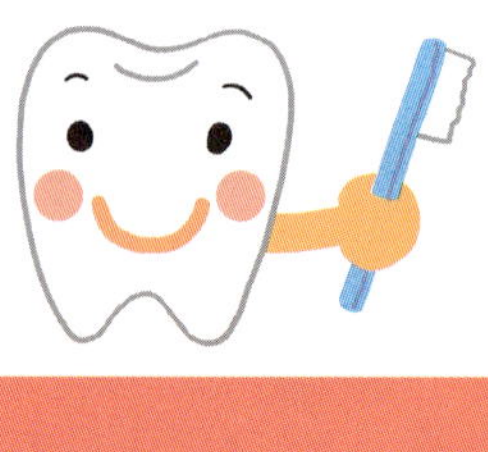

身《み》を粉《こ》にする

つかいかた いつかは独立《どくりつ》して自分《じぶん》の店《みせ》を持《も》とうと、身《み》を粉《こ》にして働《はたら》く。

いみ 苦労《くろう》をいやがらずに一生懸命《いっしょうけんめい》に働《はたら》くこと。

さんこう 体《からだ》がくだけて粉《こな》になってしまうような、苦《くる》しい思《おも》いをして働《はたら》くという意味《いみ》。

もっとわかる

「一生懸命《いっしょうけんめい》」の意味《いみ》のことば

- 脇目《わきめ》も振《ふ》らず（一《ひと》つのことに集中《しゅうちゅう》するようす）
- 心血《しんけつ》を注《そそ》ぐ（心《こころ》と体《からだ》のすべてを使《つか》ってものごとを行《おこな》う）
- 馬車馬《ばしゃうま》のよう（馬車《ばしゃ》を引《ひ》く馬《うま》のように、一生懸命《いっしょうけんめい》働《はたら》くようす）
- 骨身《ほねみ》を惜《お》しまず（努力《どりょく》することや苦労《くろう》することをいやがらないで、一生懸命《いっしょうけんめい》にするようす）➡29ページ
- 血《ち》の出《で》るよう（大変《たいへん》な苦労《くろう》をするようす）➡32ページ
- 粉骨砕身《ふんこつさいしん》（力《ちから》の限《かぎ》り努力《どりょく》し、一生懸命《いっしょうけんめい》働《はたら》くこと）

身《み》に付《つ》く…知識《ちしき》・技能《ぎのう》などが、本当《ほんとう》に自分《じぶん》のものになる。

身《み》から出《で》た錆《さび》

つかいかた
遊《あそ》んでばかりいたのだから、テストの点《てん》が悪《わる》くても身《み》から出《て》た錆《さび》だ。

いみ
自分《じぶん》のやった悪《わる》い行《おこな》いのために、自分自身《じぶんじしん》が苦《くる》しむこと。外《そと》から付《つ》いた錆《さび》ではなく、それ自体《じたい》から出《で》てきた錆《さび》という意味《いみ》。

にたいみのことば
自業自得《じごうじとく》

身《み》の毛《け》がよだつ

つかいかた
身《み》の毛《け》がよだつような怪談《かいだん》を聞《き》かされる。

いみ
あまりのおそろしさに、体中《からだじゅう》の毛《け》が立《た》つ。ぞっとする。

さんこう
「よだつ」は、毛《け》が立《た》つこと。「身《み》の毛《け》もよだつ」「身《み》の毛《け》立《だ》つ」ともいう。

身《み》を削《けず》る…体《からだ》がやせてしまうほど、大変《たいへん》な苦労《くろう》や心配《しんぱい》をする。

胸《むね》が躍《おど》る

つかいかた
生《う》まれて初《はじ》めての海外旅行《かいがいりょこう》に**胸《むね》が躍《おど》る**。

いみ
期待《きたい》で胸《むね》がわくわくする。

にたいみのことば
・心《こころ》が弾《はず》む（↓101ページ）・心《こころ》が躍《おど》る・胸《むね》が弾《はず》む
・胸《むね》が膨《ふく》らむ・胸《むね》がときめく

もっとわかる

「躍《おど》る」を使《つか》うことば

・血湧《ちわ》き肉躍《にくおど》る（全身《ぜんしん》に元気《げんき》があふれ、興奮《こうふん》する）

そのほかの「胸《むね》」を使《つか》うことば

・胸《むね》が熱《あつ》くなる（感動《かんどう》がこみ上《あ》げてくる）
・胸《むね》に刻《きざ》む（しっかりと心《こころ》にとどめる）
・胸《むね》が騒《さわ》ぐ（不安《ふあん》や期待《きたい》で、心《こころ》が落《お》ち着《つ》かない）
・胸《むね》が潰《つぶ》れる（悲《かな》しみやおどろきで、心《こころ》がしめつけられる思《おも》いがする）
・胸《むね》に納《おさ》める（口《くち》に出《だ》さないで、心《こころ》にしまいこんでおく）
・胸《むね》に手《て》を当《あ》てる（落《お》ち着《つ》いて、よく考《かんが》える）

胸《むね》を打《う》つ…強《つよ》く感動《かんどう》する。心《こころ》を打《う》つ。

胸（むね）

1 からだ

胸《むね》がすく

つかいかた 最後《さいご》に逆転勝《ぎゃくてんが》ちして、胸《むね》がすく思《おも》いがした。

いみ 不愉快《ふゆかい》な気分《きぶん》が消《き》えて、気持《きも》ちがすっきりする。胸《むね》がすっとする。

さんこう 「すく」は、つかえていたものがなくなって、さっぱりすること。

胸《むね》が一杯《いっぱい》になる

つかいかた コンクールで初《はじ》めて優勝《ゆうしょう》して、胸《むね》が一杯《いっぱい》になる。

いみ 喜《よろこ》びや悲《かな》しみなどの気持《きも》ちが心《こころ》の中《なか》にあふれて、胸《むね》が苦《くる》しくなる。

にたいみのことば 胸《むね》が詰《つ》まる

胸《むね》を張《は》る…胸《むね》を反《そ》らして、自信《じしん》のある態度《たいど》を示《しめ》す。

胸《むね》を撫《な》で下《お》ろす

つかいかた
台風《たいふう》が上陸《じょうりく》しないでそれていったので、ほっと胸《むね》を撫《な》で下《お》ろす。

いみ
心配《しんぱい》ごとがなくなって、ほっとする。ひと安心《あんしん》する。

さんこう
安心《あんしん》したときの動作《どうさ》から。

胸（むね）

胸《むね》を痛《いた》める

つかいかた
入院《にゅういん》している、クラスメートのことが心配《しんぱい》で、胸《むね》を痛《いた》める。

いみ
非常《ひじょう》に心配《しんぱい》する。なやむ。

さんこう
「痛《いた》める」は、苦《くる》しめる。

にたいみのことば
心《こころ》を痛《いた》める

胸《むね》を借《か》りる…自分《じぶん》より実力《じつりょく》が上《うえ》の人《ひと》に、相手《あいて》になってもらう。

胸《むね》が張《は》り裂《さ》ける

つかいかた 遭難者《そうなんしゃ》の安否《あんぴ》を伝《つた》えるニュースを、胸《むね》が張《は》り裂《さ》ける思《おも》いで聞《き》く。

いみ ひどい悲《かな》しみやくやしさで、心《こころ》が裂《さ》けるような苦《くる》しみを感《かん》じる。

さんこう 「胸《むね》が裂《さ》ける」ともいう。

もっとわかる

「裂《さ》ける」を使《つか》うことば

- 口《くち》が裂《さ》けても（秘密《ひみつ》などを、ぜったいに人《ひと》に話《はな》さないということ）
- 生木《なまき》を裂《さ》く（仲《なか》のよい恋人《こいびと》や夫婦《ふうふ》などを、むりやりひきはなす）

「悲《かな》しい」意味《いみ》のことば

- 断腸《だんちょう》の思《おも》い（内臓《ないぞう》がちぎれるほどの、つらく悲《かな》しい思《おも》い）➡31ページ
- 身《み》も世《よ》もない（自分《じぶん》も世《よ》の中《なか》のことも考《かんが》えていられないほど悲《かな》しいようす）
- 胸《むね》が塞《ふさ》がる（悲《かな》しみで胸《むね》がいっぱいになる。暗《くら》い気持《きも》ちになる）
- 涙《なみだ》に暮《く》れる（あまりに悲《かな》しくて、泣《な》いて暮《く》らす）➡51ページ

胸《むね》に迫《せま》る…感動《かんどう》が強《つよ》く押《お》し寄《よ》せる。深《ふか》く感動《かんどう》する。

腹《はら》を決《き》める

つかいかた
おこられるのはこわいが、腹《はら》を決《き》めて謝《あやま》ろう。

いみ
覚悟《かくご》する。決心《けっしん》する。

にたいみのことば
腹《はら》を固《かた》める・腹《はら》を括《くく》る・腹《はら》を据《す》える

腹（はら）

腹《はら》を割《わ》る

つかいかた
みえを張《は》るのはやめて、腹《はら》を割《わ》って話《はな》し合《あ》おう。

いみ
思《おも》っていることをかくさず打《う》ち明《あ》ける。

さんこう
腹《はら》を切《き》り開《ひら》いて見《み》せるという意味《いみ》。

もっとわかる
「割《わ》る」を使《つか》うことば
● 竹《たけ》を割《わ》ったよう（性質《せいかく》がさっぱりしているようす）↓260ページ

腹《はら》を抱《かか》える…あまりのおかしさに、大笑《おおわら》いをする。

腹《はら》の虫《むし》が治《おさ》まらない

つかいかた あと少《すこ》しのところで負《ま》けてしまい、くやしくてどうにも**腹《はら》の虫《むし》が治《おさ》まらない**。

いみ 腹《はら》が立《た》ってがまんができない。むしゃくしゃして、気《き》持《も》ちがおさえられない。

さんこう 「腹《はら》の虫《むし》」は、人間《にんげん》の腹《はら》の中《なか》にいて、人《ひと》の気《き》持《も》ちを動《うご》かすと考《かんが》えられていた虫《むし》のこと。昔《むかし》の人《ひと》は、その虫《むし》がおこっていると考《かんが》えたことから。

もっとわかる

「虫《むし》」を使《つか》うことば ➡217ページ

「おこる」意味《いみ》のことば

- 腹《はら》に据《す》えかねる（いかりをおさえることができない）
- 頭《あたま》に来《く》る（かっとなって、おこる）
- 仏《ほとけ》の顔《かお》も三度《さんど》（どんなにやさしい人《ひと》でも、何度《なんど》もひどいことをされれば腹《はら》を立《た》てる）➡156ページ

腹《はら》も身《み》の内《うち》…腹《はら》も体《からだ》の一部《いちぶ》なのだから、無茶《むちゃ》な飲《の》み食《く》いをするな。

肩《かた》で息《いき》をする

つかいかた
勝《か》ち力士《りきし》がインタビューに答《こた》えながら、大《おお》きく肩《かた》で息《いき》をする。

いみ
運動《うんどう》などをして呼吸《こきゅう》が荒《あら》くなり、苦《くる》しそうに肩《かた》を上《じょう》下《げ》させて、ハーハーと息《いき》をつく。

もっとわかる
「息《いき》」を使《つか》うことば ⬇ 61ページ

肩（かた）

肩《かた》の荷《に》が下《お》りる

つかいかた
無事《ぶじ》に演奏《えんそう》し終《お》えて、肩《かた》の荷《に》が下《お》りる。

いみ
責任《せきにん》や負担《ふたん》がなくなり、ほっとする。

さんこう
肩《かた》にかついだ荷物《にもつ》を下《お》ろして、楽《らく》になるということ。

肩《かた》を持《も》つ…二《ふた》つのうち、どちらかの味方《みかた》をする。

肩《かた》を怒《いか》らす

つかいかた

肩《かた》を怒《いか》らせて歩《ある》いている。道《みち》の真《ま》ん中《なか》を、刀《かたな》を差《さ》したおさむらいさんが、

いみ

肩《かた》を高《たか》く上《あ》げて、いばった態度《たいど》をとる。

さんこう

「怒《いか》らす」は、相手《あいて》をおそれさすようなようす。

肩（かた）

肩《かた》を落《お》とす

つかいかた

今《こん》シーズン最後《さいご》の試合《しあい》に負《ま》けてしまい、がっくり肩《かた》を落《お》とす。

いみ

気力《きりょく》をなくして、がっかりする。

さんこう

力《ちから》がぬけて、肩《かた》を下《さ》げることから。

にたいみのことば

気《き》を落《お》とす（↓99ページ）・力《ちから》を落《お》とす

肩《かた》を並《なら》べる…同《おな》じくらいの力《ちから》を持《も》って張《は》り合《あ》う。

背（せ）

背《せ》に腹《はら》はかえられない

つかいかた 背《せ》に腹《はら》はかえられない、命《いのち》のほうが大事《だいじ》だから荷物《にもつ》を捨《す》てて身軽《みがる》になろう。

いみ さしせまった大切《たいせつ》なことのためには、ほかのことなどかまっていられないということ。大切《たいせつ》な内臓《ないぞう》の入《はい》っている腹《はら》の部分《ぶぶん》は、そうでない背中《せなか》の代《か》わりにはできないという意味《いみ》。

背《せ》筋《すじ》が寒《さむ》くなる

つかいかた お化《ば》けが出《で》ると聞《き》かされて、背筋《せすじ》が寒《さむ》くなる。

いみ おそろしさなどで、ぞっとする。

さんこう おそろしいときは、背骨《せぼね》の線《せん》（背筋《せすじ》）がこわばって寒《さむ》い感《かん》じになることから。

背《せ》を向《む》ける…知《し》らん顔《かお》をする。また、相手《あいて》に逆《さか》らう。

腰《こし》が低《ひく》い

つかいかた 彼《かれ》はだれに対《たい》しても**腰《こし》が低《ひく》く**、いつもにこにこしている。

いみ 他人《たにん》に対《たい》して、態度《たいど》がひかえめなようす。

さんこう 腰《こし》を低《ひく》くかまえることから。

はんたいのことば 頭《ず》が高《たか》い（いばっていて、無礼《ぶれい》であるようす。↓36ページ）

腰（こし）

腰《こし》を抜《ぬ》かす

つかいかた 突然《とつぜん》、大《おお》きな声《こえ》がしたので**腰《こし》を抜《ぬ》かす**。

いみ おどろきやこわさのあまり、足腰《あしこし》が立《た》たなくなる。

さんこう 腰《こし》の関節《かんせつ》がはずれて、立《た》っていられなくなるということから。

腰《こし》を折《お》る…途中《とちゅう》でじゃまをする。ものごとの進行《しんこう》をさまたげる。

尻《しり》が重《おも》い

つかいかた 尻《しり》が重《おも》くて、なかなか宿題《しゅくだい》にとりかからない。

いみ めんどうがってすぐにやらないようす。

さんこう すぐに立《た》ち上《あ》がれないのは、尻《しり》が重過《おもす》ぎるからだろうという意味《いみ》から。

にたいみのことば 腰《こし》が重《おも》い

はんたいのことば 尻《しり》が軽《かる》い・腰《こし》が軽《かる》い

尻《しり》に火《ひ》が付《つ》く

つかいかた しめ切《き》りが近《ちか》づいてきて、尻《しり》に火《ひ》が付《つ》く。

いみ 事態《じたい》がさしせまって、ゆっくりしていられない状態《じょうたい》になる。

さんこう 熱《あつ》くてじっとしていられないということから。

尻《しり》に敷《し》く…妻《つま》が夫《おっと》に、あれこれ命令《めいれい》して従《したが》わせる。

骨《ほね》折《お》り損《ぞん》のくたびれ儲《もう》け

つかいかた
苦労《くろう》して運動会《うんどうかい》の準備《じゅんび》をしたのに、雨《あめ》で中止《ちゅうし》になってしまい、**骨《ほね》折《お》り損《ぞん》のくたびれ儲《もう》け**に終《お》わった。

いみ
苦労《くろう》ばかりして得《え》るところがないこと。苦労《くろう》しがいのないこと。

さんこう
苦労《くろう》して儲《もう》けたものは、くたびれたことだけという意《い》味《み》から。

もっとわかる

「損《そん》」を使《つか》うことば
● 損《そん》して得《とく》取《と》れ（一時的《いちじてき》には損《そん》をしても後《あと》で大《おお》きな利益《りえき》になることを考《かんが》えなさい）
● 短気《たんき》は損気《そんき》（短気《たんき》を起《お》こすと、結局《けっきょく》は自分《じぶん》が損《そん》をする）

「苦労《くろう》がむだになる」意味《いみ》のことば
● 無駄骨《むだぼね》を折《お》る（苦労《くろう》したのに、むだに終《お》わること）
● 元《もと》の木阿弥《もくあみ》（苦労《くろう》してせっかくよい状態《じょうたい》になったのに、またもとにもどってしまうこと）

骨《ほね》を埋《うず》める…そこで死《し》んで一生《いっしょう》を終《お》える。また、一生《いっしょう》をささげる。

骨《ほね》を折《お》る

つかいかた 先生《せんせい》は、わたしたちの住《す》んでいる地域《ちいき》の森《もり》を守《まも》るために、骨《ほね》を折《お》ってくださった。

いみ 何《なに》かのために力《ちから》をつくす。熱心《ねっしん》に人《ひと》の世話《せわ》をする。

さんこう 骨《ほね》を折《お》るような苦《くる》しい思《おも》いをするという意味《いみ》。

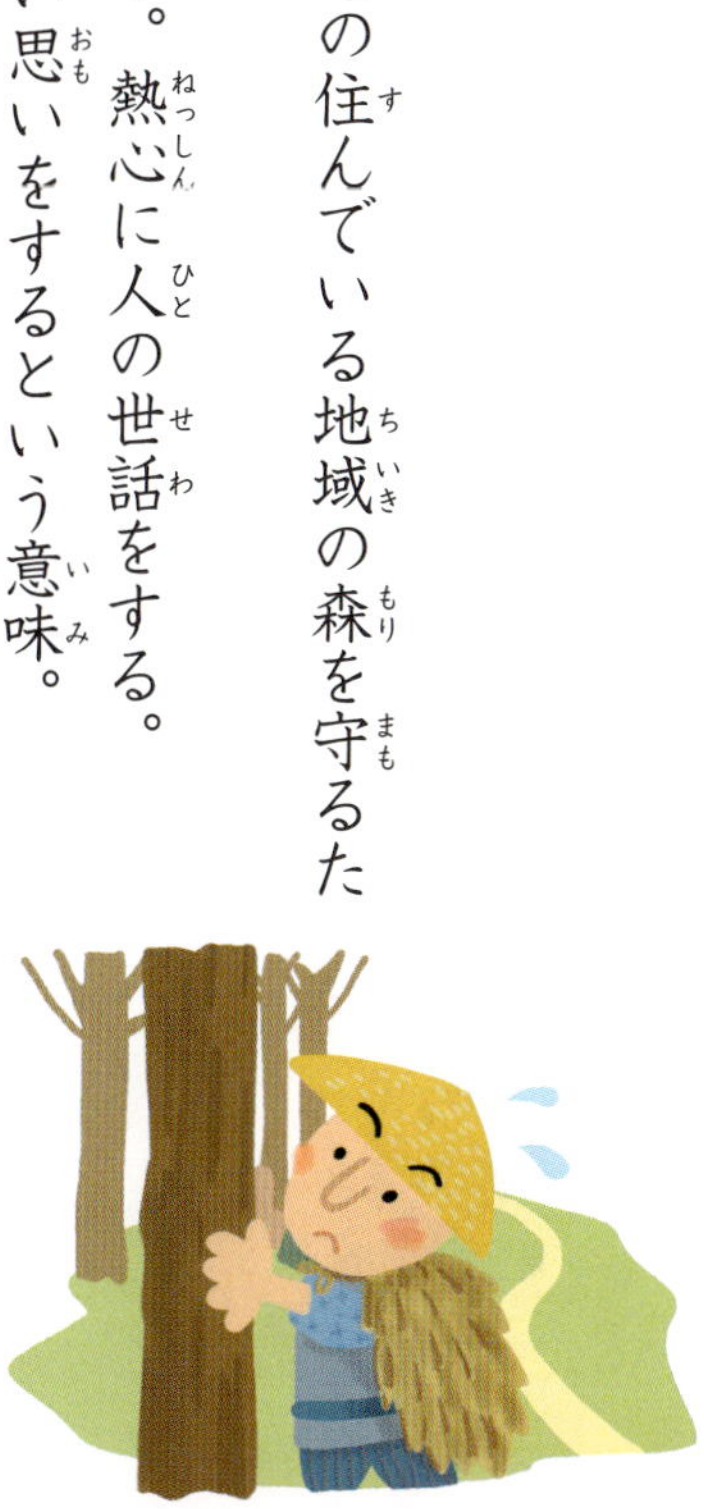

骨（ほね）

骨《ほね》身《み》を惜《お》しまず

つかいかた 子供《こども》のために両親《りょうしん》は骨身《ほねみ》を惜《お》しまず働《はたら》いた。

いみ 努力《どりょく》することや苦労《くろう》することをいやがらないで、一生懸命《いっしょうけんめい》にするようす。

さんこう 骨身《ほねみ》（骨《ほね》と肉《にく》）をつくして働《はたら》くことをいやがらないという意味《いみ》。

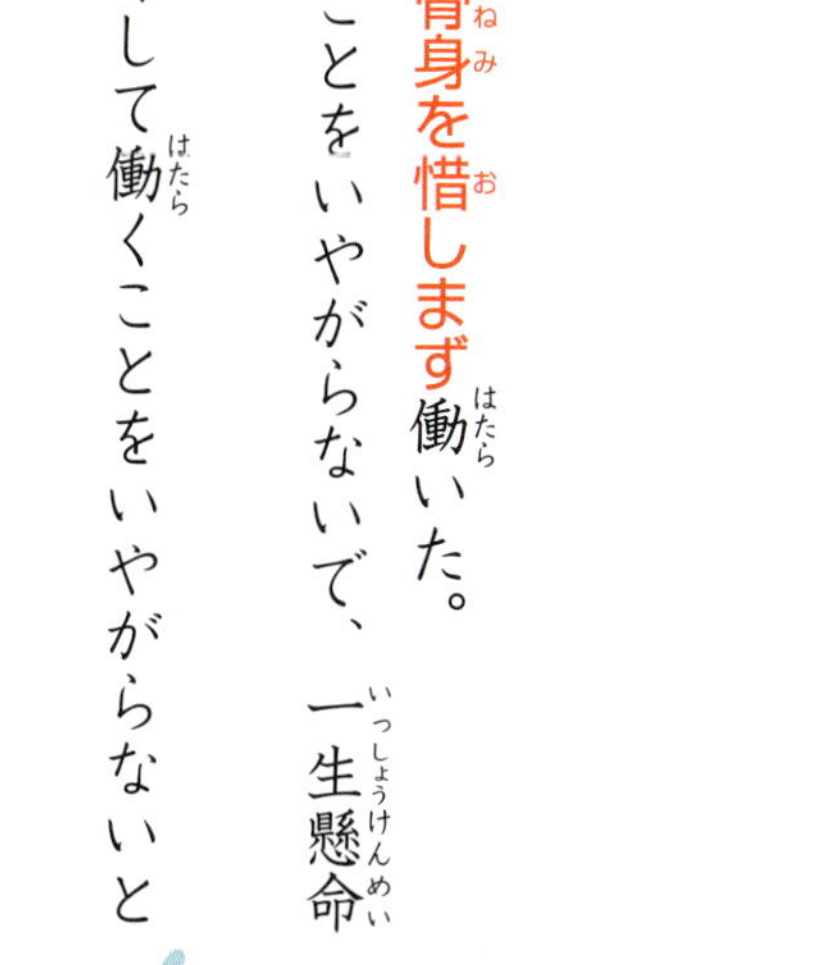

骨身《ほねみ》にこたえる…心《こころ》と体《からだ》に、いやというほど思《おも》い知《し》らされる。

肝《きも》が据《す》わる

つかいかた いよいよテストだけど、できる限《かぎ》りのことをしたのだと思《おも》えば、肝《きも》が据《す》わるよ。

いみ 落《お》ち着《つ》いていて、おどろいたりあわてたりしない。

さんこう 「肝《きも》」は気力《きりょく》・精神力《せいしんりょく》の意味《いみ》で「胆《きも》」とも書《か》く。「胆《たん》が据《す》わる」ともいう。

にたいみのことば 腹《はら》が据《す》わる

肝(きも)

肝《きも》を冷《ひ》やす

つかいかた 階段《かいだん》をふみ外《はず》しかけて肝《きも》を冷《ひ》やす。

いみ おどろいてぞっとする。ひやっとする。

さんこう 「肝《きも》」は気力《きりょく》・精神力《せいしんりょく》の意味《いみ》で「胆《きも》」とも書《か》く。

肝《きも》を潰《つぶ》す…突然《とつぜん》のできごとなどに、とてもびっくりする。

腸（はらわた・ちょう）

断《だん》腸《ちょう》の思《おも》い

つかいかた 愛犬《あいけん》の死《し》を、断腸《だんちょう》の思《おも》いで見守《みまも》る。

いみ たえられないほどのつらく悲《かな》しい思《おも》い。

さんこう 「断腸《だんちょう》」は、腸《はらわた》がちぎれるほど悲《かな》しいこと。昔《むかし》、中国《ちゅうごく》で、船《ふね》にとらえられた子猿《こざる》を母猿《ははざる》が岸《きし》づたいに追《お》い続《つづ》け、やっと追《お》いついたときには息《いき》が絶《た》え、腸《ちょう》がずたずたに切《き》れていたという話《はなし》から。

腸《はらわた》が煮《に》えくり返《かえ》る

つかいかた だまされていたと知《し》って、腸《はらわた》が煮《に》えくり返《かえ》るようだ。

いみ おさえることができないほど腹《はら》が立《た》つ。

さんこう 「はらわた」は、腸《ちょう》のこと。腹《はら》が立《た》って腹《はら》の中《なか》がぐらぐら煮《に》えたぎるという意味《いみ》。

腸《はらわた》がちぎれる…とても悲《かな》しく、つらい。

血《ち》の出《で》るよう

つかいかた 優勝《ゆうしょう》の陰《かげ》には、血《ち》の出《で》るような努力《どりょく》があった。

いみ 非常《ひじょう》につらく苦《くる》しい思《おも》いをするようす。

さんこう 血《ち》が出《で》るような苦労《くろう》をするという意味《いみ》。「血《ち》のにじむよう」ともいう。

血（ち）

血《ち》も涙《なみだ》もない

つかいかた お年寄《としよ》りから、大切《たいせつ》なお金《かね》をだまし取《と》るなんて、血《ち》も涙《なみだ》もないやつだ。

いみ 人間《にんげん》らしい思《おも》いやりの心《こころ》がまったくない。冷《つめ》たく人情《にんじょう》がないようす。

さんこう 「血《ち》」「涙《なみだ》」は、人間《にんげん》らしい感情《かんじょう》のたとえ。

血《ち》が騒《さわ》ぐ…じっとしていられないほど興奮《こうふん》する。気持《きも》ちが高《たか》ぶる。

頭《あたま》を抱《かか》える

つかいかた 町中《まちじゅう》を探《さが》しても目当《めあ》ての本《ほん》が見《み》つからず、頭《あたま》を抱《かか》える。

いみ どうしたらいいかわからなくて困《こま》り果《は》てる。

さんこう 頭《あたま》を手《て》で抱《かか》えて、考《かんが》え込《こ》むこと。「頭《あたま》を抱《かか》え込《こ》む」ともいう。

にたいみのことば 途方《とほう》に暮《く》れる（↓333ページ）

もっとわかる

「抱《かか》える」を使《つか》うことば

- 腹《はら》を抱《かか》える（おかしくて大笑《おおわら》いする）
- 小脇《こわき》に抱《かか》える（脇《わき》にちょっと抱《かか》える）

そのほかの「頭《あたま》」を使《つか》うことば

- 頭《あたま》に来《く》る（腹《はら》が立《た》つ。かっとする）
- 頭《あたま》でっかち尻《しり》つぼみ（初《はじ》めは勢《いきお》いがいいが、終《お》わりはだらしがないこと。頭《あたま》は大《おお》きくて立派《りっぱ》だが、尻《しり》は小《ちい》さくてみすぼらしいということ）
- 頭《あたま》をもたげる（力《ちから》や才能《さいのう》が、だんだん目立《めだ》つようになる）

頭《あたま》が痛《いた》い…心配《しんぱい》ごとがあって、悩《なや》んでいる。

頭《あたま》が固《かた》い

つかいかた

父《ちち》は頭《あたま》が固《かた》くて、わたしの考《かんが》えをまったく聞《き》き入《い》れようとしない。

いみ

一《ひと》つの考《かんが》え方《かた》にとらわれて、人《ひと》の考《かんが》えを聞《き》き入《い》れない。頑固《がんこ》である。

頭（あたま・ず）

頭《あたま》を捻《ひね》る

つかいかた

楽《たの》しい学級新聞《がっきゅうしんぶん》を作《つく》ろうと、頭《あたま》を捻《ひね》る。

いみ

あれこれと考《かんが》えをめぐらす。工夫《くふう》する。

もっとわかる

「捻《ひね》る」を使《つか》うことば

- 首《くび》を捻《ひね》る（わからなかったり疑問《ぎもん》に思《おも》ったりして、考《かんが》え込《こ》む）

頭《あたま》が下《さ》がる…相手《あいて》のりっぱな態度《たいど》に感心《かんしん》させられる。

頭《あたま》隠《かく》して尻《しり》隠《かく》さず

つかいかた ないしょで母《はは》の日《ひ》のプレゼントを用意《ようい》していたが、頭《あたま》隠《かく》して尻《しり》隠《かく》さずで、包《つつ》み紙《がみ》でばれてしまった。

いみ 一部分《いちぶぶん》だけ隠《かく》して全部《ぜんぶ》隠《かく》したつもりでいる、まぬけなようすをばかにしたことば。

さんこう 草《くさ》むらに頭《あたま》をつっこんで、尾《お》が見《み》えているのに隠《かく》れたつもりでいる雉《きじ》のようすから。

もっとわかる

「尻《しり》」を使《つか》うことば ↓27ページ

「ばかにする」ことば

- 芋《いも》の煮《に》えたも御存《ごぞん》じない（芋《いも》の煮《に》えたかどうかの見分《みわ》けもできないということで、世間知《せけんし》らずの人《ひと》をばかにしたことば）
- 大男総身《おおおとこそうみ》に知恵《ちえ》が回《まわ》りかね（体《からだ》ばかり大《おお》きくて動《うご》きのにぶい男《おとこ》をばかにしていうことば）
- 青二才《あおにさい》（未熟《みじゅく》な若者《わかもの》をばかにしていうことば）↓283ページ

頭《あたま》が上《あ》がらない…相手《あいて》がすぐれていると感《かん》じて、引《ひ》け目《め》を感《かん》じる。

頭《あたま》に湯気《ゆげ》を立《た》てる

つかいかた 車《くるま》に泥水《どろみず》をかけられて、頭《あたま》に湯気《ゆげ》を立《た》てる。

いみ かんかんになっておこる。真《ま》っ赤《か》になって腹《はら》を立《た》てる。

さんこう 真《ま》っ赤《か》に熱《あつ》くなって、頭《あたま》から湯気《ゆげ》が立《た》つようだということから。

頭（あたま・ず）

頭《ず》が高《たか》い

つかいかた 社長《しゃちょう》に対《たい》して頭《ず》が高《たか》いとしかられる。

いみ いばっていて、無礼《ぶれい》であるようす。

さんこう 頭《あたま》の下《さ》げ方《かた》が足《た》りないという意味《いみ》。

はんたいのことば 腰《こし》が低《ひく》い（他人《たにん》に対《たい》して、態度《たいど》がひかえめなようす。

（→26ページ）

頭《あたま》を冷《ひ》やす…興奮《こうふん》している気持《きも》ちを落《お》ち着《つ》かせる。

後《うし》ろ髪《がみ》を引《ひ》かれる

つかいかた　後《うし》ろ髪《がみ》を引《ひ》かれる思《おも》いで、故郷《こきょう》から旅立《たびだ》つ。

いみ　後《あと》のことが気《き》になって前《まえ》に進《すす》みにくい。心残《こころのこ》りがしてなかなか思《おも》い切《き》れないこと。

さんこう　頭《あたま》の後《うし》ろの髪《かみ》を引《ひ》っ張《ぱ》られるという意味《いみ》。

髪（かみ・はつ）

間《かん》髪《はつ》を入《い》れず

つかいかた　ボタンをおすと、間《かん》髪《はつ》を入《い》れず品物《しなもの》が出《で》る。

いみ　少《すこ》しの時間《じかん》も置《お》かないようす。すかさず、すぐに。

さんこう　髪《かみ》の毛《け》一本《いっぽん》を入《い》れるすき間《ま》もないという意味《いみ》。「間《かん》髪《はつ》を容《い》れず」とも書《か》く。「間《かん》に髪《はつ》を入《い》れず」ともいう。「間髪《かんぱつ》」と読《よ》むのは誤《あやま》り。

髪《かみ》を下《お》ろす…髪《かみ》の毛《け》をそって、お坊《ぼう》さんや尼《あま》さんになる。

首（くび）

首《くび》が回《まわ》らない

つかいかた

月《つき》の初《はじ》めに、おこづかいを使《つか》いすぎてしまって、首《くび》が回《まわ》らない。

いみ

お金《かね》がなくて、やりくりがつかなくなる。

もっとわかる

「回《まわ》らない」を使《つか》うことば

● 呂律《ろれつ》が回《まわ》らない（舌《した》がよく動《うご》かず、話《はな》すことばがはっきりしない）

首《くび》を突《つ》っ込《こ》む

つかいかた

他人《たにん》のけんかに首《くび》を突《つ》っ込《こ》むのはやめたほうがいい。

いみ

あることに、自分《じぶん》から興味《きょうみ》を持《も》ってかかわる。進《すす》んで深《ふか》入《い》りする。

首《くび》を切《き》る…やとっている人《ひと》を、やめさせる。首《くび》にする。

首《くび》を長《なが》くする

つかいかた サンタクロースが来《く》るのを、首《くび》を長《なが》くして待《ま》つ。

いみ 人《ひと》がやって来《く》ることや、ものごとが実現《じつげん》するのを、待《ま》ちこがれるようす。待《ま》ち遠《どお》しく思《おも》うようす。

さんこう やってくる方角《ほうがく》を首《くび》をのばして見《み》るようすから。

首（くび）

首《くび》を傾《かし》げる

つかいかた おじさんから何《なん》の電話《でんわ》だろうと首《くび》を傾《かし》げる。

いみ 変《へん》だなと思《おも》って考《かんが》え込《こ》む。

さんこう 「傾《かし》げる」は、かたむける。首《くび》をかたむけて考《かんが》えることから。

にたいみのことば 首《くび》を捻《ひね》る

首《くび》を縦《たて》に振《ふ》る…賛成《さんせい》する。うんと言《い》う。

顔《かお》から火《ひ》が出《で》る

つかいかた
保護者参観日《ほごしゃさんかんび》の授業《じゅぎょう》で、答《こた》えをまちがえてしまい**顔《かお》から火《ひ》が出《で》る**ような思《おも》いをした。

いみ
はずかしくて顔《かお》が真《ま》っ赤《か》になる。

さんこう
火《ひ》が出《で》たように赤《あか》くなることから。

顔（かお）

顔《かお》に泥《どろ》を塗《ぬ》る

つかいかた
ひどいいたずらをして先生《せんせい》にこっぴどくしかられ親《おや》の**顔《かお》に泥《どろ》を塗《ぬ》る**。

いみ
名誉《めいよ》を傷《きず》つける。恥《はじ》をかかせる。

さんこう
顔《かお》を泥《どろ》でよごすことから。

にたいみのことば
顔《かお》を潰《つぶ》す・名《な》を汚《けが》す

顔《かお》が広《ひろ》い…大勢《おおぜい》の人《ひと》とつきあいがある。世《よ》の中《なか》に広《ひろ》く知《し》られている。

合《あ》わせる顔《かお》が無《な》い

つかいかた
借《か》りた本《ほん》をなくしてしまい、友達《ともだち》に合《あ》わせる顔《かお》が無《な》い。

いみ
失敗《しっぱい》などをしてしまい、申《もう》しわけなくて、その人《ひと》に会《あ》うことができない。

さんこう
顔《かお》を合《あ》わせるのがつらいという意味《いみ》。

顔（かお）

何《なに》食《く》わぬ顔《かお》

つかいかた
本当《ほんとう》は見《み》たのだけれど、何《なに》食《く》わぬ顔《かお》で「見《み》ていない」と答《こた》える。

いみ
知《し》っているのに知《し》らないような顔《かお》つき。しらばくれたようす。知《し》らん顔《かお》。

にたいみのことば
素《そ》知《し》らぬ顔《かお》・涼《すず》しい顔《かお》

顔《かお》を曇《くも》らせる…心配《しんぱい》ごとなどで、顔《かお》が暗《くら》くなる。

顎《あご》で使《つか》う

つかいかた　自分《じぶん》は座《すわ》ったまま、人《ひと》を顎《あご》で使《つか》う。

いみ　いばった態度《たいど》で人《ひと》を使《つか》う。

さんこう　ことばや手《て》でしないで、顎《あご》をちょっと動《うご》かして指図《さしず》をすること。「顎《あご》の先《さき》で使《つか》う」ともいう。

顎（あご）

顎《あご》を出《だ》す

つかいかた　頂上《ちょうじょう》まであと少《すこ》しのところだったのに、とうとう顎《あご》を出《だ》してしまった。

いみ　つかれはてて、へたばる。

さんこう　くたびれると足《あし》が動《うご》かなくなって、足《あし》よりも顎《あご》が前《まえ》に出《で》ることから。

顎《あご》を外《はず》す…顎《あご》が外《はず》れるほど口《くち》を大《おお》きく開《あ》けて大笑《おおわら》いをする。

頬《ほお》を染《そ》める

つかいかた
好《す》きな人《ひと》に話《はな》しかけられて、頬《ほお》を染《そ》める。

いみ
はずかしさで顔《かお》を赤《あか》くする。頬《ほお》を赤《あか》らめる。

さんこう
頬《ほお》を赤《あか》く染《そ》めたようだということ。

頬（ほお）

頬《ほお》が落《お》ちる

つかいかた
このレストランの料理《りょうり》は、どれもおいしくて、頬《ほお》が落《お》ちてしまいそうだ。

いみ
食《た》べ物《もの》が非常《ひじょう》においしいこと。

さんこう
頬《ほお》が落《お》ちてしまうほどおいしいという意味《いみ》。「ほっぺたが落《お》ちる」ともいう。

にたいみのことば
顎《あご》が落《お》ちる

頬《ほお》を膨《ふく》らます…不満《ふまん》そうにする。ふくれっ面《つら》をする。

目《め》が回《まわ》る

つかいかた
今日《きょう》は客《きゃく》が多《おお》く、いそがしくて**目《め》が回《まわ》る**ようだ。

いみ
めまいがするほど、非常《ひじょう》にいそがしい。

もっとわかる 「いそがしい」意味《いみ》のことば
● 猫《ねこ》の手《て》も借《か》りたい（いそがしくて、人《ひと》が足《た》りない）⬇164ページ
● 席《せき》の暖《あたた》まる暇《いとま》もない（いそがしくて、同《おな》じ場所《ばしょ》に長《なが》くいられない）

目《め》を奪《うば》う

つかいかた
オーロラがあまりに美《うつく》しくて**目《め》を奪《うば》われた**。

いみ
目《め》を引《ひ》きつける。見《み》とれてしまう。

さんこう
「奪《うば》う」は、引《ひ》きつけるという意味《いみ》。

目《め》が無《な》い…夢中《むちゅう》になるほど、それが好《す》きである。

目《め》が眩《くら》む

つかいかた 金《かね》に目《め》が眩《くら》んで、悪人《あくにん》の手先《てさき》になる。

いみ 心《こころ》をうばわれて、判断力《はんだんりょく》を失《うしな》う。

さんこう 「眩《くら》む」は、強《つよ》い光《ひかり》を目《め》に受《う》けて、物《もの》が見《み》えなくなること。

目（め）

目《め》の中《なか》に入《い》れても痛《いた》くない

つかいかた たった一人《ひとり》の孫《まご》だからといって、目《め》の中《なか》に入《い》れても痛《いた》くないほどかわいがっている。

いみ かわいくてたまらないようす。

さんこう かわいがっている自分《じぶん》の子《こ》や孫《まご》についていうことば。「目《め》の中《なか》へ入《い》れても痛《いた》くない」ともいう。

目《め》も当《あ》てられない…気《き》の毒《どく》で、また、ひどい状態《じょうたい》で、見《み》ていられない。

目《め》から鼻《はな》へ抜《ぬ》ける

つかいかた 国語《こくご》でも算数《さんすう》でも、どんな教科《きょうか》も、目《め》から鼻《はな》へ抜《ぬ》けるように理解《りかい》する。

いみ 非常《ひじょう》に頭《あたま》がよくて判断《はんだん》が早《はや》い。抜《ぬ》け目《め》がなくてすばしこい。

さんこう 目《め》と鼻《はな》とは、すぐそばにあるので、すばやく通《つう》じることから。「目《め》から鼻《はな》に抜《ぬ》ける」ともいう。

にたいみのことば 一《いち》を聞《き》いて十《じゅう》を知《し》る（頭《あたま》がよくてすぐに理解《りかい》する。↓298ページ）

もっとわかる

「抜《ぬ》ける」を使《つか》うことば

- 気《き》が抜《ぬ》ける（張《は》りつめていた気持《きも》ちがゆるむ）
- 腰《こし》が抜《ぬ》ける（びっくりして立《た》っていられなくなる）
- 間《ま》が抜《ぬ》ける（大事《だいじ》なことが抜《ぬ》け落《お》ちている）
- 歯《は》の抜《ぬ》けたよう（所々《ところどころ》抜《ぬ》けていて、そろっていないようす）↓60ページ

目《め》を疑《うたが》う…思《おも》ってもいないことを見《み》て、とてもびっくりする。

目《め》を皿《さら》のようにする

つかいかた　針《はり》を床《ゆか》に落《お》としてしまい、目《め》を皿《さら》のようにして探《さが》す。

いみ　おどろいたり、物《もの》を探《さが》したりするために目《め》を大《おお》きく開《ひら》いて見《み》る。くまなく見《み》る。

さんこう　皿《さら》のように目《め》をまるくするという意味《いみ》。「目《め》を皿《さら》にする」ともいう。

目（め）

目《め》を細《ほそ》める

つかいかた　かわいらしい赤《あか》ちゃんの笑顔《えがお》に、思《おも》わず目《め》を細《ほそ》める。

いみ　うれしそうにほほえむ。にこっとする。

さんこう　笑《わら》うと目《め》が細《ほそ》くなることから。「目《め》を細《ほそ》くする」ともいう。

目《め》を光《ひか》らせる…あやしいと思《おも》って、気《き》をつけて見張《みは》る。

目《め》を三角《さんかく》にする

つかいかた　足《あし》をふまれて、目《め》を三角《さんかく》にしておこる。

いみ　おこって、こわい目付《めつ》きをする。

さんこう　おこって目《め》をつり上《あ》げると、目《め》が三角《さんかく》に見《み》えるということから。

にたいみのことば　目《め》を吊《つ》り上《あ》げる ● 目《め》に角《かど》を立《た》てる ● 目角《めかど》を立《た》てる

目《め》を丸《まる》くする

つかいかた　信《しん》じられないような光景《こうけい》に目《め》を丸《まる》くする。

いみ　びっくりして、目《め》を大《おお》きく開《ひら》く。

さんこう　目《め》を大《おお》きく開《ひら》くと、丸《まる》くなるということから。

にたいみのことば　目《め》を見張《みは》る ● 目玉《めだま》が飛《と》び出《で》る

目《め》は口《くち》ほどに物《もの》を言《い》う…目《め》は、ことば以上《いじょう》に相手《あいて》に気持《きも》ちが伝《つた》わる。

眉《まゆ》に唾《つば》を付《つ》ける

つかいかた そのもうけ話《ばなし》は話《はなし》がうますぎるから、眉《まゆ》に唾《つば》を付《つ》けて聞《き》いたほうがいいよ。

いみ だまされないように用心《ようじん》する。

さんこう 眉毛《まゆげ》に唾《つば》をぬると、狐《きつね》や狸《たぬき》にだまされないという言《い》い伝《つた》えから。「眉《まゆ》に唾《つば》を塗《ぬ》る」「眉《まゆ》に唾《つば》する」ともいう。

眉《まゆ》をひそめる

つかいかた あまりにもマナーの悪《わる》い客《きゃく》に眉《まゆ》をひそめる。

いみ 心配《しんぱい》したり、不愉快《ふゆかい》になったりしたときに、眉《まゆ》にしわを寄《よ》せて顔《かお》をしかめる。

さんこう 「眉《まゆ》をしかめる」ともいう。

眉唾物《まゆつばもの》…あやしくて信用《しんよう》できない話《はなし》。疑《うたが》わしい話《はなし》。

涙《なみだ》を呑《の》む

つかいかた けがのため試合《しあい》に出《で》られず、**涙《なみだ》を呑《の》む**。

いみ くやしい気持《きも》ちを、じっとがまんする。残念《ざんねん》な思《おも》いをこらえる。

さんこう 涙《なみだ》を出《だ》さないようにして、泣《な》きたい気持《きも》ちをこらえるという意味《いみ》。

もっとわかる

「呑《の》む」を使《つか》うことば

- 息《いき》を呑《の》む（息《いき》が止《と》まるほどおどろく）
- 固唾《かたず》を呑《の》む（はらはらしながら、なりゆきを見守《みまも》る）
- 声《こえ》を呑《の》む（おどろきのあまり、声《こえ》が出《で》なくなる）

「くやしさをがまんする」意味《いみ》のことば

- 唇《くちびる》を噛《か》む（唇《くちびる》を噛《か》みしめて、くやしさやいかりをがまんする）
- 歯《は》を食《く》いしばる（歯《は》を強《つよ》く噛《か》み合《あ》わせて、くやしさ・いかり・痛《いた》みなどをがまんする） ➡59ページ

涙《なみだ》を誘《さそ》う…かわいそうで涙《なみだ》が出《で》る。気《き》の毒《どく》である。

涙《なみだ》に暮《く》れる

つかいかた
かわいがっていたインコが死《し》に、**涙《なみだ》に暮《く》れる**。

いみ
泣《な》き悲《かな》しんで日《ひ》を送《おく》る。

さんこう
涙《なみだ》を流《なが》して、泣《な》いて暮《く》らすこと。

鼻《はな》が高《たか》い

つかいかた
学校《がっこう》の卓球部《たっきゅうぶ》が優勝《ゆうしょう》して、ぼくまで**鼻《はな》が高《たか》い**。

いみ
得意《とくい》なようす。自慢《じまん》するようす。

もっとわかる

「高《たか》い」を使《つか》うことば

- 敷居《しきい》が高《たか》い（迷惑《めいわく》をかけて、その人《ひと》の所《ところ》に行《い》きにくい）
- 頭《ず》が高《たか》い（いばっていて、無礼《ぶれい》であるようす）➡36ページ

鼻《はな》に付《つ》く…あきて、いやになる。いやみに感《かん》じる。

鼻《はな》で笑《わら》う

つかいかた 兄《あに》は鼻《はな》で笑《わら》って、ぼくの話《はなし》を聞《き》こうともしない。

いみ 軽蔑《けいべつ》して笑《わら》う。ばかにして笑《わら》う。

さんこう 相手《あいて》をばかにした鼻先《はなさき》だけの笑《わら》い。「鼻《はな》の先《さき》で笑《わら》う」ともいう。

鼻（はな）

鼻《はな》に掛《か》ける

つかいかた いい自転車《じてんしゃ》を持《も》っていることを鼻《はな》に掛《か》ける。

いみ 自慢《じまん》する。得意《とくい》がる。

にたいみのことば 天狗《てんぐ》になる（うぬぼれて、得意《とくい》になる。）↓234ページ

- 小鼻《こばな》をうごめかす（鼻先《はなさき》の左右《さゆう》のふくらみをぴくぴくさせて、得意《とくい》顔《がお》をする）

鼻《はな》を明《あ》かす…相手《あいて》を出《だ》しぬいて、あっと言《い》わせる。

口《くち》が堅《かた》い

つかいかた 彼《かれ》は口《くち》が堅《かた》く、信用《しんよう》できる人《ひと》だ。

いみ 言《い》ってはならないことは、人《ひと》に話《はな》さないようす。

さんこう 「口《くち》が固《かた》い」とも書《か》く。

はんたいのことば 口《くち》が軽《かる》い（何《なん》でも軽々《かるがる》しく、人《ひと》に話《はな》してしまう）

口（くち）

口《くち》を尖《とが》らせる

つかいかた 遠足《えんそく》が中止《ちゅうし》と聞《き》いて、みんなは口《くち》を尖《とが》らせた。

いみ おこったり言《い》い争《あらそ》ったりする。また、不平不満《ふへいふまん》を表《あらわ》す顔《かお》つきをする。

さんこう 不満《ふまん》を表《あらわ》してくちびるをつき出《だ》すこと。「口《くち》を尖《とが》らす」ともいう。

口《くち》が滑《すべ》る…調子《ちょうし》に乗《の》って、よけいなことまでしゃべってしまう。

口《くち》が酸《す》っぱくなる程《ほど》

つかいかた 口《くち》が酸《す》っぱくなる程《ほど》注意《ちゅうい》しても、遊《あそ》んでばかりいる。

いみ 同《おな》じことを、何回《なんかい》もくり返《かえ》して言《い》うようす。くどく何度《なんど》も言《い》うようす。

さんこう 「口《くち》を酸《す》っぱくする」ともいう。

口（くち）

良薬《りょうやく》は口《くち》に苦《にが》し

つかいかた 良薬《りょうやく》は口《くち》に苦《にが》しと、友達《ともだち》の忠告《ちゅうこく》を素直《すなお》に聞《き》く。

いみ 自分《じぶん》の身《み》のためになる忠告《ちゅうこく》ほど聞《き》くのがつらいものだ。

さんこう 良《よ》く効《き》く薬《くすり》は苦《にが》いという意味《いみ》から。

にたいみのことば 忠言耳《ちゅうげんみみ》に逆《さか》らう（忠告《ちゅうこく》のことばは、相手《あいて》を不愉快《ふゆかい》にさせてしまって、素直《すなお》に聞《き》き入《い》れられないものだ）

口《くち》に合《あ》う…食《た》べ物《もの》や飲《の》み物《もの》の味《あじ》が、自分《じぶん》の好《この》みに合《あ》う。

開《あ》いた口《くち》が塞《ふさ》がらない

つかいかた あまりのずうずうしさに、開《あ》いた口《くち》が塞《ふさ》がらない。

いみ あきれてものが言《い》えない。

さんこう あきれて口《くち》を開《あ》けたままにすることから。

口（くち）

人《ひと》の口《くち》には戸《と》が立《た》てられない

つかいかた 人《ひと》の口《くち》には戸《と》が立《た》てられない、次《つぎ》の日《ひ》には学校中《がっこうじゅう》に知《し》れわたっていた。

いみ うわさや評判《ひょうばん》はすぐに広《ひろ》まり、広《ひろ》まるのを止《と》めることはできないということ。

さんこう 戸《と》を閉《し》めるように、口《くち》に戸《と》を立《た》てて閉《し》めることはできないという意味《いみ》。「世間《せけん》の口《くち》に戸《と》は立《た》てられない」ともいう。

口《くち》を揃《そろ》える…大勢《おおぜい》の人《ひと》が、同《おな》じことを言《い》う。

舌《した》を巻《ま》く

つかいかた 相手選手《あいてせんしゅ》の見事《みごと》な技《わざ》に舌《した》を巻《ま》く。

いみ ことばが出《で》ないほど、おどろいたり、感心《かんしん》したりする。

さんこう おどろきのあまり舌《した》が丸《まる》まってしまい、声《こえ》が出《で》なくなるということから。

にたいみのことば 目《め》を見張《みは》る（おどろいたり感心《かんしん》したりして、目《め》を大《おお》きく開《ひら》く）

もっとわかる

「巻《ま》く」を使《つか》うことば

● 尻尾《しっぽ》を巻《ま》く（自分《じぶん》の負《ま》けを認《みと》める。降参《こうさん》する。負《ま》けた犬《いぬ》は、尻尾《しっぽ》を丸《まる》めておとなしくなるということから）

● 長《なが》い物《もの》には巻《ま》かれろ（権力《けんりょく》のある人《ひと》には、逆《さか》らわないで従《したが》っているほうが得《とく》だ）

⬇ 334ページ

● ねじを巻《ま》く（注意《ちゅうい》したりしかったりして、気《き》をひきしめさせる）

● 煙《けむ》に巻《ま》く（わけのわからないことを言《い》ってごまかす）

舌《した》を出《だ》す…陰《かげ》でこっそり人《ひと》をばかにする。

舌《した》が回《まわ》る

つかいかた あんなに長《なが》いせりふをあんなに早口《はやくち》で、よく舌《した》が回《まわ》るなあと感心《かんしん》する。

いみ つかえないで、よくしゃべる。

さんこう 「回《まわ》る」は、くるくる動《うご》くこと。

にたいみのことば 口《くち》が回《まわ》る

舌（した）

舌《した》鼓《つづみ》を打《う》つ

つかいかた 名物《めいぶつ》のウナギ弁当《べんとう》に舌鼓《したつづみ》を打《う》つ。

いみ おいしくて舌《した》を鳴《な》らしながら食《た》べるようす。

さんこう 舌《した》を鳴《な》らすのを楽器《がっき》の鼓《つづみ》にたとえたことば。「舌鼓《したつづみ》」は、「したづつみ」とも読《よ》む。

二枚舌《にまいじた》を使《つか》う…平気《へいき》でうそをつくこと。

喉《のど》元《もと》過《す》ぎれば熱《あつ》さを忘《わす》れる

つかいかた

喉元《のどもと》過《す》ぎれば熱《あつ》さを忘《わす》れるで、テストが終《お》わったあとは、また遊《あそ》んでばかりいる。

いみ

苦《くる》しかったこと、つらかったことや、そのときに受《う》けた恩《おん》なども、過《す》ぎてしまえばけろっと忘《わす》れてしまうものだということ。

さんこう

熱《あつ》い食《た》べ物《もの》も飲《の》みこんでしまうとその熱《あつ》さを忘《わす》れてしまうことから。

もっとわかる

「忘《わす》れる」を使《つか》うことば

- 初心忘《しょしんわす》るべからず（始《はじ》めたときの真剣《しんけん》な心《こころ》を忘《わす》れてはいけない）↓104ページ
- 寝食《しんしょく》を忘《わす》れる（熱心《ねっしん》にものごとをする）
- 我《われ》を忘《わす》れる（夢中《むちゅう》になって、ほかのことはわからなくなる）
- 天災《てんさい》は忘《わす》れた頃《ころ》にやって来《く》る（地震《じしん》や台風《たいふう》などの天災《てんさい》は、そのおそろしさを忘《わす》れかけたころに起《お》こるものだ）

喉《のど》が鳴《な》る…おいしそうで、とても食《た》べたくなる。

喉《のど》から手《て》が出《で》る

つかいかた

お年玉《としだま》をためて、喉《のど》から手《て》が出《で》るほどほしかったゲームを買《か》った。

いみ

ほしくてたまらないようす。

もっとわかる 「手《て》」を使《つか》うことば ➡66ページ

歯《は》を食《く》いしばる

つかいかた

歯《は》を食《く》いしばって、厳《きび》しい練習《れんしゅう》に耐《た》え、レギュラーを勝《か》ち取《と》る。

いみ

苦《くる》しさや、くやしさをぐっとこらえる。

さんこう

歯《は》を強《つよ》くかみ合《あ》わせてがまんするということ。

歯《は》に衣《きぬ》着《き》せぬ…思《おも》っていることを、遠慮《えんりょ》せずにはっきり言《い》うようす。

歯《は》が立《た》たない

つかいかた 彼《かれ》は体格《たいかく》がよく、相撲《すもう》ではとても歯《は》が立《た》たない。

いみ 力《ちから》の差《さ》があって、とてもかなわない。また、難《むずか》しすぎてできない。

さんこう かたくてかめないという意味《いみ》。

歯（は）

歯《は》の抜《ぬ》けたよう

つかいかた 今日《きょう》は欠席《けっせき》が多《おお》く、歯《は》の抜《ぬ》けたようにさびしい。

いみ あちこち抜《ぬ》けていてそろっていないようす。物足《ものた》りなくてさびしいようす。

さんこう 歯《は》が抜《ぬ》けたあとに似《に》ているということ。「歯《は》が抜《ぬ》けたよう」ともいう。

歯《は》が浮《う》く…見《み》えすいたお世辞《せじ》を聞《き》くなどして、不愉快《ふゆかい》な気持《きも》ちになる。

歯《は》の根《ね》が合《あ》わない

つかいかた あまりにも寒《さむ》くて、歯《は》の根《ね》が合《あ》わない。

いみ 寒《さむ》さやこわさのために、体《からだ》がひどくふるえるようす。

さんこう 歯《は》が、がちがちいうほど、ふるえることから。「歯《は》の根《ね》が合《あ》わぬ」ともいう。

息《いき》を吹《ふ》き返《かえ》す

つかいかた この三点《さんてん》でチームは息《いき》を吹《ふ》き返《かえ》した。

いみ だめになりそうだったものが、また元気《げんき》を取《と》りもどす。立《た》ち直《なお》る。

さんこう 死《し》にかけていたものが、また呼吸《こきゅう》を始《はじ》めて生《い》き返《かえ》るという意味《いみ》。

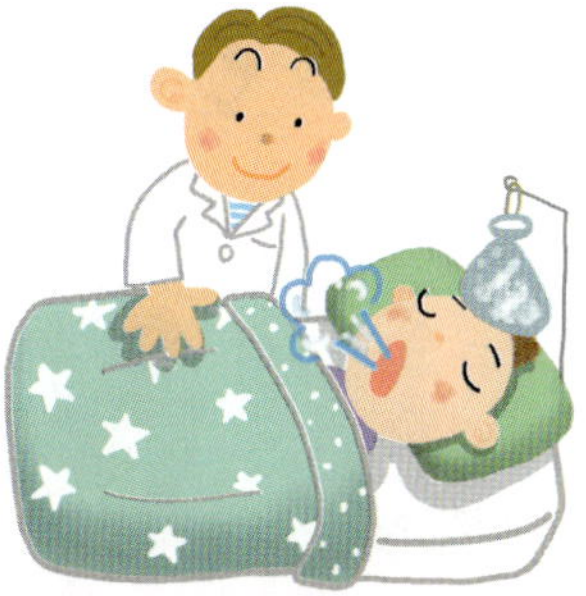

奥歯《おくば》に物《もの》が挟《はさ》まったよう…言《い》いたいことをはっきり言《い》わないようす。

息《いき》が合《あ》う

つかいかた 歌《うた》い手《て》と伴奏《ばんそう》の息《いき》が合《あ》い、すばらしい演奏《えんそう》だ。

いみ たがいの調子《ちょうし》や気持《きも》ちがうまく合《あ》う。

さんこう 「息《いき》」は、調子《ちょうし》。気分《きぶん》。

にたいみのことば 呼吸《こきゅう》が合《あ》う

息（いき）

息《いき》を殺《ころ》す

つかいかた 野鳥《やちょう》の写真《しゃしん》をとろうと、草《くさ》むらでカメラを構《かま》えて息《いき》を殺《ころ》す。

いみ 呼吸《こきゅう》をおさえて、静《しず》かにしている。

さんこう 「殺《ころ》す」は、活動《かつどう》や動作《どうさ》をおさえるという意味《いみ》。

にたいみのことば 息《いき》を凝《こ》らす・息《いき》を詰《つ》める

息《いき》を呑《の》む…息《いき》が止《と》まるほどおどろく。はっとする。

耳《みみ》を貸《か》す

つかいかた どんなに「危《あぶ》ないからやめなさい」と止《と》めても、耳《みみ》を貸《か》そうとしない。

いみ 人《ひと》の話《はなし》を聞《き》く。また、人《ひと》の相談《そうだん》に乗《の》ったりたのみごとを聞《き》いたりする。

耳（みみ）

耳《みみ》を澄《す》ます

つかいかた 林《はやし》の中《なか》で、小鳥《ことり》のさえずりに耳《みみ》を澄《す》ます。

いみ 注意《ちゅうい》してよく聞《き》こうとする。

さんこう 「澄《す》ます」は、ものごとに注意《ちゅうい》を集中《しゅうちゅう》すること。

にたいみのことば ・耳《みみ》を傾《かたむ》ける ・耳《みみ》をそばだてる ・聞《き》き耳《みみ》を立《た》てる ・耳《みみ》を立《た》てる

耳《みみ》が痛《いた》い…自分《じぶん》の欠点《けってん》などを人《ひと》に言《い》われ、聞《き》くのがつらい。

耳（みみ）

耳《みみ》にたこができる

つかいかた　勉強《べんきょう》しろと毎日《まいにち》言《い》われて、耳《みみ》にたこができる。

いみ　同《おな》じ話《はなし》を何回《なんかい》も聞《き》かされ、うんざりすること。

さんこう　「たこ」は、手《て》や足《あし》のすれる部分《ぶぶん》にできる、固《かた》く盛《も》り上《あ》がったふくらみ。同《おな》じ話《はなし》ばかりを聞《き》かされると、そこに「たこ」ができるだろうということから。

小《こ》耳《みみ》に挟《はさ》む

つかいかた　駅前《えきまえ》に本屋《ほんや》ができるという話《はなし》を小《こ》耳《みみ》に挟《はさ》む。

いみ　ちらっと聞《き》く。聞《き》くともなしに聞《き》く。

さんこう　「小《こ》耳《みみ》」は、ちらりと耳《みみ》にすること。「挟《はさ》む」は、何気《なにげ》なく聞《き》く。

耳《みみ》に付《つ》く…音《おと》や声《こえ》が気《き》になる。音《おと》や声《こえ》がうるさい。

寝《ね》耳《みみ》に水《みず》

つかいかた 彼《かれ》が来月《らいげつ》には転校《てんこう》してしまうだなんて、寝耳《ねみみ》に水《みず》だ。

いみ 思《おも》いがけないできごとや知《し》らせにおどろくこと。

さんこう 「寝耳《ねみみ》」は、ねむっているときの耳《みみ》。寝《ね》ているときに、水《みず》がおし寄《よ》せる音《おと》を聞《き》くようだという意味《いみ》。

にたいみのことば 藪《やぶ》から棒《ぼう》（↓124ページ）

もっとわかる

「水《みず》」を使《つか》うことば ↓244ページ

「寝《ね》る」を使《つか》うことば

- 鰻《うなぎ》の寝床《ねどこ》（奥行《おくゆ》きが細長《ほそなが》い家《いえ》や部屋《へや》のたとえ）↓206ページ
- 果報《かほう》は寝《ね》て待《ま》て（幸運《こううん》はあせらずに待《ま》っていれば、いつか自然《しぜん》にやって来《く》るものだ）
- 狸寝入《たぬきねい》り（ねむったふりをすること）↓178ページ
- 寝《ね》ても覚《さ》めても（寝《ね》ているときも起《お》きているときも。いつも）
- 寝《ね》る子《こ》は育《そだ》つ（よくねむる子《こ》は、丈夫《じょうぶ》に成長《せいちょう》するものだ）↓83ページ

耳《みみ》が早《はや》い…うわさなどを人《ひと》より早《はや》く聞《き》きつけて、よく知《し》っているようす。

手《て》も足《あし》も出《で》ない

つかいかた 対戦《たいせん》チームのエースの投《な》げる速球《そっきゅう》に、打者《だしゃ》は手《て》も足《あし》も出《で》なかった。

いみ どうすることもできない。力《ちから》がおよばず、ほどこす手段《しゅだん》がない。

さんこう 「手《て》も足《あし》も出《だ》せない」ともいう。

もっとわかる

「足《あし》」を使《つか》うことば ➡72ページ

そのほかの「手《て》」を使《つか》うことば

- 手《て》が掛《か》かる（世話《せわ》が焼《や》ける。手数《てかず》がかかる）
- 手《て》が付《つ》けられない（あまりにひどすぎて、どうすることもできない）
- 手《て》に負《お》えない（自分《じぶん》の力《ちから》では、どうにもできない。手《て》に余《あま》る）
- 手《て》を貸《か》す（仕事《しごと》を手伝《てつだ》う。手助《てだす》けをする）
- 手《て》を加《くわ》える（悪《わる》いところを直《なお》す。修正《しゅうせい》する）
- 手《て》を抜《ぬ》く（必要《ひつよう》な手間《てま》をはぶいて、いいかげんにやる）

手《て》が空《あ》く…仕事《しごと》などが一段落《いちだんらく》して、ひまになる。

手《て》をこまぬく

つかいかた こわくて話《はな》しかけられず、ただ手《て》をこまぬいているばかりだった。

いみ 手出《てだ》しができず何《なに》もしないで見《み》ている。

さんこう 「こまぬく」は、腕組《うでぐ》みをすること。「手《て》をこまねく」ともいう。

にたいみのことば 腕《うで》をこまぬく・手《て》を束《つか》ねる

手（て）

手《て》に付《つ》かない

つかいかた 明日《あす》の運動会《うんどうかい》が楽《たの》しみで、勉強《べんきょう》が手《て》に付《つ》かない。

いみ ほかのことに気《き》を取《と》られて、身《み》が入《はい》らない。心《こころ》が落《お》ち着《つ》かなくて何《なに》もできない。

手《て》が込《こ》む…手間《てま》がかかっている。やり方《かた》がこみ入《い》っていて複雑《ふくざつ》だ。

手《て》に汗《あせ》を握《にぎ》る

つかいかた 手《て》に汗《あせ》を握《にぎ》る大接戦《だいせっせん》を繰《く》り広《ひろ》げる。

いみ 見《み》たり聞《き》いたりしながら、緊張《きんちょう》したり興奮《こうふん》したりする。

さんこう はらはらしながら手《て》を握《にぎ》りしめていると、手《て》のひらに汗《あせ》をかくことから。「手《て》に汗握《あせにぎ》る」ともいう。

にたいみのことば 固唾《かたず》を呑《の》む（どうなることかと息《いき》をのんで、緊張《きんちょう》している）

手《て》を替《か》え品《しな》を替《か》え

つかいかた 手《て》を替《か》え品《しな》を替《か》え、小《ちい》さな妹《いもうと》をなだめる。

いみ いろいろやり方《かた》をかえて、あれこれと試《こころ》みること。

さんこう なんとかして目的《もくてき》を果《は》たそうと、さまざまな手段《しゅだん》や方法《ほうほう》で試《ため》してみること。「手《て》を変《か》え品《しな》を変《か》え」とも書《か》く。

手《て》を焼《や》く…うまくあつかうことができず、始末《しまつ》に困《こま》る。

後《うし》ろ指《ゆび》を指《さ》される

つかいかた　人《ひと》に**後《うし》ろ指《ゆび》を指《さ》される**ようなことはしたくない。

いみ　陰《かげ》で悪口《わるくち》を言《い》われる。

さんこう　その人《その》を後《うし》ろから指《ゆび》で指《さ》して、悪口《わるくち》を言《い》うということから。

指（ゆび）

指《ゆび》をくわえる

つかいかた　ねんざしてしまったので、サッカーの試合《しあい》には出《で》られず、**指《ゆび》をくわえて**見《み》ていた。

いみ　自分《じぶん》もそうしたいのにできないでいる。手《て》が出《だ》せなくて何《なに》もしないでいる。

さんこう　うらやましそうに指《ゆび》をくわえてただ見守《みまも》るようすから。

指折《ゆびお》り数《かぞ》える…その日《ひ》の来《く》るのが待《ま》ち遠《どお》しくて、あと何日《なんにち》かと数《かぞ》える。

爪（つめ）

爪《つめ》を研《と》ぐ

つかいかた

仕返《しかえ》ししてやろうと、ひそかに爪《つめ》を研《と》ぐ。

いみ

相手《あいて》をやっつけてやろうと、十分準備《じゅうぶんじゅんび》して機会《きかい》を待《ま》つ。

さんこう

けものがするどく爪《つめ》をみがいて、えものを待《ま》ちかまえることから。

にたいみのことば

牙《きば》を研《と》ぐ

爪《つめ》に火《ひ》をともす

つかいかた

爪《つめ》に火《ひ》をともすようにして、お金《かね》をためる。

いみ

倹約《けんやく》して貧《まず》しく質素《しっそ》な生活《せいかつ》をすること。ひどくけちなこと。

さんこう

ろうそくや油《あぶら》のかわりに、爪《つめ》の先《さき》に火《ひ》をつけて明《あ》かりにするという意味《いみ》。

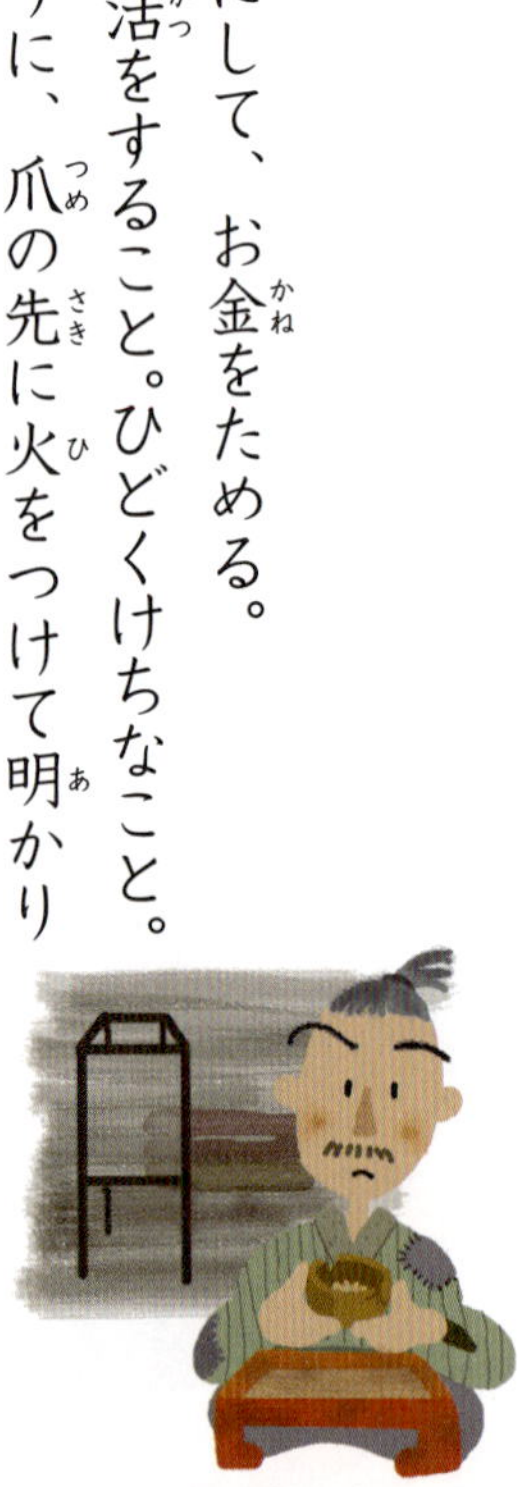

爪《つめ》の垢《あか》ほど…ほんのわずかなことのたとえ。

腕《うで》が鳴《な》る

つかいかた
明日《あす》の先発投手《せんぱつとうしゅ》になり、今《いま》から腕《うで》が鳴《な》る。

いみ
自分《じぶん》の技術《ぎじゅつ》や能力《のうりょく》を、思《おも》う存分《ぞんぶん》表《あらわ》そうと張《は》りきる。

もっとわかる

「鳴《な》る」を使《つか》うことば

- 喉《のど》が鳴《な》る（おいしそうで、飲《の》んだり食《た》べたりしたくなる）
- 鼻《はな》を鳴《な》らす（鼻《はな》にかかった声《こえ》で、あまえたりすねたりする）

腕（うで）

腕《うで》を磨《みが》く

つかいかた
師匠《ししょう》のもとで経験《けいけん》を積《つ》んで、腕《うで》を磨《みが》く。

いみ
練習《れんしゅう》したり勉強《べんきょう》したりして、さらに上達《じょうたつ》する。

さんこう
「磨《みが》く」は、努力《どりょく》して立派《りっぱ》なものにすること。

腕《うで》によりを掛《か》ける…自分《じぶん》の腕前《うでまえ》を見《み》せようとして、がんばる。

足（あし）

足《あし》を延《の》ばす

つかいかた

久《ひさ》しぶりに駅前《えきまえ》まで出《で》たので、足《あし》を延《の》ばしてとなり町《まち》まで行《い》くことにした。

いみ

ある場所《ばしょ》まで行《い》って、さらに遠《とお》くまで行《い》く。

さんこう

「足《あし》」は、歩《ある》くこと。

足《あし》が棒《ぼう》になる

つかいかた

一日中《いちにちじゅう》歩《ある》き回《まわ》って、足《あし》が棒《ぼう》になる。

いみ

足《あし》がひどくつかれて思《おも》うように動《うご》かず、棒《ぼう》になったようになる。

もっとわかる 「棒《ぼう》」を使《つか》うことば ⬇ 124ページ

足《あし》が出《で》る…お金《かね》が足《た》りなくなる。赤字《あかじ》になる。

足《あし》が竦《すく》む

つかいかた

展望台《てんぼうだい》から真下《ました》を見《み》たら、あまりの高《たか》さに**足《あし》が竦《すく》んだ。**

いみ

おそれや緊張《きんちょう》のために、足《あし》が縮《ちぢ》むように感《かん》じて動《うご》けなくなる。

足（あし）

足《あし》を引《ひ》っ張《ぱ》る

つかいかた

①悪《わる》いうわさを流《なが》して、あいつの**足《あし》を引《ひ》っ張《ぱ》る。**

②大事《だいじ》なところでエラーをして、チームの**足《あし》を引《ひ》っ張《ぱ》る。**

いみ

①ほかの人《ひと》の成功《せいこう》などをねたんで、じゃまをすること。

②チームや集団《しゅうだん》のじゃまになるようなことをすること。

さんこう

足《あし》を引《ひ》っ張《ぱ》って歩《ある》けなくするということから。

足《あし》が鈍《にぶ》る…歩《ある》き方《かた》がおそくなる。また、行《い》きたくなくなる。

揚《あ》げ足《あし》を取《と》る

つかいかた 人《ひと》の**揚《あ》げ足《あし》を取《と》って**ばかりいないで、自分《じぶん》の意見《いけん》を言《い》いなさい。

いみ 相手《あいて》の言《い》いまちがいをとらえて、責《せ》めたり困《こま》らせたりする。

さんこう 相撲《すもう》や柔道《じゅうどう》で、技《わざ》をかけようとする相手《あいて》の足《あし》を取《と》ってたおすことからできたことば。

足《あし》元《もと》に火《ひ》がつく

つかいかた 試験《しけん》の日《ひ》が近《ちか》づき、**足元《あしもと》に火《ひ》がつく**。

いみ 危険《きけん》がすぐそばまでせまってくること。

さんこう 火《ひ》が足元《あしもと》までせまってきたという意味《いみ》。「足元《あしもと》」は、「足下《あしもと》」「足許《あしもと》」とも書《か》く。

足《あし》を運《はこ》ぶ…ある場所《ばしょ》に出《で》かける。訪《たず》ねる。

足元《あしもと》を見《み》られる

つかいかた 姉《あね》に足元《あしもと》を見《み》られて、そうじを手伝《てつだ》わされる。

いみ 弱味《よわみ》を見《み》ぬかれてつけこまれること。

さんこう 昔《むかし》、かごかき（旅人《たびびと》を、かごに乗《の》せて運《はこ》ぶ人《ひと》）が旅人《たびびと》の足《あし》のつかれ具合《ぐあい》を見《み》て料金《りょうきん》を高《たか》くしたということから。「足元《あしもと》」は、「足下《あしもと》」「足許《あしもと》」とも書《か》く。「足元《あしもと》へ付《つ》け込《こ》まれる」ともいう。

膝《ひざ》が笑《わら》う

つかいかた 長《なが》い石段《いしだん》を下《くだ》りきったら、膝《ひざ》が笑《わら》った。

いみ 急《きゅう》な坂《さか》を下《くだ》るときなどに、膝《ひざ》がつかれのためにがくがくすること。

足元《あしもと》から鳥《とり》が立《た》つ…急《きゅう》に思《おも》い立《た》って、何《なに》かを始《はじ》める。

膝《ひざ》を交《まじ》える

つかいかた ごみ問題《もんだい》について、市長《しちょう》と住民《じゅうみん》が**膝《ひざ》を交《まじ》えて**話《はな》し合《あ》う。

いみ うちとけて親《した》しく話《はな》し合《あ》うようす。

さんこう おたがいの膝《ひざ》がふれ合《あ》うほど、近《ちか》くにすわって話《はな》すということ。

親《おや》の脛《すね》をかじる

つかいかた まだ学生《がくせい》で、**親《おや》の脛《すね》をかじる**身《み》だ。

いみ 収入《しゅうにゅう》がなかったり少《すく》なかったりで、親《おや》にたよって生活《せいかつ》すること。

さんこう 「脛《すね》」は「臑《すね》」とも書《か》く。単《たん》に「脛《すね》をかじる」ともいう。

膝《ひざ》を正《ただ》す…改《あらた》まって、きちんと座《すわ》る。正座《せいざ》する。

第2章
ひと

第《だい》2章《しょう》

ひと

親《おや》子《こ》

80ページ

地震雷火事親父《じしんかみなりかじおやじ》 ● 生《う》みの親《おや》より育《そだ》ての親《おや》 ● 親《おや》の心子知《こころこし》らず ● 可愛《かわい》い子《こ》には旅《たび》をさせよ ● 泣《な》く子《こ》も黙《だま》る ● 寝《ね》る子《こ》は育《そだ》つ

親《おや》の脛《すね》をかじる ↓ 脛《すね》（76ページ） ▬ 獅子《しし》の子落《こお》とし ↓ 獅子《しし》（180ページ） ▬ 虎穴《こけつ》に入《い》らずんば虎子《こじ》を得《え》ず ↓ 虎《とら》（181ページ） ▬ 虎《とら》の子《こ》 ↓ 虎《とら》（183ページ） ▬ 張《は》り子《こ》の虎《とら》 ↓ 虎《とら》（183ページ） ▬ 蜘蛛《くも》の子《こ》を散《ち》らす ↓ 蜘蛛《くも》（217ページ） ▬ 蛙《かえる》の子《こ》は蛙《かえる》 ↓ 蛙《かえる》（222ページ） ▬ 雨後《うご》の竹《たけ》の子《こ》 ↓ 竹《たけ》の子《こ》（259ページ） ▬ 三《み》つ子《ご》の魂《たましい》百《ひゃく》まで ↓ 三《さん》（304ページ）

友《とも》と他人《たにん》

84

竹馬《ちくば》の友《とも》 ● 類《るい》は友《とも》を呼《よ》ぶ ● 他人《たにん》の空似《そらに》 ● 遠《とお》くの親類《しんるい》より近《ちか》くの他人《たにん》

赤《あか》の他人《たにん》 ↓ 赤《あか》（284ページ）

職業《しょくぎょう》

86

医者《いしゃ》の不養生《ふようじょう》 ● 腹八分《はらはちぶ》に医者《いしゃ》いらず ● 船頭多《せんどうおお》くして船山《ふねやま》に上《のぼ》る ● そうは問屋《とんや》が卸《おろ》さない ● 餅《もち》は餅屋《もちや》 ● 紺屋《こうや》の白袴《しろばかま》 ● 漁夫《ぎょふ》の利《り》 ● 馬子《まご》にも衣装《いしょう》 ● 武士《ぶし》は食《く》わねど高楊枝《たかようじ》 ● 坊主憎《ぼうずにく》けりゃ袈裟《けさ》まで憎《にく》い

君子《くんし》と泥棒《どろぼう》

93

君子《くんし》危《あや》うきに近寄《ちかよ》らず ● 泥棒《どろぼう》を捕《と》らえて縄《なわ》をなう ● 人《ひと》を見《み》たら泥棒《どろぼう》と思《おも》え ● 盗人《ぬすっと》猛々《たけだけ》しい

気《き》持《も》ち

96

気《き》を配《くば》る ● 気《き》を揉《も》む ● 気《き》に病《や》む ● 気《き》が気《き》でない ● 気《き》に障《さわ》る ● 気《き》を落《お》とす ● 気《き》が置《お》けない ● 病《やまい》は気《き》から ● 心《こころ》が弾《はず》む ● 心《こころ》を砕《くだ》く ● 心《こころ》に触《ふ》れる ● 心《こころ》を奪《うば》われる ● 心《こころ》を込《こ》める ● 初心《しょしん》忘《わす》るべからず

親《おや》の心《こころ》子《こ》知《し》らず ↓親《おや》・子《こ》（81ページ）

魚心《うおごころ》あれば水心《みずごころ》 ↓魚《さかな》（211ページ）

心《こころ》を鬼《おに》にする ↓鬼《おに》（231ページ）

地《じ》震《しん》雷《かみなり》火《か》事《じ》親《おや》父《じ》

つかいかた 地《じ》震《しん》雷《かみなり》火《か》事《じ》親《おや》父《じ》というだけあって、ふだんはやさしい父《ちち》も、おこるとてもこわい。

いみ この世《よ》でおそろしい四《よっ》つのものを、おそろしい順《じゅん》に並《なら》べたことば。父親《ちちおや》は、地震《じしん》などの災害《さいがい》と肩《かた》を並《なら》べるほど、こわい存在《そんざい》であるということ。

もっとわかる

「雷《かみなり》」を使《つか》うことば

● 雷《かみなり》が落《お》ちる（目上《めうえ》の人《ひと》からひどくしかられる）

「火事《かじ》」を使《つか》うことば

● 対岸《たいがん》の火事《かじ》（自分《じぶん》にはまったく関係《かんけい》もなく、苦痛《くつう》もないこと）➡243ページ

● 金時《きんとき》の火事見舞《かじみま》い（顔《かお》が非常《ひじょう》に赤《あか》いこと。「金時《きんとき》」は昔話《むかしばなし》に出《で》てくる金太郎《きんたろう》のことで、顔《かお》が真《ま》っ赤《か》なのに火事見舞《かじみま》いに行《い》ったら火《ひ》に照《て》らされてますます赤《あか》く見《み》えるということ）

● 火事場《かじば》の馬鹿力《ばかぢから》（緊急《きんきゅう》の場面《ばめん》では、ふだんにはない力《ちから》が出《で》るものだ）

親《おや》の光《ひかり》は七光《ななひかり》…親《おや》の地位《ちい》や評判《ひょうばん》が高《たか》いおかげで、子《こ》が得《とく》をするということ。

生《う》みの親《おや》より育《そだ》ての親《おや》

つかいかた

生《う》みの親《おや》より育《そだ》ての親《おや》と、大切《たいせつ》に育《そだ》ててくれた養《よう》父母《ふぼ》には感謝《かんしゃ》している。

いみ

生《う》んでくれた本当《ほんとう》の親《おや》よりも、育《そだ》ててくれた養《やしな》い親《おや》のほうが、自分《じぶん》にとってはありがたく、恩《おん》も重《おも》いということ。

さんこう

「生《う》みの恩《おん》より育《そだ》ての恩《おん》」ともいう。

親《おや》の心《こころ》子《こ》知《し》らず

つかいかた

親《おや》の心《こころ》子《こ》知《し》らずで、勉強《べんきょう》もしないでおそくまで遊《あそ》んでばかりいる。

いみ

親《おや》が子《こ》を思《おも》う気持《きも》ちは通《つう》じないで、子《こ》は自分勝手《じぶんかって》にふるまうものだということ。

孝行《こうこう》のしたい時分《じぶん》に親《おや》は無《な》し…親孝行《おやこうこう》は親《おや》が元気《げんき》なうちにしなさい。

子(こ)

可愛い子には旅をさせよ

つかいかた 可愛い子には旅をさせよ、サマーキャンプに参加するのも、いい経験になるだろう。

いみ 子供が可愛ければ、親の手元であまやかさず、世の中に出して苦労させたほうがいいということ。

さんこう 「旅」は、親元から離し、世の中に出すことのたとえ。

もっとわかる

「可愛い」を使うことば
- 可愛さ余って憎さが百倍（可愛ければ可愛いほど、いったん憎いと思い始めると、憎しみが強くなるものだ）→316ページ

「旅」を使うことば
- 旅の恥はかき捨て（旅行中は知っている人もいないので、ふだんならはずかしいことでも平気でできるということ）
- 旅は道連れ世は情け（旅はいっしょに行く人がいると心強いように、世の中も人と助け合っていくことが大切だ）

寝た子を起こす…落ち着いているのによけいな手を出し、問題を起こすこと。

泣《な》く子《こ》も黙《だま》る

つかいかた 泣《な》く子《こ》も黙《だま》るとおそれられている鬼監督《おにかんとく》。

いみ 泣《な》いている子《こ》もぴたりと泣《な》きやむほど、こわがられているようす。

子（こ）

寝《ね》る子《こ》は育《そだ》つ

つかいかた 寝《ね》る子《こ》は育《そだ》つ、八時《はちじ》にはふとんに入《はい》りなさい。

いみ よくねむる子《こ》は丈夫《じょうぶ》に成長《せいちょう》するものだということ。

もっとわかる

「育《そだ》つ」を使《つか》うことば

- 泣《な》く子《こ》は育《そだ》つ（よく泣《な》く子《こ》は丈夫《じょうぶ》に育《そだ》つものだ）
- 親《おや》は無《な》くとも子《こ》は育《そだ》つ（親《おや》がいなくても、子《こ》はちゃんと成長《せいちょう》するものだ）

老《お》いては子《こ》に従《したが》え…年《とし》を取《と》ったら、子《こ》の言《い》うとおりにしたほうがいい。

竹馬《ちくば》の友《とも》

つかいかた クラス会《かい》で、竹馬《ちくば》の友《とも》と再会《さいかい》する。

いみ 幼《おさな》いころからの親《した》しい友達《ともだち》。幼《おさな》なじみ。幼友達《おさなともだち》。

さんこう 竹馬《たけうま》（竹馬《ちくば》）に乗《の》っていっしょに遊《あそ》んだ幼《おさな》なじみという意味《いみ》。

類《るい》は友《とも》を呼《よ》ぶ

つかいかた 類《るい》は友《とも》を呼《よ》んで、ついには同好会《どうこうかい》ができた。

いみ 性格《せいかく》や考《かんが》えの似《に》ている者《もの》どうしは、自然《しぜん》に集《あつ》まって仲間《なかま》になるものだということ。

さんこう 「類《るい》」は、似《に》ているもの、同類《どうるい》。「類《るい》をもって集《あつ》まる」が転《てん》じてできたことば。

昨日《きのう》の敵《てき》は今日《きょう》の友《とも》…人《ひと》の心《こころ》や態度《たいど》は、変《か》わりやすいということ。

他人《たにん》の空似《そらに》

つかいかた　となりの組《くみ》の小泉《こいずみ》さんとは他人《たにん》の空似《そらに》で、先生《せんせい》にもよくまちがえられる。

いみ　他人《たにん》なのに、顔《かお》がよく似《に》ていること。

さんこう　「空似《そらに》」とは、血《ち》のつながりがないのに、偶然《ぐうぜん》、顔《かお》つきが似《に》ていること。

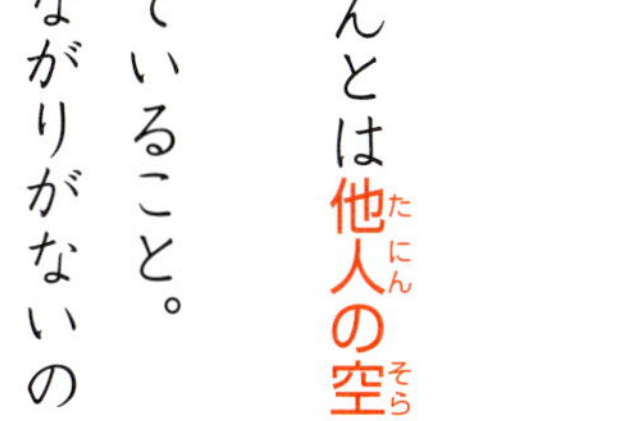

他人（たにん）

遠《とお》くの親類《しんるい》より近《ちか》くの他人《たにん》

つかいかた　車《くるま》がこわれて困《こま》っていたら、となりの人《ひと》が助《たす》けてくれた。こんなときは遠《とお》くの親類《しんるい》より近《ちか》くの他人《たにん》ね。

いみ　いざというときには、遠《とお》くにいるつき合《あ》いのうすい親類《しんるい》より、近所《きんじょ》の親《した》しい他人《たにん》のほうがたよりになるということ。

他人行儀《たにんぎょうぎ》…親《した》しい間《あいだ》がらなのに、他人《たにん》に対《たい》するようによそよそしいこと。

医者《いしゃ》の不養生《ふようじょう》

つかいかた
人《ひと》を「食《た》べすぎですよ」としかっておいて、自分《じぶん》は大盛《おおも》りをたのむとは、医者《いしゃ》の不養生《ふようじょう》もいいとこだ。

いみ
人《ひと》には立派《りっぱ》なことを言《い》いながら、自分《じぶん》では実行《じっこう》しないこと。人《ひと》の病気《びょうき》を治《なお》す医者《いしゃ》も、自分《じぶん》のことには不注意《ふちゅうい》だということ。

腹八分《はらはちぶ》に医者《いしゃ》いらず

つかいかた
おかわりは一度《いちど》にしなさい、腹八分《はらはちぶ》に医者《いしゃ》いらずよ。

いみ
食事《しょくじ》は腹《はら》いっぱい食《た》べないで、ほどほどにしておけば、病気《びょうき》にならないということ。

さんこう
「腹八分《はらはちぶ》」は、「腹《はら》の八分目《はちぶんめ》」ということで腹《はら》に入《はい》る量《りょう》の$\frac{8}{10}$のこと。

なくなり、医者《いしゃ》は困《こま》って青《あお》くなるということ。

船《せん》頭《どう》多《おお》くして船《ふね》山《やま》に上《のぼ》る

つかいかた

船《せん》頭《どう》多《おお》くして船《ふね》山《やま》に上《のぼ》ることにならないように、まずリーダーを一人《ひとり》決《き》めよう。

いみ

指《さし》図《ず》する人《ひと》が多《おお》すぎて意《い》見《けん》がまとまらないため、計《けい》画《かく》などが予《よ》定《てい》外《がい》の方《ほう》向《こう》へ進《すす》んでしまうということ。

さんこう

「船《せん》頭《どう》」は、船《ふね》をこぐ人《ひと》。また、船《せん》長《ちょう》。船《ふね》に船《せん》頭《どう》がたくさんいると、それぞれが勝《かっ》手《て》にこいだり、かじをとったりするので、船《ふね》が山《やま》に上《のぼ》ってしまうようなとんでもないことになってしまうという意《い》味《み》。

もっとわかる

「船《ふね》」を使《つか》うことば→133ページ

「山《やま》」を使《つか》うことば→238ページ

「上《のぼ》る」を使《つか》うことば

- 血《ち》が上《のぼ》る（興《こう》奮《ふん》してかっとなる）
- 口《くち》に上《のぼ》る（みんなの話《わ》題《だい》になる。うわさになる）

柿《かき》が赤《あか》くなれば医《い》者《しゃ》は青《あお》くなる…柿《かき》が色《いろ》づく季《き》節《せつ》は気《き》候《こう》がよくて、病《びょう》人《にん》が少《すく》

そうは問屋《とんや》が卸《おろ》さない

つかいかた
一夜漬《いちやづ》けで百点《ひゃくてん》をとろうとしても、そうは問屋《とんや》が卸《おろ》さない。

いみ
ものごとはそう都合《つごう》よくいくものではない。

さんこう
安《やす》く仕入《しい》れてもうけようと思《おも》っても、問屋《とんや》がそう安《やす》くは卸売《おろしう》りをしてくれないという意味《いみ》。

餅《もち》は餅屋《もちや》

つかいかた
いくら直《なお》してもだめだった蛇口《じゃぐち》を、餅《もち》は餅屋《もちや》で、水道工事《すいどうこうじ》の人《ひと》は五分《ごふん》で直《なお》した。

いみ
その道《みち》のことはそれぞれの専門家《せんもんか》に任《まか》せるのがよい。餅《もち》はやはり専門《せんもん》の餅屋《もちや》がついたものが、一番《いちばん》おいしいということ。

問屋《とんや》とは？…品物《しなもの》を、作《つく》っている人《ひと》から買《か》って、小売店《こうりてん》に卸売《おろしう》りする店《みせ》。

紺《こう》屋《や》の白袴《しろばかま》

つかいかた 大工《だいく》なのに自分《じぶん》の家《いえ》はぼろぼろで、紺屋《こうや》の白袴《しろばかま》だね。

いみ 他人《たにん》のためにいそがしく、自分《じぶん》のことには手《て》が回《まわ》らないこと。また、いつでもできるからと、やらずにいること。

さんこう 「紺屋《こうや》」は、染物屋《そめものや》。布《ぬの》を染《そ》める仕事《しごと》をしているのに、自分《じぶん》は染《そ》めていない白《しろ》い袴《はかま》をはいていることから。「紺屋《こんや》の白袴《しろばかま》」とも読《よ》む。

にたいみのことば 髪結《かみゆ》いの乱《みだ》れ髪《がみ》

もっとわかる

「いそがしい」意味《いみ》のことば

- 目《め》が回《まわ》る（めまいがするほどいそがしい）⬇44ページ
- 猫《ねこ》の手《て》も借《か》りたい（いそがしくて、人《ひと》が足《た》りない）⬇164ページ
- 席《せき》の暖《あたた》まる暇《いとま》もない（いそがしくて、同《おな》じ場所《ばしょ》に長《なが》くいられない）
- 東奔西走《とうほんせいそう》（あちこちいそがしくかけ回《まわ》ること）

紺屋《こうや》の明後日《あさって》…約束《やくそく》した期日《きじつ》が、当《あ》てにならないこと。

漁夫《ぎょふ》の利《り》

つかいかた 兄《あに》と姉《あね》がけんかをしている間《あいだ》に、漁夫《ぎょふ》の利《り》で弟《おとうと》がケーキをほとんど食《た》べてしまった。

いみ 両者《りょうしゃ》が争《あらそ》っているすきに、ほかの者《もの》が苦労《くろう》もなく利《り》益《えき》を横取《よこど》りすること。

さんこう 「漁夫《ぎょふ》」は、漁師《りょうし》のこと。シギとハマグリが争《あらそ》っていると、通《とお》りかかった漁師《りょうし》が両方《りょうほう》ともつかまえたという話《はなし》から。

馬子《まご》にも衣装《いしょう》

つかいかた 振《ふ》り袖《そで》を着《き》たら、「馬子《まご》にも衣装《いしょう》だ」と冷《ひ》やかされた。

いみ どんな人《ひと》でも、よい服《ふく》を着《き》て身《み》なりをかざれば、立派《りっぱ》に見《み》えるものだということ。

馬子《まご》とは？…荷物《にもつ》や人《ひと》を乗せた馬《うま》を引《ひ》いて歩《ある》く人《ひと》。粗末《そまつ》な服《ふく》を着《き》ていた。

武《ぶ》士《し》は食《く》わねど高楊枝《たかようじ》

つかいかた 武《ぶ》士《し》は食《く》わねど高楊枝《たかようじ》、小《ちい》さな妹《いもうと》におやつをわけてもらうなんて格好悪《かっこうわる》い。

いみ 貧《まず》しくても、気位《きぐらい》を高《たか》く持《も》って、弱《よわ》みを見《み》せないこと。また、やせがまんをすることのたとえ。

さんこう 「高楊枝《たかようじ》」は、食後《しょくご》にゆったりと楊枝《ようじ》を使《つか》うこと。武士《ぶし》は貧乏《びんぼう》で食事《しょくじ》がとれないときも、楊枝《ようじ》を使《つか》っておなかがいっぱいのふりをするということ。

もっとわかる

「がまんする」意味《いみ》のことば

- 唇《くちびる》を噛《か》む（唇《くちびる》を噛《か》みしめて、くやしさやいかりをがまんする）
- 歯《は》を食《く》いしばる（歯《は》を強《つよ》く噛《か》み合《あ》わせて、つらさやくやしさをがまんする）
➡59ページ
- 成《な》らぬ堪忍《かんにん》するが堪忍《かんにん》（これ以上《いじょう》がまんできないというときにがまんするのが、本当《ほんとう》のがまんである）

武士《ぶし》に二言無《にごんな》し…武士《ぶし》は、一度《いちど》言《い》ったことは必《かなら》ず守《まも》るということ。

坊主《ぼうず》憎《にく》けりゃ袈裟《けさ》まで憎《にく》い

つかいかた
坊主《ぼうず》憎《にく》けりゃ袈裟《けさ》まで憎《にく》いで、きらいな選手《せんしゅ》が入《はい》ったチームの試合《しあい》は、まったく見《み》なくなった。

いみ
その人《ひと》が憎《にく》いと、その人《ひと》に関係《かんけい》のあるものすべてが憎《にく》らしくなるということ。

さんこう
お坊《ぼう》さんを憎《にく》いと思《おも》うと、着《き》ている袈裟《けさ》（肩《かた》からかける長方形《ちょうほうけい》の布《ぬの》）まで憎《にく》らしくなるということ。

もっとわかる

「憎《にく》い」を使《つか》うことば

- 可愛《かわい》さ余《あま》って憎《にく》さが百倍《ひゃくばい》（可愛《かわい》ければ可愛《かわい》いほど、いったん憎《にく》いと思《おも》い始《はじ》めると、憎《にく》しみが強《つよ》くなるものだ）⬇316ページ
- 罪《つみ》を憎《にく》んで人《ひと》を憎《にく》まず（人《ひと》が犯《おか》した罪《つみ》は罪《つみ》として憎《にく》んで罰《ばっ》しても、罪《つみ》を犯《おか》したその人自身《ひとじしん》まで憎《にく》んではいけない）
- 憎《にく》まれっ子世《こよ》にはばかる（人《ひと》に憎《にく》まれるような人《ひと》のほうが、かえって世《よ》の中《なか》でいばったり、幅《はば》をきかせたりする）

三日坊主《みっかぼうず》…あきっぽくて、長続《ながつづ》きしないこと。

君《くん》子《し》危《あや》うきに近《ちか》寄《よ》らず

つかいかた **君《くん》子《し》危《あや》うきに近《ちか》寄《よ》らず**、姉《あね》のきげんが悪《わる》そうだから話《はな》しかけるのはやめておこう。

いみ 立《りっ》派《ぱ》な人《ひと》は、危《き》険《けん》なところには近《ちか》寄《よ》らない。

さんこう 「君《くん》子《し》」は、人《ひと》柄《がら》や行《おこな》いが立《りっ》派《ぱ》な人《ひと》。

はんたいのことば 虎《こ》穴《けつ》に入《い》らずんば虎《こ》子《じ》を得《え》ず（危《き》険《けん》をおかさなければ、大《おお》きな望《のぞ》みは果《は》たせない。↓181ページ）

もっとわかる

「注《ちゅう》意《い》深《ぶか》い」意《い》味《み》のことば

- 石《いし》橋《ばし》を叩《たた》いて渡《わた》る（非《ひ》常《じょう》に用《よう》心《じん》深《ぶか》いようす）↓322ページ
- 念《ねん》には念《ねん》を入《い》れる（注《ちゅう》意《い》した上《うえ》にも注《ちゅう》意《い》をする）
- 転《ころ》ばぬ先《さき》の杖《つえ》（失《しっ》敗《ぱい》しないためには、前《まえ》もってよく注《ちゅう》意《い》することが大《たい》切《せつ》だ）↓125ページ
- 浅《あさ》い川《かわ》も深《ふか》く渡《わた》れ（安《あん》全《ぜん》そうに見《み》えるからといって油《ゆ》断《だん》してはいけない）↓240ページ

君《くん》子《し》は豹《ひょう》変《へん》す…①君《くん》子《し》は誤《あやま》りに気《き》づくとすぐに改《あらた》める。②急《きゅう》に態《たい》度《ど》を変《か》える。

泥棒《どろぼう》を捕《と》らえて縄《なわ》をなう

つかいかた **泥棒《どろぼう》を捕《と》らえて縄《なわ》をなう**ような勉強《べんきょう》のしかたでは、テストでいい点《てん》はとれない。

いみ ものごとや事件《じけん》が起《お》こってから、あわてても間《ま》に合《あ》わないということ。準備《じゅんび》をしないで、行《い》き当《あ》たりばったりでするのをいましめることば。

さんこう 「なう」は、ワラをねじり合《あ》わせて縄《なわ》を作《つく》る。泥《どろ》棒《ぼう》をつかまえてから縄《なわ》をなうという意味《いみ》。略《りゃく》して「泥縄《どろなわ》」ともいう。「盗人《ぬすびと》を捕《と》らえて縄《なわ》をなう」、「盗人《ぬすびと》を見《み》て縄《なわ》をなう」ともいう。

もっとわかる

「手遅《ておく》れ」の意味《いみ》のことば

- 後《あと》の祭《まつ》り（時期《じき》をのがし、手遅《ておく》れになってしまうこと）
- 六日《むいか》の菖蒲《あやめ》十日《とおか》の菊《きく》（時期《じき》が遅《おく》れてしまって、役《やく》に立《た》たないもののこと）

254ページ ➡

嘘《うそ》つきは泥棒《どろぼう》の始《はじ》まり…平気《へいき》で嘘《うそ》をつく人《ひと》は、泥棒《どろぼう》になってしまう。

泥棒（どろぼう）◆盗人（ぬすっと）

人《ひと》を見《み》たら泥棒《どろぼう》と思《おも》え

つかいかた　人《ひと》を見《み》たら泥棒《どろぼう》と思《おも》え、知《し》らない大人《おとな》に話《はな》しかけられてもついて行《い》ってはいけないよ。

いみ　人《ひと》を軽々《かるがる》しく信用《しんよう》してはいけないということ。

はんたいのことば　渡《わた》る世間《せけん》に鬼《おに》はない（↓231ページ）

盗人《ぬすっと》猛々《たけだけ》しい

つかいかた　花《か》だんを荒《あ》らしておいて、やじ馬《うま》にまじって見《み》ていたとは盗人猛々《ぬすっとたけだけ》しいやつだ。

いみ　悪《わる》いことをしながら平気《へいき》でいる人《ひと》を、ののしって言《い》うことば。

さんこう　「盗人《ぬすっと》」は、泥棒《どろぼう》。「盗人猛々《ぬすびとたけだけ》しい」とも読《よ》む。

盗人《ぬすびと》の昼寝《ひるね》…何《なに》をするにも、それなりの理由《りゆう》があるものだということ。

気《き》を配《くば》る

つかいかた　栄養《えいよう》がかたよらないように、気《き》を配《くば》って献立《こんだて》を考《かんが》える。

いみ　細《こま》かいところまで、いろいろと心《こころ》づかいをする。

さんこう　「配《くば》る」は、気持《きも》ちを行《ゆ》き届《とど》かせるということ。

にたいみのことば　心《こころ》を配《くば》る・気《き》を遣《つか》う

気《き》を揉《も》む

つかいかた　友達《ともだち》が約束《やくそく》の時間《じかん》になっても来《こ》ないので、何《なに》かあったのかと気《き》を揉《も》む。

いみ　気《き》がかりで、やきもきする。心配《しんぱい》で、落《お》ち着《つ》かない。

気《き》が利《き》く…細《こま》かいところまで、心《こころ》が行《ゆ》き届《とど》く。

気《き》に病《や》む

つかいかた
成績《せいせき》が下《さ》がったことを気《き》に病《や》む。

いみ
心配《しんぱい》して、思《おも》いなやむ。くよくよする。

にたいみのことば
気《き》にする ● 気《き》に掛《か》ける

気（き）

気《き》が気《き》でない

つかいかた
祖父《そふ》の手術《しゅじゅつ》の結果《けっか》が心配《しんぱい》で、気《き》が気《き》でない。

いみ
気《き》にかかって、落《お》ち着《つ》いていられない。

もっとわかる

「じっとしていられない」意味《いみ》のことば

● 居《い》ても立《た》っても居《い》られない（気《き》になって、落《お》ち着《つ》かない）
● 矢《や》も盾《たて》もたまらず（早《はや》くそうしたくて、がまんできない）➡137ページ

気《き》が散《ち》る…まわりが気《き》になって、落《お》ち着《つ》かない。集中《しゅうちゅう》できない。

気《き》に障《さわ》る

つかいかた 彼女《かのじょ》は口《くち》が悪《わる》く、いつも人《ひと》の**気《き》に障《さわ》る**ことをずけずけ言《い》う。

いみ 不《ふ》愉《ゆ》快《かい》に思《おも》う。感情《かんじょう》を害《がい》する。

さんこう 「障《さわ》る」は、さしつかえる、じゃまになるという意《い》味《み》。

もっとわかる

「不《ふ》愉《ゆ》快《かい》になる」意《い》味《み》のことば

- 眉《まゆ》をひそめる（不《ふ》愉《ゆ》快《かい》になったときに、眉《まゆ》にしわを寄《よ》せて顔《かお》をしかめる）
➡49ページ
- 虫唾《むしず》が走《はし》る（胸《むね》がむかむかするほど不《ふ》愉《ゆ》快《かい》になる。「虫唾《むしず》」は、胃《い》から出《で》るすっぱい液《えき》）
- 鼻《はな》持《も》ちならない（ことばや態度《たいど》がいやな感《かん》じで、とてもがまんできない）
- 歯《は》が浮《う》く（見《み》えすいたお世辞《せじ》を聞《き》くなどして、不《ふ》愉《ゆ》快《かい》な気《き》持《も》ちになる）
- 癪《しゃく》に障《さわ》る（不《ふ》愉《ゆ》快《かい》でいらいらする）

気《き》が多《おお》い…いろいろなことに興味《きょうみ》を持《も》ち、気持《きも》ちが移《うつ》りやすい。

気《き》を落《お》とす

つかいかた そんなに**気《き》を落《お》とす**ことはないよ、まだチャンスはあるんだ。

いみ 元気《げんき》をなくす。がっかりする。

にたいみのことば 肩《かた》を落《お》とす（⬇24ページ）● 力《ちから》を落《お》とす

もっとわかる

「落《お》とす」を使《つか》うことば

- 声《こえ》を落《お》とす（声《こえ》の調子《ちょうし》を下《さ》げる。小声《こごえ》で言《い》う）
- 命《いのち》を落《お》とす（命《いのち》がなくなる。死《し》ぬ）
- 飛《と》ぶ鳥《とり》を落《お》とす勢《いきお》い（空《そら》を飛《と》んでいる鳥《とり》までが、その勢《いきお》いにおされて落《お》ちるほど、非常《ひじょう》に勢《いきお》いに乗《の》っているようす）⬇204ページ

「がっかりする」意味《いみ》のことば

- 青菜《あおな》に塩《しお》（急《きゅう》に元気《げんき》がなくなり、がっかりすること）⬇144ページ
- 目《め》の前《まえ》が真《ま》っ暗《くら》になる（先《さき》の見通《みとお》しが立《た》たなくなるほど、ひどくがっかりする）

気《き》を回《まわ》す…いろいろと、よけいなことまで考《かんが》える。

気《き》が置《お》けない

つかいかた

幼《おさな》なじみの彼《かれ》とは、気《き》が置《お》けない仲《なか》だ。

いみ

遠慮《えんりょ》しないで気楽《きらく》につきあえる。気《き》がねがない。

さんこう

「気《き》」は、ここでは気《き》づかい、遠慮《えんりょ》の意味《いみ》。「気《き》を許《ゆる》せない」「油断《ゆだん》できない」の意味《いみ》で使《つか》うのは誤《あやま》り。「気《き》の置《お》けない」ともいう。

気（き）

病《やまい》は気《き》から

つかいかた

病《やまい》は気《き》からというから、お見舞《みま》いには元気《げんき》の出《で》そうな本《ほん》を持《も》っていこう。

いみ

病気《びょうき》は気持《きも》ちの持《も》ちようで、良《よ》くも悪《わる》くもなるものだということ。

気《き》が進《すす》まない…そのことを、進《すす》んでしようという気《き》になれない。

心《こころ》が弾《はず》む

つかいかた もうすぐ夏休《なつやす》みだと思《おも》うと、心《こころ》が弾《はず》む。

いみ 喜《よろこ》びや期待《きたい》で心《こころ》がうきうきする。

もっとわかる 「弾《はず》む」を使《つか》うことば

- 話《はなし》が弾《はず》む（話《はなし》がおもしろくて、さかんに話《はなし》をする）
- 息《いき》を弾《はず》ませる（運動《うんどう》するなどして、息《いき》づかいが激《はげ》しくなる）

心《こころ》を砕《くだ》く

つかいかた けんかした二人《ふたり》を仲直《なかなお》りさせようと、心《こころ》を砕《くだ》く。

いみ いろいろと心配《しんぱい》して、力《ちから》をつくす。あれこれと気《き》をつかって、苦心《くしん》する。

心《こころ》に留《と》める…忘《わす》れないようにする。覚《おぼ》えておく。

心《こころ》に触《ふ》れる

つかいかた 美術館《びじゅつかん》で、**心《こころ》に触《ふ》れる**一枚《いちまい》の絵《え》に出会《であ》い、しばらくその場《ば》を動《うご》けなかった。

いみ 心《こころ》の奥《おく》に、深《ふか》く感《かん》じる。また、人《ひと》の考《かんが》えや気持《きも》ちがわかる。

さんこう あるものごとが、直接《ちょくせつ》心《こころ》に触《ふ》れてくるかのように、心《こころ》が動《うご》かされるという意味《いみ》。

もっとわかる

「触《ふ》れる」を使《つか》うことば

- 目《め》に触《ふ》れる（自然《しぜん》に見《み》えてくる。ちらっと見《み》える）
- 耳目《じもく》に触《ふ》れる（見《み》たり聞《き》いたりする。目《め》や耳《みみ》に入《はい》る。「耳目《じもく》」は、聞《き》くことと見《み》ること）
- 琴線《きんせん》に触《ふ》れる（感動《かんどう》すること。「琴線《きんせん》」は、心《こころ》の奥《おく》にある、ものごとに感動《かんどう》する気持《きも》ちを、琴《こと》の糸《いと》にたとえたもの）
- 逆鱗《げきりん》に触《ふ》れる（目上《めうえ》の人《ひと》をひどくおこらせる） ➡326ページ

心《こころ》を許《ゆる》す…相手《あいて》の心《こころ》を受《う》け入《い》れる。また、油断《ゆだん》する。

心《こころ》を奪《うば》われる

つかいかた

手品師《てじなし》の見事《みごと》な手《て》さばきに心《こころ》を奪《うば》われる。

いみ

あるものの魅力《みりょく》に心《こころ》が引《ひ》きつけられて、ほかのことに注意《ちゅうい》が行《い》かなくなる。夢中《むちゅう》にさせられる。

もっとわかる

「奪《うば》う」を使《つか》うことば

- 足《あし》を奪《うば》われる（電車《でんしゃ》やバスなどが止《と》まって乗《の》り物《もの》を利用《りよう》できなくなる）
- 目《め》を奪《うば》う（あまりのすばらしさに、見《み》とれてしまう）⬇44ページ

「夢中《むちゅう》になる」意味《いみ》のことば

- 熱《ねつ》を上《あ》げる（あることに夢中《むちゅう》になる。熱中《ねっちゅう》する）
- 熱《ねつ》に浮《う》かされる（高熱《こうねつ》が出《で》て、意識《いしき》がもうろうとするように夢中《むちゅう》になる）
- 我《われ》を忘《わす》れる（夢中《むちゅう》になって、ほかのことはわからなくなる）
- うつつを抜《ぬ》かす（「うつつ」は、正常《せいじょう》な心《こころ》の動《うご》き。ふつうでいられなくなるほど夢中《むちゅう》になる）
- 血道《ちみち》を上《あ》げる（ほかのことが目《め》に入《はい》らないほど熱中《ねっちゅう》する）

心《こころ》を動《うご》かす…その気《き》にさせられる。気持《きも》ちが引《ひ》かれる。

心（こころ・しん）

心《こころ》を込《こ》める

つかいかた 心《こころ》を込《こ》めて編《あ》んだセーターを贈《おく》る。

いみ 真心《まごころ》をもって、一生懸命《いっしょうけんめい》にする。相手《あいて》を思《おも》う気持《きも》ちを中《なか》にふくめる。

初《しょ》心《しん》忘《わす》るべからず

つかいかた 試合《しあい》に慣《な》れてきたころは、一番《いちばん》けがをしやすい、初心忘《しょしんわす》るべからずだ。

いみ それを始《はじ》めたときの真剣《しんけん》な心《こころ》を忘《わす》れてはいけないということ。また、最初《さいしょ》の未熟《みじゅく》な自分《じぶん》を忘《わす》れてはいけないということ。

さんこう 「初心《しょしん》」は、初《はじ》めに心《こころ》に決《き》めたこと。「べからず」は、「～してはいけない」という意味《いみ》。

心《こころ》に描《えが》く…あれこれと心《こころ》の中《なか》に思《おも》いうかべる。想像《そうぞう》する。

第3章
くらし

第《だい》3章《しょう》

くらし

道具《どうぐ》

108ページ

匙《さじ》を投《な》げる●箸《はし》にも棒《ぼう》にも掛《か》からない●猫《ねこ》も杓子《しゃくし》も●火《ひ》に油《あぶら》を注《そそ》ぐ●油《あぶら》を売《う》る●同《おな》じ釜《かま》の飯《めし》を食《く》う●月夜《つきよ》に釜《かま》を抜《ぬ》かれる●臭《くさ》い物《もの》に蓋《ふた》をする●火蓋《ひぶた》を切《き》る●弘法《こうぼう》にも筆《ふで》の誤《あやま》り●筆《ふで》を入《い》れる●大風呂敷《おおぶろしき》を広《ひろ》げる●左団扇《ひだりうちわ》で暮《く》らす●枕《まくら》を高《たか》くする●二足《にそく》の草鞋《わらじ》を履《は》く●襟《えり》を正《ただ》す●袖振《そでふ》り合《あ》うも多生《たしょう》の縁《えん》●袖《そで》にする●無《な》い袖《そで》は振《ふ》れない●袂《たもと》を分《わ》かつ●帯《おび》に短《みじか》し襷《たすき》に長《なが》し●壁《かべ》に耳《みみ》あり障子《しょうじ》に目《め》あり●四角《しかく》な座敷《ざしき》を丸《まる》く掃《は》く●縁《えん》の下《した》の力持《ちからも》ち●梲《うだつ》が上《あ》がらない●軒《のき》を並《なら》べる●庇《ひさし》を貸《か》して母屋《おもや》を取《と》られる●針《はり》の筵《むしろ》●釘付《くぎづ》けにする●釘《くぎ》を刺《さ》す●藪《やぶ》から棒《ぼう》●転《ころ》ばぬ先《さき》の杖《つえ》●出《で》る杭《くい》は打《う》たれる●昔取《むかしと》った杵柄《きねづか》●相槌《あいづち》を打《う》つ●箍《たが》が緩《ゆる》む●盥回《たらいまわ》し●暖簾《のれん》に腕押《うでお》し●灯台下暗《とうだいもとくら》し●月《つき》夜《よ》に提灯《ちょうちん》●提灯《ちょうちん》に釣《つ》り鐘《がね》●早鐘《はやがね》を打《う》つ●横車《よこぐるま》を押《お》す●秋《あき》の日《ひ》は釣瓶落《つるべお》とし●渡《わた》りに船《ふね》●大船《おおぶね》に乗《の》ったよう

足《あし》が棒《ぼう》になる ↓ 足《あし》（72ページ）

■船頭多《せんどうおお》くして船山《ふねやま》に上《のぼ》る ↓ 船頭《せんどう》（87ページ）

■犬《いぬ》も歩《ある》けば棒《ぼう》に当《あ》たる ↓ 犬《いぬ》（167ページ）

■鬼《おに》に金棒《かなぼう》 ↓ 鬼《おに》（228ページ）

■水《みず》と油《あぶら》 ↓ 水《みず》（247ページ）

武器《ぶき》

134

太刀《たち》打《う》ちできない ● 快刀乱麻《かいとうらんま》を断《た》つ ● 一矢《いっし》を報《むく》いる ● 光陰矢《こういんや》の如《ごと》し ● 矢《や》も盾《たて》もたまらない ● 矛盾《むじゅん》 ● 横槍《よこやり》を入《い》れる ● 肘鉄砲《ひじてっぽう》を食《く》わせる ● 下手《へた》な鉄砲《てっぽう》も数《かず》撃《う》ちゃ当《あ》たる ● 勝《か》って兜《かぶと》の緒《お》を締《し》めよ

鳩《はと》が豆鉄砲《まめてっぽう》を食《く》ったよう ⬇鳩《はと》（203ページ）

白羽《しらは》の矢《や》が立《た》つ ⬇白《しろ》（292ページ）

お金《かね》

141

金《かね》は天下《てんか》の回《まわ》りもの ● 地獄《じごく》の沙汰《さた》も金次第《かねしだい》 ● 安物買《やすものが》いの銭失《ぜにうしな》い ● 悪銭《あくせん》身《み》に付《つ》かず

食《た》べ物《もの》

143

濡《ぬ》れ手《て》で粟《あわ》 ● 青菜《あおな》に塩《しお》 ● 手塩《てしお》に掛《か》ける ● 胡麻《ごま》をする ● 山椒《さんしょう》は小粒《こつぶ》でもぴりりと辛《から》い ● 瓜《うり》の蔓《つる》に茄子《なすび》はならぬ ● 瓜二《うりふた》つ ● 火中《かちゅう》の栗《くり》を拾《ひろ》う ● 桃栗三年柿八年《ももくりさんねんかきはちねん》 ● 芋《いも》を洗《あら》うよう ● 梨《なし》の礫《つぶて》 ● 丸《まる》い卵《たまご》も切《き》りようで四角《しかく》 ● 豆腐《とうふ》に鎹《かすがい》 ● 味噌《みそ》を付《つ》ける ● お茶《ちゃ》を濁《にご》す ● 朝《あさ》飯前《めしまえ》 ● 絵《え》に描《か》いた餅《もち》 ● 棚《たな》から牡丹餅《ぼたもち》

神《かみ》と仏《ほとけ》

154

苦《くる》しい時《とき》の神頼《かみだの》み ● 触《さわ》らぬ神《かみ》に祟《たた》り無《な》し ● 捨《す》てる神《かみ》あれば拾《ひろ》う神《かみ》あり ● 仏《ほとけ》の顔《かお》も三度《さんど》 ● 地獄《じごく》で仏《ほとけ》に会《あ》ったよう ● 知《し》らぬが仏《ほとけ》 ● 釈迦《しゃか》に説法《せっぽう》

匙《さじ》を投《な》げる

つかいかた

自分《じぶん》でおもちゃを修理《しゅうり》しようとしたが、結局《けっきょく》匙《さじ》を投《な》げた。

いみ

よくなる見込《みこ》みがないとあきらめること。

さんこう

「治《なお》る見込《みこ》みがない」と、薬《くすり》を調合《ちょうごう》する匙《さじ》を医者《いしゃ》が投《な》げ捨《す》てるという意味《いみ》。

もっとわかる

「あきらめる」意味《いみ》のことば

- 見切《みき》りを付《つ》ける（もうだめだとあきらめる）
- 年貢《ねんぐ》の納《おさ》め時《どき》（ずっと納《おさ》めていなかった年貢《ねんぐ》（税金《ぜいきん》）を納《おさ》めるときということから、あきらめて覚悟《かくご》を決《き》めるとき） ⬇336ページ

「病気《びょうき》」に関係《かんけい》することば

- 病《やまい》は気《き》から（病気《びょうき》は気持《きも》ちの持《も》ちようでよくも悪《わる》くもなる） ⬇100ページ
- 風邪《かぜ》は万病《まんびょう》の元《もと》（たかが風邪《かぜ》くらいと油断《ゆだん》してはいけない） ⬇318ページ
- 鬼《おに》の霍乱《かくらん》（ふだん丈夫《じょうぶ》な人《ひと》が、めずらしく病気《びょうき》になること）

匙《さじ》とは？…少《すく》ない量《りょう》の液体《えきたい》や粉《こな》をすくい取《と》る道具《どうぐ》。スプーンのこと。

箸（はし）

箸《はし》にも棒《ぼう》にも掛《か》からない

つかいかた　働《はたら》かないで昼間《ひるま》から寝《ね》てばかりいる、箸《はし》にも棒《ぼう》にも掛《か》からないやつだ。

いみ　ひどすぎて、どうにも取《と》りあつかいようがない。

さんこう　箸《はし》で、はさめないし、棒《ぼう》を使《つか》っても引《ひ》っかからないということから。

杓子（しゃくし）

猫《ねこ》も杓子《しゃくし》も

つかいかた　夏《なつ》になると、猫《ねこ》も杓子《しゃくし》も海水浴《かいすいよく》に出《で》かける。

いみ　何《なに》もかも。だれもかれも。どんな人《ひと》も。

さんこう　「猫《ねこ》や杓子《しゃくし》（みそ汁《しる》をすくうもの）までも」という意味《いみ》。また、「女子《めこ》も弱子《じゃくし》（子供《こども》）も」からという説《せつ》もある。

杓子《しゃくし》は耳《みみ》かきにならず…大《おお》きいものが必《かなら》ずしも小《ちい》さいものの代《か》わりにならない。

火《ひ》に油《あぶら》を注《そそ》ぐ

つかいかた
泣《な》き止《や》まない妹《いもうと》に「泣《な》くのはやめろ」と強《つよ》く言《い》ったが、かえって火《ひ》に油《あぶら》を注《そそ》ぐ結果《けっか》となった。

いみ
ものの勢《いきお》いを、もっと勢《いきお》いづかせること。

さんこう
火《ひ》に油《あぶら》を注《そそ》ぐと、さらに火《ひ》の勢《いきお》いが増《ま》すことから。

もっとわかる

「火《ひ》」を使《つか》うことば ➡242ページ

「注《そそ》ぐ」を使《つか》うことば
- 心血《しんけつ》を注《そそ》ぐ（心《こころ》と体《からだ》のすべてを使《つか》ってものごとを行《おこな》う）
- 満面朱《まんめんしゅ》を注《そそ》ぐ（腹《はら》を立《た》てて、顔《かお》を真《ま》っ赤《か》にする）

「勢《いきお》いがさかんな」意味《いみ》のことば
- 破竹《はちく》の勢《いきお》い（猛烈《もうれつ》な勢《いきお》いでつき進《すす》むようす） ➡260ページ
- 飛《と》ぶ鳥《とり》を落《お》とす勢《いきお》い（非常《ひじょう》に勢《いきお》いに乗《の》っているようす） ➡204ページ
- 天《てん》を衝《つ》く（天《てん》に届《とど》くほど、勢《いきお》いのさかんなようす）
- 旭日昇天《きょくじつしょうてん》の勢《いきお》い（朝日《あさひ》が昇《のぼ》っていくような、さかんな勢《いきお》い）

油《あぶら》を絞《しぼ》る…失敗《しっぱい》などを、ひどくしかる。

油《あぶら》を売《う》る

つかいかた
油《あぶら》を売《う》ってないで、さっさと宿題《しゅくだい》をしなさい。

いみ
むだなおしゃべりをして、なまけること。

さんこう
江戸時代《えどじだい》、髪油《かみあぶら》を売《う》る商人《しょうにん》が、客《きゃく》と話《はな》しこみながら売《う》り歩《ある》いたことから。

同《おな》じ釜《かま》の飯《めし》を食《く》う

つかいかた
彼《かれ》とは学生時代《がくせいじだい》に同《おな》じ釜《かま》の飯《めし》を食《く》った仲《なか》だ。

いみ
他人《たにん》どうしだが、ある期間《きかん》いっしょに暮《く》らして、苦労《くろう》や楽《たの》しみを共《とも》にすること。

さんこう
同《おな》じ釜《かま》でたいた飯《めし》を分《わ》け合《あ》って食《た》べるほど、親《した》しい仲《なか》という意味《いみ》。「一《ひと》つ釜《かま》の飯《めし》を食《く》う」ともいう。

釜《かま》とは？…ご飯《はん》をたいたり、お湯《ゆ》をわかしたりする、金属《きんぞく》でできた道具《どうぐ》。

月夜《つきよ》に釜《かま》を抜《ぬ》かれる

つかいかた 合格《ごうかく》して喜《よろこ》ぶのはいいが、うかれるのもほどほどにしないと、**月夜《つきよ》に釜《かま》を抜《ぬ》かれる**ぞ。

いみ ひどく油断《ゆだん》していること。

さんこう 「抜《ぬ》かれる」は、こっそりぬすまれるという意味《いみ》。月《つき》が出《で》て明《あか》るい夜《よる》なのに、大《おお》きな釜《かま》をぬすみ取《と》られるということ。

もっとわかる

「月夜《つきよ》」を使《つか》うことば

- 月夜《つきよ》に提灯《ちょうちん》（むだなことのたとえ）→129ページ

「油断《ゆだん》する」意味《いみ》のことば

- 蟻《あり》の穴《あな》から堤《つつみ》も崩《くず》れる（ちょっとした油断《ゆだん》が大事件《だいじけん》を引《ひ》き起《お》こすこと）
- 気《き》が緩《ゆる》む（緊張《きんちょう》や注意力《ちゅういりょく》がなくなる）
- 気《き》を抜《ぬ》く（緊張《きんちょう》をゆるめる）
- 不覚《ふかく》を取《と》る（油断《ゆだん》して失敗《しっぱい》する）

（割《わ》れた鍋《なべ》）には、綴《と》じ蓋《ぶた》（こわれた所《ところ》を直《なお》した蓋《ふた》）がつり合《あ》うということ。

臭《くさ》い物《もの》に蓋《ふた》をする

つかいかた　みんなが臭《くさ》い物《もの》に蓋《ふた》をするような態度《たいど》の会議《かいぎ》では、問題《もんだい》の解決《かいけつ》は難《むずか》しい。

いみ　悪事《あくじ》や失敗《しっぱい》を人《ひと》に知《し》られないようにと、一時《いちじ》のがれにかくすこと。

さんこう　「臭《くさ》い物《もの》」は、悪《わる》い行《おこな》いや失敗《しっぱい》などの意味《いみ》。

火《ひ》蓋《ぶた》を切《き》る

つかいかた　地区予選《ちくよせん》で「夏《なつ》の甲子園《こうしえん》」の火蓋《ひぶた》を切《き》る。

いみ　戦《たたか》いや試合《しあい》を始《はじ》めること。

さんこう　「火蓋《ひぶた》」は、火縄銃《ひなわじゅう》（昔《むかし》の鉄砲《てっぽう》）の火薬《かやく》をこめる部分《ぶぶん》の蓋《ふた》。蓋《ふた》を開《あ》けて火縄《ひなわ》の火《ひ》を火薬《かやく》に点火《てんか》し、弾《たま》を撃《う》つ。

破《わ》れ鍋《なべ》に綴《と》じ蓋《ぶた》…どんな人《ひと》にも、その人《ひと》に似合《にあ》いの人《ひと》はいるものだ。破《わ》れ鍋《なべ》

弘法《こうぼう》にも筆《ふで》の誤《あやま》り

つかいかた 名《めい》ストライカーの彼《かれ》でもシュートを外《はず》すことはあるさ、**弘法《こうぼう》にも筆《ふで》の誤《あやま》り**だよ。

いみ どんな名人《めいじん》でも、ときには失敗《しっぱい》することがあるということ。

さんこう 「筆《ふで》の誤《あやま》り」は、書《か》きまちがえること。「弘法《こうぼう》」は弘法大師《こうぼうだいし》（空海《くうかい》）のこと。平安時代《へいあんじだい》のお坊《ぼう》さんで、書道《しょどう》の名人《めいじん》として有名《ゆうめい》。そんな弘法大師《こうぼうだいし》でも、ときには書《か》き誤《あやま》ることがあるという意味《いみ》。

にたいみのことば 猿《さる》も木《き》から落《お》ちる（↓172ページ）● 河童《かっぱ》の川流《かわなが》れ（↓233ページ）● 上手《じょうず》の手《て》から水《みず》が漏《も》れる（↓244ページ）

もっとわかる

「弘法《こうぼう》」を使《つか》うことば

● 弘法筆《こうぼうふで》を選《えら》ばず（名人《めいじん》は、道具《どうぐ》や材料《ざいりょう》のよしあしに関係《かんけい》なく、立派《りっぱ》な仕事《しごと》をする）

筆《ふで》が立《た》つ…文章《ぶんしょう》を書《か》くのが上手《じょうず》である。

筆《ふで》を入《い》れる

つかいかた 先生《せんせい》が、子供《こども》たちの文章《ぶんしょう》に**筆《ふで》を入《い》れる**。

いみ 文章《ぶんしょう》を直《なお》す。添削《てんさく》する。

にたいみのことば 筆《ふで》を加《くわ》える

大《おお》風《ぶ》呂《ろ》敷《しき》を広《ひろ》げる

つかいかた おだてられて、つい**大《おお》風《ぶ》呂《ろ》敷《しき》を広《ひろ》げて**しまう。

いみ できそうもないことを、大《おお》げさに言《い》ったり計画《けいかく》したりすること。

さんこう 「風《ふ》呂《ろ》敷《しき》」は、物《もの》を包《つつ》むための四角《しかく》い布《ぬの》。「大《おお》風《ぶ》呂《ろ》敷《しき》」は、大《おお》げさな話《はなし》のたとえ。

にたいみのことば ほらを吹《ふ》く・大《おお》きな口《くち》をきく

筆《ふで》を断《た》つ…文章《ぶんしょう》を書《か》く仕事《しごと》をやめる。

左《ひだり》団扇《うちわ》で暮《く》らす

つかいかた　祖父母《そふぼ》はずっといそがしく働《はたら》いていたが、今《いま》では**左団扇《ひだりうちわ》で暮《く》らして**いる。

いみ　苦労《くろう》しないで気楽《きらく》な生活《せいかつ》を送《おく》ること。

さんこう　利《き》き腕《うで》でない左手《ひだりて》で団扇《うちわ》を持《も》ち、のんびりとあおぐということから。

枕《まくら》を高《たか》くする

つかいかた　放火犯人《ほうかはんにん》がつかまったので、これでやっと**枕《まくら》を高《たか》くする**ことができる。

いみ　安心《あんしん》して寝《ね》ること。安心《あんしん》して毎日《まいにち》暮《く》らすこと。

さんこう　枕《まくら》を高《たか》くすると、よくねむれるということから。

夢枕《ゆめまくら》に立《た》つ…神仏《しんぶつ》や死《し》んだ人《ひと》などが、夢《ゆめ》の中《なか》に現《あらわ》れる。

二《に》足《そく》の草鞋《わらじ》を履《は》く

つかいかた わたしのおじさんは、医者《いしゃ》とまんが家《か》の二足《にそく》の草鞋《わらじ》を履《は》く生活《せいかつ》をしている。

いみ 一人《ひとり》で二《ふた》つの職業《しょくぎょう》を持《も》つこと。

さんこう 「草鞋《わらじ》」は、わらで編《あ》んだはきもの。昔《むかし》、ばくち打《う》ちが、目明《めあ》かし（警官《けいかん》）の仕事《しごと》をも兼《か》ねていたということからできたことば。もともとは悪《わる》い意味《いみ》に使《つか》われた。略《りゃく》して「二足《にそく》の草鞋《わらじ》」ともいう。

もっとわかる

「はきもの」に関係《かんけい》することば

- 下駄《げた》を預《あず》ける（相手《あいて》に、ものごとの処理《しょり》などをすべて任《まか》せる）
- 下駄《げた》を履《は》かせる（点数《てんすう》などを水増《みずま》しして、実際《じっさい》より多《おお》く見《み》せる）

「二《ふた》つを兼《か》ねる」意味《いみ》のことば

- 大《だい》は小《しょう》を兼《か》ねる（大《おお》きいものは、小《ちい》さいもののかわりにもなる）
- 才色兼備《さいしょくけんび》（頭《あたま》のよさと美《うつく》しさを、兼《か》ね備《そな》えていること）

➡331ページ

金《かね》の草鞋《わらじ》で探《さが》す…金《かね》（鉄製《てつせい》）の草鞋《わらじ》をはいて、歩《ある》き回《まわ》って探《さが》し求《もと》める。

着物《きもの》に関係《かんけい》することば

袖《そで》
腕《うで》を通《とお》す部分《ぶぶん》

襟《えり》
首回《くびまわ》りの部分《ぶぶん》

帯《おび》
腰《こし》に巻《ま》く細長《ほそなが》い布《ぬの》

袂《たもと》
袖《そで》の下《した》の袋《ふくろ》になったところ

襷《たすき》
動《うご》きやすいように、袖《そで》をまとめて背中《せなか》で十文字《じゅうもんじ》にかける細長《ほそなが》い布《ぬの》

袖《そで》を絞《しぼ》る…袖《そで》がびしょびしょになるほど、ひどく涙《なみだ》を流《なが》す。

襟《えり》を正《ただ》す

つかいかた 先生《せんせい》からの忠告《ちゅうこく》を**襟《えり》を正《ただ》して**聞《き》く。

いみ 服装《ふくそう》や姿勢《しせい》をきちんとして、まじめな気持《きも》ちでものごとを行《おこな》う。襟《えり》をきちんと直《なお》すことから。

袖《そで》振《ふ》り合《あ》うも多生《たしょう》の縁《えん》

つかいかた **袖《そで》振《ふ》り合《あ》うも多生《たしょう》の縁《えん》**、どうぞこのお金《かね》を役立《やくだ》てて。

いみ 知《し》らない人《ひと》と道《みち》で袖《そで》をふれ合《あ》うようなちょっとしたことでも、偶然《ぐうぜん》のことではなくすべて前世《ぜんせ》からのめぐり合《あ》わせだということ。

さんこう 「多生《たしょう》の縁《えん》」は、前世《ぜんせ》（この世《よ》に生《う》まれる前《まえ》に生《い》きた世《よ》）からの因縁《いんねん》。「袖《そで》すり合《あ》うも多生《たしょう》の縁《えん》」ともいう。「多生《たしょう》」は「他生《たしょう》」とも書《か》く。

袖《そで》にする

つかいかた 恋人《こいびと》を**袖《そで》にする**。

いみ 親《した》しい相手《あいて》を冷《つめ》たくあしらう。

さんこう 手《て》を袖《そで》に入《い》れたまま、外《そと》に出《だ》さないという意味《いみ》。

無《な》い袖《そで》は振《ふ》れない

つかいかた お金《かね》をなんとかしてあげたいが、**無《な》い袖《そで》は振《ふ》れない**。

いみ なんとかしたいと思《おも》っても、実際《じっさい》に無《な》ければどうすることもできないということ。

さんこう 袖《そで》の無《な》い着物《きもの》では、袖《そで》を振《ふ》ることができないという意味《いみ》。

袂《たもと》を分《わ》かつ

つかいかた 長年《ながねん》の友《とも》と**袂《たもと》を分《わ》かち**別《べつ》の道《みち》を歩《あゆ》む。

いみ 別《わか》れて別々《べつべつ》の行動《こうどう》をする。縁《えん》を切《き》る。いっしょに行動《こうどう》してきた人《ひと》と別《わか》れる。

さんこう 「袂《たもと》」は、袖《そで》の下《した》の袋《ふくろ》になったところ。

帯《おび》に短《みじか》し襷《たすき》に長《なが》し

つかいかた このバッグは**帯《おび》に短《みじか》し襷《たすき》に長《なが》し**で、旅《りょ》行用《こうよう》には小《ちい》さいし、いつも持《も》ち歩《ある》くには大《おお》きい。

いみ どっちつかずで、役《やく》に立《た》たないようす。

さんこう 布《ぬの》の長《なが》さが、帯《おび》にしようとすると短《みじか》すぎるし、襷《たすき》にすると長《なが》すぎるということ。

袖《そで》を通《とお》す…衣服《いふく》を着《き》る。特《とく》に、初《はじ》めてその衣服《いふく》を着《き》ること。

建物（たてもの）

建物に関係することば

- **梲（うだつ）**：防火などのための小さな壁
- **軒（のき）**：屋根からのびた部分
- **屋根（やね）**
- **壁（かべ）**
- **庇（ひさし）**：窓などにつける小さな屋根
- **障子（しょうじ）**：紙をはった戸
- **床の間（とこのま）**：掛け軸や花をかざる所
- **座敷（ざしき）**：畳をしいた部屋
- **棚（たな）**：物をのせる板
- **縁の下（えんのした）**
- **縁（えん）**：座敷の外にある小さな床

畳の上の水練…理屈ややり方はわかっていても、実際には役に立たないこと。

壁《かべ》に耳《みみ》あり障子《しょうじ》に目《め》あり

つかいかた　**壁《かべ》に耳《みみ》あり障子《しょうじ》に目《め》あり**、うっかりしたことは言《い》えないぞ。

いみ　ないしょ話《ばなし》やかくしごとは、注意《ちゅうい》しないとすぐ人《ひと》にもれてしまうものだということ。

さんこう　壁《かべ》に耳《みみ》を当《あ》てたり、障子《しょうじ》に穴《あな》をあけたりして、どこでだれが聞《き》いたり見《み》たりしているかわからないという意味《いみ》。

四角《しかく》な座敷《ざしき》を丸《まる》く掃《は》く

つかいかた　**四角《しかく》な座敷《ざしき》を丸《まる》く掃《は》く**ようなそうじのしかたではだめだ。

いみ　家事《かじ》などを、手《て》をぬいていいかげんに済《す》ませるようす。

縁《えん》の下《した》の力持《ちからも》ち

つかいかた　電車《でんしゃ》もバスも、点検《てんけん》などを受《う》け持《も》つ**縁《えん》の下《した》の力持《ちからも》ち**がいるので、安全《あんぜん》に走《はし》れるのだ。

いみ　人《ひと》の目《め》につかない場所《ばしょ》で、他人《たにん》のためや世《よ》の中《なか》のために努力《どりょく》する人《ひと》のこと。

梲《うだつ》が上《あ》がらない

つかいかた　勤《つと》めて十年《じゅうねん》たつが、いっこうに**梲《うだつ》が上《あ》がらない**。

いみ　生活《せいかつ》や地位《ちい》がいっこうによくならない。

さんこう　「梲《うだつ》」は、昔《むかし》の家《いえ》にあった、防火《ぼうか》などのための壁《かべ》。梲《うだつ》のついている立派《りっぱ》な家《いえ》が建《た》てられないということから。

軒《のき》を並《なら》べる

つかいかた　道《みち》の両側《りょうがわ》に多《おお》くの店《みせ》が**軒《のき》を並《なら》べる**。

いみ　軒《のき》と軒《のき》が重《かさ》なるように、家《いえ》が建《た》ち並《なら》ぶようす。

庇《ひさし》を貸《か》して母屋《おもや》を取《と》られる

つかいかた　ちょっと貸《か》しただけのはずが**庇《ひさし》を貸《か》して母屋《おもや》を取《と》られる**。

いみ　一部分《いちぶぶん》を貸《か》しただけなのに、それにつけこまれて、全部《ぜんぶ》を取《と》られてしまう。

さんこう　軒先《のきさき》（庇《ひさし》）を貸《か》しただけなのに、家全体《いえぜんたい》（母屋《おもや》）を取《と》られてしまうという意味《いみ》。

棚《たな》に上《あ》げる…自分《じぶん》に都合《つごう》の悪《わる》いことは、そのままにしておくこと。

針《はり》の筵《むしろ》

つかいかた 自分《じぶん》のついたうそが原因《げんいん》とはいえ、みんなから非難《ひなん》され、毎日《まいにち》が**針《はり》の筵《むしろ》**だ。

いみ そこにいるだけで苦《くる》しくてつらく、少《すこ》しも心《こころ》が安《やす》まらない状態《じょうたい》のこと。

さんこう 「筵《むしろ》」は、わらなどを編《あ》んで作《つく》った敷物《しきもの》。針《はり》をびっしり植《う》えこんだ筵《むしろ》に座《すわ》るということ。痛《いた》くてとても座《すわ》っていられないことから。

もっとわかる

「つらい」意味《いみ》のことば

- 苦汁《くじゅう》をなめる（苦《にが》い汁《しる》をなめるような、つらい思《おも》いをする）
- 塗炭《とたん》の苦《くる》しみ（泥《どろ》にまみれたり、炭火《すみび》に焼《や》かれたりするような、ひどくつらい苦《くる》しみ）
- 身《み》を切《き》られる思《おも》い（体《からだ》を切《き》られるように、非常《ひじょう》につらい）
- 血《ち》の出《で》るよう（つらく苦《くる》しい思《おも》いをするようす）➡32ページ

針小棒大《しんしょうぼうだい》…小《ちい》さなことを、大《おお》げさに話《はな》すこと。

釘（くぎ）

釘《くぎ》付《づ》けにする

つかいかた　すてきなドレスで、みんなの視線《しせん》を**釘付《くぎづ》けにする**。

いみ　動《うご》きがとれないようにすること。

さんこう　動《うご》かないように釘《くぎ》で打《う》ちつけるという意味《いみ》。

釘《くぎ》を刺《さ》す

つかいかた　「この話《はなし》はまだ秘密《ひみつ》だから、ほかの人《ひと》に言《い》わないでよ」と**釘《くぎ》を刺《さ》す**。

いみ　約束《やくそく》を守《まも》るようにと念《ねん》をおすこと。

もっとわかる

「刺《さ》す」を使《つか》うことば

● とどめを刺《さ》す（徹底的《てっていてき》にやっつけて、立《た》ち上《あ》がれないようにする）

糠《ぬか》に釘《くぎ》…糠《ぬか》に釘《くぎ》を打《う》つように、手《て》ごたえのないこと。

藪《やぶ》から棒《ぼう》

つかいかた　「お金《かね》を貸《か》してほしい」だなんて、藪《やぶ》から棒《ぼう》に何《なに》を言《い》うんだ。

いみ　前《まえ》ぶれもなく突然《とつぜん》であるようす。思《おも》いがけないことが、いきなり起《お》こるようす。

さんこう　「藪《やぶ》」は、低《ひく》い木《き》や雑草《ざっそう》などがびっしり生《は》えている場所《ばしょ》。藪《やぶ》の中《なか》から突然棒《とつぜんぼう》を突《つ》き出《だ》すという意味《いみ》。「藪《やぶ》から棒《ぼう》を突《つ》き出《だ》す」の略《りゃく》。

にたいみのことば　寝耳《ねみみ》に水《みず》（思《おも》いがけないできごとや知《し》らせにおどろくこと。↓65ページ）

もっとわかる

「藪《やぶ》」を使《つか》うことば

- 藪蛇《やぶへび》（よけいなことをして、かえってめんどうなことを引《ひ》き起《お》こすこと）↓225ページ
- 藪《やぶ》の中《なか》（言《い》い分《ぶん》が食《く》いちがって、本当《ほんとう》のことがわからないこと）

棒《ぼう》に振《ふ》る…今《いま》までの苦労《くろう》をむだにする。

転《ころ》ばぬ先《さき》の杖《つえ》

つかいかた 雨《あめ》が降《ふ》るかもしれない。転《ころ》ばぬ先《さき》の杖《つえ》で、傘《かさ》を持《も》って出《で》かけよう。

いみ 失敗《しっぱい》しないようにするには、前《まえ》もってよく注意《ちゅうい》することが大切《たいせつ》だということ。

さんこう 転《ころ》んでから杖《つえ》を突《つ》いたのではおそい、転《ころ》ばない前《まえ》に杖《つえ》を突《つ》けという意味《いみ》。

にたいみのことば 石橋《いしばし》を叩《たた》いて渡《わた》る（↓322ページ）●念《ねん》には念《ねん》を入《い》れる

もっとわかる

「転《ころ》ぶ」を使《つか》うことば

●転《ころ》んでもただは起《お》きない（失敗《しっぱい》を利用《りよう》して、何《なに》かを得《え》ようとすること。欲《よく》の深《ふか》い、また、根性《こんじょう》のある人《ひと》のたとえ）

●箸《はし》が転《ころ》んでもおかしい年頃《としごろ》（ちょっとしたことでもおかしくて、よく笑《わら》う年《とし》頃《ころ》のこと。十代《じゅうだい》の女性《じょせい》をいうことが多《おお》い）

側杖《そばづえ》を食《く》う…自《じ》分《ぶん》と関係《かんけい》のないことで、思《おも》わぬ災難《さいなん》を受《う》ける。

杭（くい）

出《で》る杭《くい》は打《う》たれる

つかいかた 出《で》しゃばらないほうがいい、出《で》る杭《くい》は打《う》たれるよ。

いみ ①すぐれた才能《さいのう》があって目立《めだ》つ人《ひと》は、人《ひと》にうらやましがられてにくまれる。②出《で》すぎたことをする人《ひと》は、人《ひと》に非難《ひなん》される。

さんこう 杭《くい》は高《たか》さをそろえるように打《う》つので、出《で》すぎた杭《くい》は打《う》たれるという意味《いみ》。「出《で》る釘《くぎ》は打《う》たれる」ともいう。

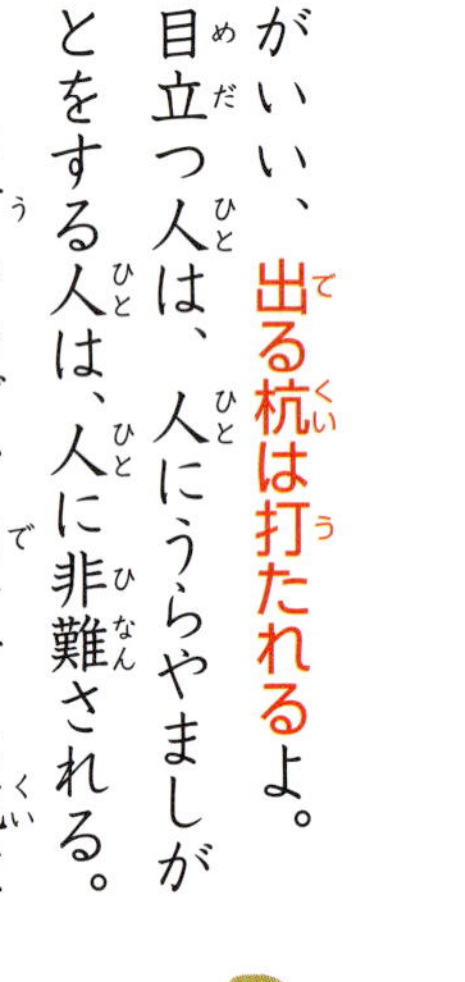

杵柄（きねづか）

昔《むかし》取《と》った杵《きね》柄《づか》

つかいかた 祖母《そぼ》が、昔《むかし》取《と》った杵柄《きねづか》で、ぼたもちを作《つく》ってくれた。

いみ 昔《むかし》、身《み》につけていて、今《いま》でもまだ自信《じしん》のある腕前《うでまえ》や技術《ぎじゅつ》。

さんこう 「杵柄《きねづか》」は、もちをつくときの杵《きね》の、手《て》で持《も》つ部分《ぶぶん》。昔《むかし》、身《み》につけた、もちをつく技《わざ》という意味《いみ》。

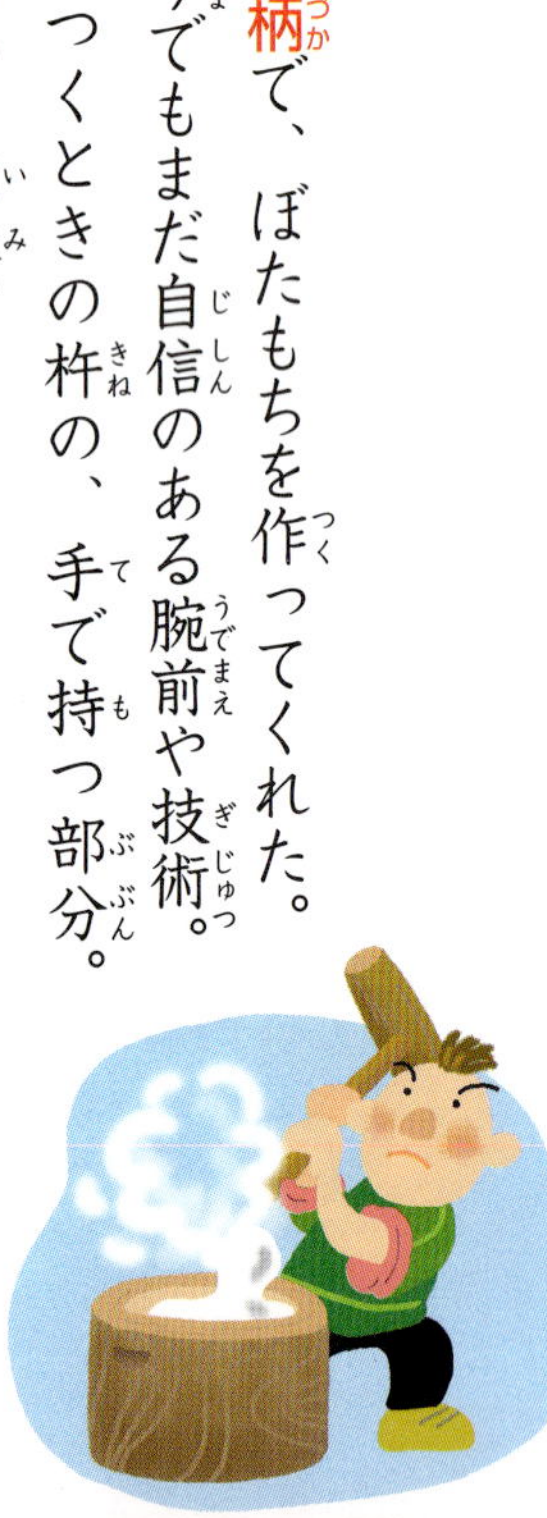

焼《や》け木杭《ぼっくい》に火《ひ》が付《つ》く…一度《いちど》縁《えん》が切《き》れた人《ひと》と、また元《もと》の関係《かんけい》にもどること。

相槌《あいづち》を打《う》つ

つかいかた 友達《ともだち》の話《はなし》に「ほんとだね」と相槌《あいづち》を打《う》つ。

いみ 話《はなし》を聞《き》きながら、「うんうん」「なるほど」などと、同意《どうい》したり、うなずいたりして相手《あいて》の話《はなし》に調子《ちょうし》を合《あ》わせること。

さんこう 「相槌《あいづち》」は、鍛冶屋《かじや》で、二人《ふたり》がかわるがわる槌《つち》で鉄《てつ》を打《う》ち合《あ》うこと。

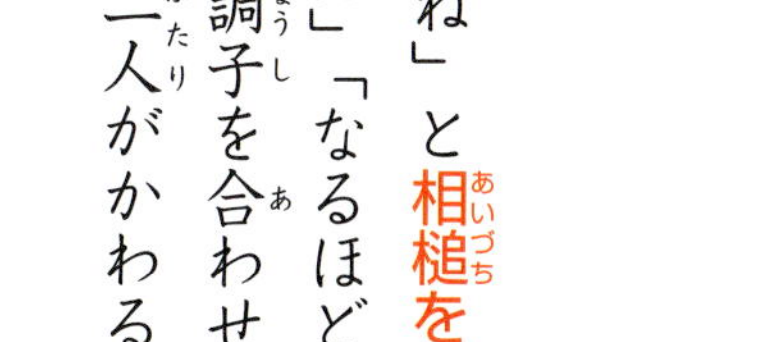

箍《たが》が緩《ゆる》む

つかいかた 両親《りょうしん》が出《で》かけてしまっているので、つい箍《たが》が緩《ゆる》む。

いみ 緊張《きんちょう》が緩《ゆる》む。気《き》が緩《ゆる》む。しまりがなくなる。

さんこう 「箍《たが》」は、木《き》の桶《おけ》や樽《たる》にはめる竹《たけ》や金属《きんぞく》の輪《わ》。その輪《わ》が緩《ゆる》んでしまうと、桶《おけ》や樽《たる》がばらばらになってしまうことから。

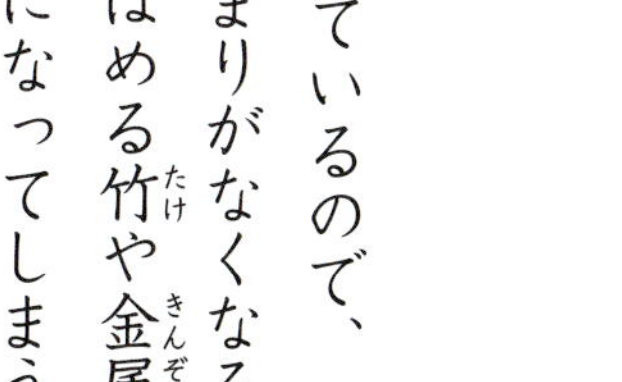

3 くらし

？ 槌《つち》とは？…物《もの》をたたくのに使《つか》う道具《どうぐ》。鉄《てつ》や木《き》の頭《あたま》に柄《え》が付《つ》いたもの。

盥（たらい）

盥《たらい》回《まわ》し

つかいかた　役所《やくしょ》に問《と》い合《あ》わせたが、あちこちの窓口《まどぐち》に盥回《たらいまわ》しにされた。

いみ　引《ひ》き受《う》けようとしないで、ほかに次々《つぎつぎ》と回《まわ》していくこと。

さんこう　足《あし》で盥《たらい》を回《まわ》す曲芸《きょくげい》から。

暖簾（のれん）

暖簾《のれん》に腕《うで》押《お》し

つかいかた　注意《ちゅうい》しても暖簾《のれん》に腕押《うでお》しで、いっこうに改《あらた》めない。

いみ　力《ちから》を入《い》れても手《て》ごたえのないこと。張《は》り合《あ》いのないこと。

さんこう　「のれん」は店《みせ》の入《い》り口《ぐち》につるす布《ぬの》。強《つよ》く押《お》しても、手《て》ごたえがないことから。

にたいみのことば　豆腐《とうふ》に鎹《かすがい》（↓150ページ）・糠《ぬか》に釘《くぎ》

盥《たらい》とは？…円《まる》くて平《ひら》たい入《い》れ物《もの》。水《みず》や湯《ゆ》を入《い》れて洗濯《せんたく》などをする。

灯台《とうだい》下暗《もとくら》し

つかいかた さんざんさがし回《まわ》っても買《か》えなかった本《ほん》を、兄《あに》が持《も》っていたとは、灯台下暗《とうだいもとくら》しだ。

いみ 身近《みぢか》なことは、案外知《あんがいし》らないものだということ。

さんこう 「灯台《とうだい》」は、昔《むかし》、部屋《へや》の中《なか》で明《あ》かりをともした台《だい》のこと。すぐ下《した》は陰《かげ》になっていて、暗《くら》いことから。

月夜《つきよ》に提灯《ちょうちん》

つかいかた 帽子《ぼうし》をかぶっていくから、日傘《ひがさ》を持《も》つのは月夜《つきよ》に提灯《ちょうちん》だよ。

いみ 必要《ひつよう》がないこと。むだなこと。

さんこう 月夜《つきよ》で道《みち》が明《あか》るいのに、提灯《ちょうちん》をともすという意味《いみ》。

提灯《ちょうちん》を持《も》つ…ある人《ひと》の手下《てした》のようになって、その人《ひと》をほめて回《まわ》る。

提灯《ちょうちん》に釣《つ》り鐘《がね》

つかいかた

ベテラン選手《せんしゅ》と、初心者《しょしんしゃ》との対戦《たいせん》では、しょせん提灯《ちょうちん》に釣《つ》り鐘《がね》だよ。

いみ

二《ふた》つのものに差《さ》がありすぎて、まったくつり合《あ》いがとれないこと。

さんこう

提灯《ちょうちん》と釣《つ》り鐘《がね》は、形《かたち》は似《に》ているが、重《おも》さが比《くら》べ物《もの》にならないという意味《いみ》。

にたいみのことば

雲泥《うんでい》の差《さ》（→268ページ）● 月《つき》と鼈《すっぽん》（→271ページ）

もっとわかる

「いろいろな明《あ》かり」を使《つか》うことば

- 風前《ふうぜん》の灯火《ともしび》（危険《きけん》がせまり、今《いま》にも命《いのち》が危《あぶ》ないようす。「灯火《ともしび》」は、明《あ》かりにするためにつけた火《ひ》）
- 昼行灯《ひるあんどん》（ぼんやりした人《ひと》などをばかにして言《い》うことば。「行灯《あんどん》」は、油《あぶら》で火《ひ》をともした昔《むかし》の道具《どうぐ》）
- 華燭《かしょく》の典《てん》（結婚式《けっこんしき》のこと。「華燭《かしょく》」は、華《はな》やかなともしび）

3 くらし

立《た》てたもの。折《お》りたたむこともできる。

早鐘《はやがね》を打《う》つ

つかいかた いよいよ自分《じぶん》の番《ばん》だと思《おも》ったら、心臓《しんぞう》が**早鐘《はやがね》を打《う》ち**始《はじ》めた。

いみ 緊張《きんちょう》や不安《ふあん》で、心臓《しんぞう》がどきどきすること。

さんこう 「早鐘《はやがね》」は、激《はげ》しく打《う》ち鳴《な》らす鐘《かね》。

横《よこ》車《ぐるま》を押《お》す

つかいかた クラス全員《ぜんいん》で決《き》めたことなのだから、今《いま》さら**横車《よこぐるま》を押《お》す**のはよくない。

いみ 理屈《りくつ》に合《あ》わないことを、無理《むり》に押《お》し通《とお》そうとすること。

さんこう 「車《くるま》」は、荷車《にぐるま》のこと。後《うし》ろから押《お》すものなのに、無《む》理《り》に横《よこ》に押《お》そうとすることから。

提灯《ちょうちん》とは？…明《あ》かりの道具《どうぐ》の一《ひと》つ。竹《たけ》の骨組《ほねぐ》みに紙《かみ》を張《は》り、中《なか》にろうそくを

秋《あき》の日《ひ》は釣瓶《つるべ》落《お》とし

つかいかた　秋《あき》の日《ひ》は釣瓶《つるべ》落《お》としだね、外《そと》はもうまっ暗《くら》だ。

いみ　秋《あき》の日《ひ》は、釣瓶《つるべ》を落《お》とすように、あっという間《ま》に暮《く》れるものだということ。

さんこう　秋《あき》は日《ひ》が暮《く》れるのが早《はや》いことをいうことば。釣瓶《つるべ》は、手《て》をはなすと、すぐに下《した》に落《お》ちることから。

もっとわかる

「春《はる》・夏《なつ》・秋《あき》・冬《ふゆ》」を使《つか》うことば

- 春眠暁《しゅんみんあかつき》を覚《おぼ》えず（春《はる》の朝《あさ》は眠《ねむ》くてなかなか起《お》きられない）
- 飛《と》んで火《ひ》に入《い》る夏《なつ》の虫《むし》（自分《じぶん》から進《すす》んで危険《きけん》に飛《と》び込《こ》むこと）➡217ページ
- 天高《てんたか》く馬肥《うまこ》ゆる秋《あき》（秋《あき》のよい気候《きこう》のたとえ。空《そら》が高《たか》く晴《は》れ、馬《うま》も太《ふと》るよい季節《きせつ》）➡272ページ
- 秋《あき》の夕焼《ゆうや》け鎌《かま》を研《と》げ（秋《あき》の夕焼《ゆうや》けは、翌日《よくじつ》が晴《は》れるしるしなので、今《いま》のうちに鎌《かま》を研《と》いで仕事《しごと》の準備《じゅんび》をしておけ）
- 冬来《ふゆき》たりなば春遠《はるとお》からじ（今《いま》つらくても、すぐいいときが来《く》る）

釣瓶《つるべ》とは？…井戸水《いどみず》をくみ上《あ》げるために、綱《つな》や棹《さお》に取《と》り付《つ》けた桶《おけ》。

渡《わた》りに船《ふね》

つかいかた 父《ちち》が駅《えき》まで車《くるま》で行《い》くというので、渡《わた》りに船《ふね》と乗《の》せてもらう。

いみ 何《なに》かをしようとしたとき、ちょうどそれに都合《つごう》のよいことにめぐりあうこと。川《かわ》を渡《わた》りたいと思《おも》っているときに、ちょうど船《ふね》が来《く》るということ。

船（ふね）

大《おお》船《ぶね》に乗《の》ったよう

つかいかた 手術《しゅじゅつ》してくれる先生《せんせい》は名医《めいい》なので、大船《おおぶね》に乗《の》ったような気持《きも》ちでいる。

いみ たよりになるものに身《み》を任《まか》せて、安心《あんしん》しきっているようす。

さんこう 大《おお》きな船《ふね》は、しずむ心配《しんぱい》が少《すく》ないということから。

乗《の》り掛《か》かった船《ふね》…ものごとを始《はじ》めたら、途中《とちゅう》でやめることができないこと。

太《た》刀《ち》打《う》ちできない

つかいかた
彼女《かのじょ》の足《あし》の速《はや》さには、クラス中《じゅう》のだれも**太《た》刀《ち》打《う》ちできない**。

いみ
強《つよ》すぎて、とてもかなわない。張《は》り合《あ》っても、勝負《しょうぶ》にならない。

さんこう
「太《た》刀《ち》」は、長《なが》くて大《おお》きな刀《かたな》。「太《た》刀《ち》打《う》ち」は太《た》刀《ち》で打《う》ち合《あ》うこと。相手《あいて》が強《つよ》すぎて、まともに打《う》ち合《あ》うこともできないということ。「太《た》刀《ち》打《う》ちができない」ともいう。

もっとわかる

「かなわない」意味《いみ》のことば

- 足元《あしもと》にも及《およ》ばない（相手《あいて》の足元《あしもと》にも届《とど》かないように、とてもかなわない）
- 及《およ》びもつかない（相手《あいて》の力《ちから》には、とうてい届《とど》かない）
- 手《て》も足《あし》も出《で》ない（どうすることもできない。力《ちから》がおよばず、ほどこす手段《しゅだん》がない）➡66ページ
- 歯《は》が立《た》たない（硬《かた》くてかめないように、とてもかなわない）➡60ページ

伝家《でんか》の宝刀《ほうとう》…いざというときに使《つか》う、とっておきの物《もの》や手段《しゅだん》。

快《かい》刀《とう》乱《らん》麻《ま》を断《た》つ

つかいかた 快刀乱麻《かいとうらんま》を断《た》つように、難問《なんもん》を次々《つぎつぎ》に解決《かいけつ》する。

いみ やっかいな事件《じけん》やもめごとなどを、てきぱきと処理《しょり》して解決《かいけつ》すること。

さんこう 快刀《かいとう》（よく切《き》れる刀《かたな》）で乱麻《らんま》（からみ合《あ》ってもつれた麻《あさ》）を断《た》ち切《き》るという意味《いみ》。略《りゃく》して「快刀乱麻《かいとうらんま》」ともいう。

一《いっ》矢《し》を報《むく》いる

つかいかた 試合《しあい》には負《ま》けたが、最終回《さいしゅうかい》にホームランを打《う》って一矢《いっし》を報《むく》いた。

いみ 相手《あいて》の圧倒的《あっとうてき》な攻撃《こうげき》に対《たい》してわずかでも反撃《はんげき》すること。

さんこう 攻撃《こうげき》に対《たい》して矢《や》を一本《いっぽん》射返《いかえ》すということ。

矢面《やおもて》に立《た》つ…質問《しつもん》や非難《ひなん》を直接《ちょくせつ》受《う》ける立場《たちば》に立《た》つ。

光陰《こういん》矢《や》の如《ごと》し

つかいかた
光陰矢《こういんや》の如《ごと》し、あっという間《ま》に一年《いちねん》が過《す》ぎた。

いみ
月日《つきひ》はあっという間《ま》に過《す》ぎ去《さ》るものだということ。

さんこう
「光《こう》」は日《ひ》、「陰《いん》」は月《つき》のことで、「光陰《こういん》」は、月《つき》日《ひ》。「如《ごと》し」は、まるで〜のようだという意味《いみ》。月日《つきひ》がたつのは矢《や》のように速《はや》いということ。

にたいみのことば
歳月人《さいげつひと》を待《ま》たず（年月《ねんげつ》は、人《ひと》の気持《きも》ちと関係《かんけい》なしに、どんどん過《す》ぎ去《さ》ってしまう）

もっとわかる

「如《ごと》し」を使《つか》うことば

- 帰心矢《きしんや》の如《ごと》し（早《はや》く帰《かえ》りたいと強《つよ》く思《おも》うこと）
- 過《す》ぎたるは及《およ》ばざるが如《ごと》し（やりすぎは、足《た》りないのと同《おな》じでよくない。ちょうどよいくらいにやることが大切《たいせつ》だ）
- 赤貧洗《せきひんあら》うが如《ごと》し（水《みず》で洗《あら》い流《なが》したように何《なに》も持《も》ち物《もの》がないような、ひどい貧《びん》乏《ぼう》のこと）

3 くらし

矢《や》の催促《さいそく》…早《はや》く早《はや》くと何度《なんど》もせきたてること。

矢《や》も盾《たて》もたまらない

つかいかた 祭《まつ》りばやしの笛《ふえ》や太鼓《たいこ》が聞《き》こえてきたので、矢《や》も盾《たて》もたまらなくなり見物《けんぶつ》に出《で》かけた。

いみ 早《はや》くそうしたくて、じっとしていられないようす。

さんこう 矢《や》や盾《たて》で、勢《いきお》いを止《と》めようとしても無理《むり》という意味《いみ》。

矛《む》盾《じゅん》

つかいかた 君《きみ》の話《はなし》は矛盾《むじゅん》だらけだ。

いみ 話《はなし》の内容《ないよう》が食《く》いちがうこと。つじつまが合《あ》わないこと。

さんこう 昔《むかし》の中国《ちゅうごく》で、どんな盾《たて》でも突《つ》き破《やぶ》る矛《ほこ》と、どんな矛《ほこ》でも防《ふせ》ぐ盾《たて》を売《う》り歩《ある》いていた男《おとこ》が、その矛《ほこ》でその盾《たて》を突《つ》いたらどうなるかと聞《き》かれて、答《こた》えられなかったという話《はなし》から。

盾《たて》を突《つ》く…反抗《はんこう》する。盾《たて》を地上《ちじょう》に突《つ》き立《た》てて、戦《いくさ》を始《はじ》めるという意味《いみ》。

横《よこ》槍《やり》を入《い》れる

つかいかた
横槍《よこやり》を入《い》れる人《ひと》がいて、計画《けいかく》は中止《ちゅうし》となった。

いみ
横合《よこあ》いから関係《かんけい》のない人《ひと》がよけいな口《くち》をはさむこと。

さんこう
両軍《りょうぐん》が戦《たたか》っているときに、別《べつ》の一隊《いったい》が横《よこ》から槍《やり》で突《つ》きかかるということから。

肘《ひじ》鉄《でっ》砲《ぽう》を食《く》わせる

つかいかた
デートの申《もう》し込《こ》みに肘鉄砲《ひじてっぽう》を食《く》わせる。

いみ
相手《あいて》のさそいや申《もう》し込《こ》みを、強《つよ》く断《ことわ》ること。特《とく》に、女性《じょせい》が男性《だんせい》のさそいを強《つよ》く断《ことわ》ること。

さんこう
「肘鉄砲《ひじでっぽう》」は、肘《ひじ》でどんと突《つ》くこと。略《りゃく》して「肘鉄《ひじてつ》を食《く》わせる」ともいう。

槍《やり》が降《ふ》っても…どんな困難《こんなん》に出会《であ》っても、必《かなら》ずやりとげるという決意《けつい》。

下手《へた》な鉄砲《てっぽう》も数撃《かずう》ちゃ当《あ》たる

つかいかた 下手《へた》な鉄砲《てっぽう》も数撃《かずう》ちゃ当《あ》たるで、こまめに懸賞《けんしょう》に応募《おうぼ》していたら、いくつか賞品《しょうひん》が当《あ》たった。

いみ 下手《へた》でも数多《かずおお》くやれば、まぐれでうまくいくこともあるものだということ。

さんこう 鉄砲《てっぽう》が下手《へた》な人《ひと》でも、数多《かずおお》く撃《う》てば命中《めいちゅう》することもあるという意味《いみ》。「下手《へた》な鉄砲《てっぽう》も数撃《かずう》てば当《あ》たる」ともいう。

もっとわかる

「下手《へた》」を使《つか》うことば

- 下手《へた》の考《かんが》え休《やす》むに似《に》たり（よい知恵《ちえ》もないのにいつまでも考《かんが》えるのは、何《なに》もしないでいるのと同《おな》じだ）
- 下手《へた》の道具立《どうぐだ》て（下手《へた》な人《ひと》ほど、道具《どうぐ》にこだわってうるさいことを言《い》う）
- 下手《へた》の長談義《ながだんぎ》（話《はなし》の下手《へた》な人《ひと》に限《かぎ》って、話《はなし》が長《なが》い）
- 下手《へた》の横好《よこず》き（下手《へた》なのに、とても好《す》きで熱心《ねっしん》なこと）➡337ページ

闇夜《やみよ》の鉄砲《てっぽう》…いいかげんにものごとを行《おこな》うこと。

勝《か》って兜《かぶと》の緒《お》を締《し》めよ

つかいかた　一勝《いっしょう》はしたが、勝《か》って兜《かぶと》の緒《お》を締《し》めよ。次《つぎ》の試合《しあい》までさらに練習《れんしゅう》を重《かさ》ねよう。

いみ　成功《せいこう》したからといって気《き》をゆるめないで、さらに心《こころ》を引《ひ》き締《し》めなさいということ。

さんこう　「兜《かぶと》の緒《お》」は、兜《かぶと》をおさえるひも。戦《たたか》いに勝《か》っても、しっかり兜《かぶと》のひもを締《し》めて油断《ゆだん》するなという意味《いみ》。

もっとわかる

「緒《お》」を使《つか》うことば

● 堪忍袋《かんにんぶくろ》の緒《お》が切《き》れる（がまんできずにいかりが爆発《ばくはつ》する）

「勝《か》つ」を使《つか》うことば

● 勝《か》てば官軍《かんぐん》、負《ま》ければ賊軍《ぞくぐん》（理屈《りくつ》はどうあれ、勝《か》ったほうが正《ただ》しいとされるということ）

● 負《ま》けるが勝《か》ち（無理《むり》に争《あらそ》わずに、相手《あいて》に勝《か》ちをゆずったほうが、結局《けっきょく》は得《とく》をするということ）

兜《かぶと》を脱《ぬ》ぐ…降参《こうさん》する。かなわないという気持《きも》ちを表《あらわ》す。

金《かね》は天《てん》下《か》の回《まわ》りもの

つかいかた　金《かね》は天《てん》下《か》の回《まわ》りもの、今《いま》は貧《まず》しくてもがんばろう。

いみ　お金《かね》は手《て》から手《て》へとわたるものだから、いつかは自《じ》分《ぶん》のところにも回《まわ》ってくる。お金《かね》がなくても、くよくよするなということ。

さんこう　「金《かね》は天《てん》下《か》の回《まわ》り持《も》ち」ともいう。

金（かね）◆銭（ぜに・せん）

地《じ》獄《ごく》の沙《さ》汰《た》も金《かね》次《し》第《だい》

つかいかた　弟《おとうと》におだちんをあげて、母《はは》にたのまれたおつかいを代《か》わってもらった。地《じ》獄《ごく》の沙《さ》汰《た》も金《かね》次《し》第《だい》だ。

いみ　どんなことでも金《かね》があれば何《なん》とかなるということ。地《じ》獄《ごく》の閻《えん》魔《ま》大《だい》王《おう》の裁《さい》判《ばん》でさえ、お金《かね》を出《だ》せば有《ゆう》利《り》になるという意《い》味《み》。

にたいみのことば　金《かね》が物《もの》を言《い》う

時《とき》は金《かね》なり…時《じ》間《かん》はお金《かね》と同《おな》じように大《たい》切《せつ》だから、むだにしてはいけない。

安物《やすもの》買《が》いの銭《ぜに》失《うしな》い

つかいかた

安《やす》いからといって品質《ひんしつ》も確《たし》かめずに買《か》うと、安物《やすもの》買《が》いの銭《ぜに》失《うしな》いになるよ。

いみ

値段《ねだん》の安《やす》い物《もの》を買《か》うと、質《しつ》が悪《わる》くてすぐにだめになるので、かえって損《そん》をするということ。

にたいみのことば

安《やす》かろう悪《わる》かろう（安《やす》い物《もの》によい物《もの》はない）

悪《あく》銭《せん》身《み》に付《つ》かず

つかいかた

悪銭《あくせん》身《み》に付《つ》かずというから、やはりまじめに働《はたら》いてお金《かね》をためよう。

いみ

悪《わる》いことをして得《え》たお金《かね》（悪銭《あくせん》）は、つまらないことに使《つか》って、すぐになくなるものだということ。

身銭《みぜに》を切《き》る…自分《じぶん》のお金《かね》で支払《しはら》いをする。

濡《ぬ》れ手《て》で粟《あわ》

つかいかた 期待《きたい》もせずに、たまたま買《か》った宝《たから》くじで一等《いっとう》が当《あ》たり、濡《ぬ》れ手《て》で粟《あわ》の大金《たいきん》をつかむ。

いみ 何《なん》の苦労《くろう》もなく大《おお》きな利益《りえき》を得《え》ること。楽《らく》に大《おお》もうけをすること。

さんこう 濡《ぬ》れた手《て》でつかむと、粟《あわ》がくっついて簡単《かんたん》にたくさんつかめることから。

もっとわかる

「手《て》」を使《つか》うことば ⬇66ページ

「濡《ぬ》れる」を使《つか》うことば

- 濡《ぬ》れ衣《ぎぬ》を着《き》せられる（ありもしない疑《うたが》いをかけられ、無実《むじつ》の罪《つみ》におとしいれられる）
- 濡《ぬ》れ鼠《ねずみ》（服《ふく》を着《き》たまま、ずぶ濡《ぬ》れになっているようす） ⬇192ページ
- 頬《ほお》を濡《ぬ》らす（泣《な》いて、流《なが》れた涙《なみだ》で頬《ほお》が濡《ぬ》れる）
- 枕《まくら》を濡《ぬ》らす（寝《ね》ているときに、涙《なみだ》で枕《まくら》が濡《ぬ》れるほど泣《な》く）

粟《あわ》とは？…イネのなかまの穀物《こくもつ》。実《み》は小《ちい》さくて軽《かる》い。あめやもちの原料《げんりょう》になる。

青《あお》菜《な》に塩《しお》

つかいかた さっきまではしゃいでいたが、父《ちち》にひどくしかられて青《あお》菜《な》に塩《しお》となる。

いみ 急《きゅう》に元気《げんき》がなくなり、がっかりすること。

さんこう 青《あお》い野菜《やさい》に塩《しお》をかけると、しおれてしまうことから。

塩（しお）

手《て》塩《しお》に掛《か》ける

つかいかた 手《て》塩《しお》に掛《か》けて育《そだ》てたアサガオが、花《はな》を咲《さ》かせた。

いみ 自分《じぶん》の手《て》で、最初《さいしょ》からめんどうを見《み》て、大切《たいせつ》に育《そだ》て上《あ》げること。

さんこう 「手《て》塩《しお》」は、食卓《しょくたく》の上《うえ》に置《お》く塩《しお》。手《て》塩《しお》で好《この》みの味《あじ》つけをして育《そだ》てるという意味《いみ》。

敵《てき》に塩《しお》を送《おく》る…敵《てき》が困《こま》っているときに、それにつけこまずに逆《ぎゃく》に助《たす》けること。

胡麻《ごま》をする

つかいかた

おこづかいを上《あ》げてもらおうと、母《はは》に胡麻《ごま》をする。

いみ

気《き》に入《い》られようとして、ごきげんを取《と》ったり、おせじを言《い》ったりすること。すり鉢《ばち》ですった胡麻《ごま》が、四方《しほう》にまんべんなくくっつくということから。

山椒《さんしょう》は小粒《こつぶ》でもぴりりと辛《から》い

つかいかた

体《からだ》は小《ちい》さいが、相撲《すもう》は強《つよ》い。山椒《さんしょう》は小粒《こつぶ》でもぴりりと辛《から》いよ。

いみ

体《からだ》は小《ちい》さくても気《き》が強《つよ》く、才能《さいのう》にもすぐれていて、ばかにできないこと。山椒《さんしょう》の実《み》は小《ちい》さくてもからいことから。

はんたいのことば

独活《うど》の大木《たいぼく》（↓251ページ）

驚《おどろ》き桃《もも》の木《き》山椒《さんしょう》の木《き》…とても驚《おどろ》いたということを、調子《ちょうし》よく言《い》ったことば。

瓜（うり）・茄子（なすび）

瓜の蔓に茄子はならぬ

つかいかた 自分の子が将来有名人になるなんて考えられない、瓜の蔓に茄子はならぬ。

いみ 平凡なふつうの親からは、すぐれた子供は生まれないものだということ。

はんたいのことば
蛙の子は蛙（→222ページ）
鳶が鷹を生む（→195ページ）

瓜（うり）

瓜二つ

つかいかた わたしは、笑い顔が父に瓜二つと言われる。

いみ 二人の人の顔や姿が、たいへんよく似ていること。瓜を縦に二つに切ると、そっくり同じ形になることから。

べさせるな。しゅうとめが嫁をいじめることば。

火中《かちゅう》の栗《くり》を拾《ひろ》う

つかいかた

友達《ともだち》のためならと、あえて火中《かちゅう》の栗《くり》を拾《ひろ》う。

いみ

おだてられて人《ひと》のために危険《きけん》をおかすこと。

さんこう

栗《くり》は火《ひ》の中《なか》に入《い》れると、はじけて危《あぶ》ないことから。猿《さる》におだてられた猫《ねこ》が、火《ひ》の中《なか》の栗《くり》を拾《ひろ》わされ、大《おお》やけどをするという話《はなし》から。

桃《もも》栗《くり》三年《さんねん》柿《かき》八年《はちねん》

つかいかた

桃栗三年柿八年《ももくりさんねんかきはちねん》、一人前《いちにんまえ》になれるまで歯《は》をくいしばってがんばろう。

いみ

桃《もも》と栗《くり》は芽《め》生《ば》えてから三年目《さんねんめ》に、柿《かき》は八年目《はちねんめ》に実《み》がなるということ。なにごとも実《み》を結《むす》ぶまでには年数《ねんすう》がかかるという意味《いみ》。

秋茄子嫁《あきなすびよめ》に食《く》わすな…秋《あき》にできるおいしい茄子《なすび》は、もったいないから嫁《よめ》に食《た》

芋《いも》を洗《あら》うよう

つかいかた 日曜日《にちようび》の市民《しみん》プールは、まるで芋《いも》を洗《あら》うようだ。

いみ たくさんの人《ひと》が集《あつ》まっていて身動《みうご》きがとれないようす。非常《ひじょう》に混雑《こんざつ》しているようす。

さんこう 桶《おけ》などに芋《いも》をたくさん入《い》れて洗《あら》うようすに似《に》ているところから。

もっとわかる

「洗《あら》う」を使《つか》うことば

- 足《あし》を洗《あら》う（悪《わる》い世界《せかい》からぬけ出《だ》して、まじめな生活《せいかつ》をすること）
- 赤貧《せきひん》洗《あら》うが如《ごと》し（水《みず》で洗《あら》い流《なが》したように何《なに》も持《も》ち物《もの》がないような、ひどい貧乏《びんぼう》のこと）
- 心《こころ》が洗《あら》われる（感動《かんどう》して、心《こころ》の中《なか》が洗《あら》い清《きよ》められるような気分《きぶん》になる）

「混雑《こんざつ》する」意味《いみ》のことば

- 押《お》すな押《お》すな（たくさんの人《ひと》で混雑《こんざつ》しているようす）
- 押《お》し合《あ》いへし合《あ》い（多《おお》くの人《ひと》が押《お》し合《あ》って、混雑《こんざつ》しているようす）

芋《いも》の煮《に》えたも御存《ごぞん》じない…世間知《せけんし》らずの人《ひと》をばかにしたことば。

梨《なし》の礫《つぶて》

つかいかた 兄《あに》は、東京《とうきょう》の学校《がっこう》に行《い》ったきり梨《なし》の礫《つぶて》だ。

いみ 手紙《てがみ》などを出《だ》しても、ぜんぜん返事《へんじ》がないこと。

さんこう 「梨《なし》」は「無《な》し」にひっかけたことば。「礫《つぶて》」は投《な》げる小石《こいし》。投《な》げた小石《こいし》は帰《かえ》って来《こ》ないということ。

丸《まる》い卵《たまご》も切《き》りようで四角《しかく》

つかいかた 丸《まる》い卵《たまご》も切《き》りようで四角《しかく》、正《ただ》しいことを言《い》っても相手《あいて》をおこらせてしまうこともあるよ。

いみ 同《おな》じことでも、言《い》い方《かた》・やり方《かた》によって、おだやかにすむこともあれば、角《かど》が立《た》つこともあるということ。

にたいみのことば 物《もの》も言《い》いようで角《かど》が立《た》つ・物《もの》は言《い》いよう

コロンブスの卵《たまご》…簡単《かんたん》なことでも、最初《さいしょ》に思《おも》いつくのは難《むずか》しいことのたとえ。

豆腐《とうふ》に鎹《かすがい》

つかいかた くつをそろえなさいと何度《なんど》言《い》っても、豆腐《とうふ》に鎹《かすがい》だ。

いみ 注意《ちゅうい》や意見《いけん》をしても何《なん》の手《て》ごたえもなく、全然《ぜんぜん》効《き》き目《め》がないこと。

さんこう 「鎹《かすがい》」は、材木《ざいもく》をつなぎ合《あ》わせるためのコの字形《じがた》の大《おお》きな釘《くぎ》。豆腐《とうふ》に鎹《かすがい》を打《う》ちこんでも手《て》ごたえがないことから。

にたいみのことば 暖簾《のれん》に腕押《うでお》し（↓128ページ）●糠《ぬか》に釘《くぎ》

味噌《みそ》を付《つ》ける

つかいかた ラストシーンでせりふをまちがえて、味噌《みそ》を付《つ》ける。

いみ 失敗《しっぱい》する。失敗《しっぱい》して恥《はじ》をかく。食器《しょっき》のへりなどに味噌《みそ》をうっかり付《つ》けてしまうことから。

！ 手前味噌《てまえみそ》…自分《じぶん》で自分《じぶん》をほめること。自分《じぶん》の作《つく》った味噌《みそ》を自慢《じまん》することから。

お茶《ちゃ》を濁《にご》す

つかいかた　「少《すこ》しは泳《およ》げるようになったかい」と聞《き》かれたので、冗談《じょうだん》を言《い》ってお茶《ちゃ》を濁《にご》す。

いみ　いいかげんなことを言《い》うなどして、その場《ば》を適当《てきとう》にごまかす。

さんこう　お茶《ちゃ》の作法《さほう》を知《し》らない人《ひと》が、その場《ば》を適当《てきとう》にごまかすことからといわれる。

もっとわかる

「ごまかす」意味《いみ》のことば

- 煙《けむ》に巻《ま》く（訳《わけ》のわからないことを言《い》ってごまかす）
- 煙幕《えんまく》を張《は》る（都合《つごう》の悪《わる》いことをかくすために、別《べつ》のことを言《い》ったりしたりしてごまかす）
- 鯖《さば》を読《よ》む（数《かず》をごまかす）⬇208ページ
- 言葉《ことば》を濁《にご》す（はっきり言《い》わずにごまかす）
- 言《げん》を左右《さゆう》にする（あいまいなことを言《い》ってごまかす）

茶腹《ちゃばら》も一時《いっとき》…わずかなものでも、一時《いちじ》しのぎになることのたとえ。

朝《あさ》飯《めし》前《まえ》

つかいかた こんな問題《もんだい》を解《と》くのは**朝飯前《あさめしまえ》**だ。

いみ 朝《あさ》起《お》きて朝食《ちょうしょく》を食《た》べる前《まえ》のわずかな時間《じかん》にでも片付《かたづ》けてしまえるほど、簡単《かんたん》にできることのたとえ。

にたいみのことば お茶《ちゃ》の子《こ》さいさい

絵《え》に描《か》いた餅《もち》

つかいかた 金《かね》がないのに旅行《りょこう》の計画《けいかく》を立《た》てても**絵《え》に描《か》いた餅《もち》**だ。

いみ 何《なん》の役《やく》にも立《た》たないもの。

さんこう どんなにおいしそうでも、食《た》べることができないことから。「画餅《がべい》」ともいう。

にたいみのことば 机上《きじょう》の空論《くうろん》（頭《あたま》の中《なか》で考《かんが》えただけの計画《けいかく》）

他人《たにん》の飯《めし》を食《く》う…親元《おやもと》をはなれて、実社会《じっしゃかい》の経験《けいけん》を積《つ》む。

棚《たな》から牡《ぼ》丹《た》餅《もち》

つかいかた 棚《たな》から牡《ぼ》丹《た》餅《もち》で、叔父《おじ》が「新《あたら》しいのを買《か》ったから」とパソコンをくれた。

いみ 思《おも》いがけない幸運《こううん》がころげこむこと。

さんこう 棚《たな》の上《うえ》からおいしい牡丹餅《ぼたもち》が落《お》ちて来《く》るという意《い》味《み》。「牡丹餅《ぼたもち》」は、おはぎともいい、ごはんを丸《まる》めてあんこなどでくるんだもの。昔《むかし》は、たいへんなごちそうだった。略《りゃく》して「棚牡丹《たなぼた》」ともいう。

もっとわかる

「棚《たな》」を使《つか》うことば

- 棚《たな》に上《あ》げる（自分《じぶん》の都合《つごう》の悪《わる》いことは知《し》らないふりをして、そのままにする）

「幸運《こううん》」の意味《いみ》のことば

- 物怪《もっけ》の幸《さいわ》い（思《おも》いがけない幸運《こううん》）
- 果報《かほう》は寝《ね》て待《ま》て（幸運《こううん》はあせらずに待《ま》っていれば、いつか自然《しぜん》にやって来《く》るものだ）

焼《や》き餅《もち》を焼《や》く…人《ひと》のことをねたむ。嫉妬《しっと》する。

神（かみ）

苦しい時の神頼み

つかいかた いつもは見向きもしないのに、苦しい時の神頼みでは、ご利益もないだろう。

いみ ふだんは神や仏を信じない人が、苦しいときや困ったときだけ神や仏にすがろうとすること。人の身勝手さを表すことば。

もっとわかる

- 「頼る」意味のことば
- 溺れる者は藁をもつかむ（困っているときは、頼りにならないものにまで頼ろうとする） ➡252ページ
- 寄らば大樹の陰（頼るなら、大きくて力のあるもののほうがいい）

- 「自分勝手」の意味のことば
- 遠慮会釈もない（人の迷惑も考えず、自分勝手なようす）
- 虫がいい（自分の都合ばかり考えること） ➡220ページ
- 我田引水（自分の都合のいいように、言ったりしたりすること）

正直の頭に神宿る…正直な人には、神の助けが必ずある。

触《さわ》らぬ神《かみ》に祟《たた》り無《な》し

つかいかた
かばってやりたいが、触《さわ》らぬ神《かみ》に祟《たた》り無《な》しかな。

いみ
かかわりを持《も》たなければ問題《もんだい》を起《お》こすこともないので、ふれないでおいたほうがいいということ。

さんこう
「祟《たた》り」は、神《かみ》や仏《ほとけ》などから受《う》ける災《わざわ》い。

捨《す》てる神《かみ》あれば拾《ひろ》う神《かみ》あり

つかいかた
無口《むくち》でつまらないという人《ひと》もいるし、おしゃべりでないのがいいという人《ひと》もいる、捨《す》てる神《かみ》あれば拾《ひろ》う神《かみ》ありだ。

いみ
世間《せけん》は広《ひろ》くて、ある人《ひと》に見放《みはな》されても、別《べつ》の人《ひと》が助《たす》けてくれる。

さんこう
困《こま》ったことがあってもくよくよするなということ。「捨《す》てる神《かみ》あれば助《たす》ける神《かみ》あり」ともいう。

3 くらし

神出鬼没《しんしゅつきぼつ》…神《かみ》や鬼《おに》のように、突然現《とつぜんあらわ》れたり消《き》えたりすること。

仏《ほとけ》の顔《かお》も三度《さんど》

つかいかた

何度《なんど》もからかわれて、とうとうがまんできずに、仏《ほとけ》の顔《かお》も三度《さんど》とばかりにおこりだす。

いみ

どんなにおとなしく、やさしい人《ひと》でも、何度《なんど》もばかにされたり、ひどいことをされたりしたら、しまいには腹《はら》を立《た》てるということ。

さんこう

情《なさ》け深《ぶか》くてやさしい仏様《ほとけさま》でも、三度《さんど》も顔《かお》を撫《な》でられたらおこりだすという意味《いみ》。「仏《ほとけ》の顔《かお》も三度《さんど》撫《な》ずれば腹立《はらた》つる」の略《りゃく》。

もっとわかる

「顔《かお》」を使《つか》うことば ⬇40ページ

「三度《さんど》」を使《つか》うことば

- 三度目《さんどめ》の正直《しょうじき》（一度《いちど》や二度《にど》では当《あ》てにならないが、三度目《さんどめ》は確実《かくじつ》だということ。ものごとは、三度目《さんどめ》には期待《きたい》どおりになるということ）
- 二度《にど》あることは三度《さんど》ある（ものごとはくり返《かえ》し起《お》こるものだ） ⬇303ページ

神《かみ》も仏《ほとけ》もない…救《すく》ってくれる神《かみ》も仏《ほとけ》もいない。思《おも》いやりのないことのたとえ。

地獄《じごく》で仏《ほとけ》に会《あ》ったよう

つかいかた 旅先《たびさき》で急病《きゅうびょう》になったが、親切《しんせつ》な人《ひと》に助《たす》けられ、まるで地獄《じごく》で仏《ほとけ》に会《あ》ったようだった。

いみ ひどく苦《くる》しんだり、困《こま》ったりしているときに、思《おも》いがけなく助《たす》けてもらって、ありがたく思《おも》うこと。

さんこう 地獄《じごく》の苦《くる》しみの中《なか》で、仏様《ほとけさま》に出会《であ》ったようだという意味《いみ》。略《りゃく》して「地獄《じごく》で仏《ほとけ》」ともいう。

もっとわかる

「地獄《じごく》」を使《つか》うことば

- 地獄《じごく》の沙汰《さた》も金次第《かねしだい》（どんなことでも、金《かね》があれば何《なん》とかなるということ）➡141ページ
- 聞《き》いて極楽《ごくらく》見《み》て地獄《じごく》（話《はなし》に聞《き》いたことと、自分《じぶん》で見《み》たこととでは、大《おお》きなちがいがあること）

「会《あ》う」を使《つか》うことば

- 会《あ》うは別《わか》れの始《はじ》め（人《ひと》は、会《あ》えば必《かなら》ず別《わか》れるときが来《く》る）

仏造《ほとけつく》って魂《たましい》入《い》れず…せっかく作《つく》ったのに、大事《だいじ》なことがぬけていること。

仏（ほとけ）◆釈迦（しゃか）

知《し》らぬが仏《ほとけ》

つかいかた 賞味期限《しょうみきげん》の切《き》れたパンを、知《し》らぬが仏《ほとけ》で、喜《よろこ》んで食《た》べてしまった。

いみ 本人《ほんにん》だけが知《し》らないで平気《へいき》なこと。本当《ほんとう》のことを知《し》ればおどろくだろうが、知《し》らないので仏様《ほとけさま》のように安《やす》らかな心《こころ》でいられるということ。

釈迦《しゃか》に説法《せっぽう》

つかいかた 音楽家《おんがくか》に音符《おんぷ》を教《おし》えるなんて、釈迦《しゃか》に説法《せっぽう》だ。

いみ よく知《し》っている人《ひと》に教《おし》えようとする見当《けんとう》ちがいなこと。

さんこう 仏教《ぶっきょう》を開《ひら》いた釈迦《しゃか》に、仏《ほとけ》の道《みち》を説《と》くという意味《いみ》。

にたいみのことば 猿《さる》に木登《きのぼ》り （↓174ページ） ● 河童《かっぱ》に水練《すいれん》 （↓232ページ）

お釈迦《しゃか》になる…使《つか》い物《もの》にならなくなる。不良品《ふりょうひん》になる。

第4章
いきもの

第《だい》4章《しょう》 いきもの

猫《ねこ》 163ページ

猫《ねこ》に小判《こばん》 ● 猫《ねこ》に鰹節《かつおぶし》 ● 猫《ねこ》の手《て》も借《か》りたい ● 猫《ねこ》の額《ひたい》 ● 猫《ねこ》の目《め》のよう ● 猫《ねこ》を被《かぶ》る ● 借《か》りてきた猫《ねこ》

猫《ねこ》も杓子《しゃくし》も ↓杓子《しゃくし》（109ページ）

窮鼠猫《きゅうそねこ》を噛《か》む ↓鼠《ねずみ》（191ページ）

犬《いぬ》 167

犬《いぬ》も歩《ある》けば棒《ぼう》に当《あ》たる ● 犬《いぬ》が西《にし》向《む》きゃ尾《お》は東《ひがし》 ● 犬《いぬ》も食《く》わぬ ● 犬《いぬ》に論語《ろんご》 ● 犬《いぬ》の遠吠《とおぼ》え ● 飼《か》い犬《いぬ》に手《て》を噛《か》まれる ● 犬猿《けんえん》の仲《なか》 ● 犬馬《けんば》の労《ろう》

猿《さる》 172

猿《さる》も木《き》から落《お》ちる ● 見猿《みざる》聞《き》か猿《ざる》言《い》わ猿《ざる》 ● 猿《さる》に木登《きのぼ》り ● 猿真似《さるまね》

犬猿《けんえん》の仲《なか》 ↓犬《いぬ》（171ページ）

狐《きつね》 175

虎《とら》の威《い》を借《か》る狐《きつね》 ● 狐《きつね》につままれる ● 狐《きつね》の嫁入《よめい》り

狸《たぬき》・狢《むじな》 177

取《と》らぬ狸《たぬき》の皮算用《かわざんよう》 ● 狸寝入《たぬきねい》り ● 同《おな》じ穴《あな》の狢《むじな》

獅子《しし》 179

獅子《しし》身中《しんちゅう》の虫《むし》 ● 獅子《しし》の子落《こお》とし ● 眠《ねむ》る獅子《しし》

虎《とら》

181

虎穴《こけつ》に入《い》らずんば虎子《こじ》を得《え》ず ● 虎《とら》の尾《お》を踏《ふ》む ● 前門《ぜんもん》の虎《とら》、後門《こうもん》の狼《おおかみ》 ● 虎《とら》の子《こ》 ● 張《は》り子《こ》の虎《とら》

虎《とら》の威《い》を借《か》る狐《きつね》 ⬇狐《きつね》（175ページ）

馬《うま》

184

馬《うま》の耳《みみ》に念仏《ねんぶつ》 ● 馬《うま》が合《あ》う ● 生《い》き馬《うま》の目《め》を抜《ぬ》く ● どこの馬《うま》の骨《ほね》 ● 尻馬《しりうま》に乗《の》る ● 馬脚《ばきゃく》を露《あらわ》す

竹馬《ちくば》の友《とも》 ⬇友《とも》（84ページ） ■ 馬子《まご》にも衣装《いしょう》 ⬇馬子《まご》（90ページ） ■ 犬馬《けんば》の労《ろう》 ⬇犬《いぬ》（171ページ） ■ 天高《てんたか》く馬《うま》肥《こ》ゆる秋《あき》 ⬇天《てん》（272ページ）

牛《うし》と豚《ぶた》

188

角《つの》を矯《た》めて牛《うし》を殺《ころ》す ● 牛《うし》に引《ひ》かれて善光寺参《ぜんこうじまい》り ● 牛《うし》の歩《あゆ》み ● 豚《ぶた》に真珠《しんじゅ》

鼠《ねずみ》

191

窮鼠《きゅうそ》猫《ねこ》を噛《か》む ● 濡《ぬ》れ鼠《ねずみ》 ● 袋《ふくろ》の鼠《ねずみ》

鳥《とり》のなかま

193

雉《きじ》も鳴《な》かずば打《う》たれまい ● 鸚鵡返《おうむがえ》し ● 閑古鳥《かんこどり》が鳴《な》く ● 鳶《とび》に油揚《あぶらあ》げ ● 鳶《とび》が鷹《たか》を生《う》む ● 能《のう》ある鷹《たか》は爪《つめ》を隠《かく》す ● 鵜《う》の目《め》鷹《たか》の目《め》 ● 鵜呑《うの》みにする ● 鵜《う》の真似《まね》をする烏《からす》水《みず》に溺《おぼ》れる ● 烏《からす》の行水《ぎょうずい》 ● 今泣《いまな》いた烏《からす》がもう笑《わら》った ● 鴨《かも》が葱《ねぎ》を背負《しょ》って来《く》る ● 雀《すずめ》の涙《なみだ》 ● 雀百《すずめひゃく》まで踊《おど》り忘《わす》れず ● 鶴《つる》の一声《ひとこえ》 ● 掃《は》き溜《だ》めに鶴《つる》 ● 鳩《はと》が豆鉄砲《まめでっぽう》を食《く》ったよう ● 目白押《めじろお》し ● 飛《と》ぶ鳥《とり》を落《お》とす勢《いきお》い ● 立《た》つ鳥跡《とりあと》を濁《にご》さず

一富士二鷹三茄子《いちふじにたかさんなすび》 ⬇一《いち》（299ページ）

魚《さかな》のなかま 206

鰯《いわし》の頭《あたま》も信心《しんじん》から ● 鰻《うなぎ》の寝床《ねどこ》 ● 海老《えび》で鯛《たい》を釣《つ》る ● 腐《くさ》っても鯛《たい》 ● 鯖《さば》を読《よ》む ● 俎板《まないた》の鯉《こい》 ● とどのつまり ● 逃《に》がした魚《さかな》は大《おお》きい ● 魚心《うおごころ》あれば水心《みずごころ》 ● 水《みず》を得《え》た魚《うお》のよう

虫《むし》のなかま 212

虻蜂《あぶはち》取《と》らず ● 泣《な》きっ面《つら》に蜂《はち》 ● 蜂《はち》の巣《す》をつついたよう ● 蚊《か》の鳴《な》くような声《こえ》 ● 頭《あたま》の上《うえ》の蠅《はえ》を追《お》え ● 尻切《しりき》れ蜻蛉《とんぼ》 ● 蟻《あり》の這《は》い出《で》る隙《すき》もない ● 蟷螂《とうろう》の斧《おの》 ● 蜘蛛《くも》の子《こ》を散《ち》らす ● 飛《と》んで火《ひ》に入《い》る夏《なつ》の虫《むし》 ● 一寸《いっすん》の虫《むし》にも五分《ごぶ》の魂《たましい》 ● 虫《むし》の息《いき》 ● 苦虫《にがむし》を噛《か》み潰《つぶ》したよう ● 虫《むし》がいい ● 虫《むし》が好《す》かない ● 虫《むし》の知《し》らせ ● 虫《むし》の居所《いどころ》が悪《わる》い

腹《はら》の虫《むし》が治《おさ》まらない ➡腹《はら》（22ページ）

■獅子身中《しししんちゅう》の虫《むし》 ➡獅子《しし》（179ページ）

蛙《かえる》と蛇《へび》と亀《かめ》 222

蛙《かえる》の子《こ》は蛙《かえる》 ● 蛙《かえる》の面《つら》へ水《みず》 ● 井《い》の中《なか》の蛙大海《かわずたいかい》を知《し》らず ● 蛇《へび》に見込《みこ》まれた蛙《かえる》 ● 藪蛇《やぶへび》 ● 蛇足《だそく》 ● 長蛇《ちょうだ》の列《れつ》 ● 亀《かめ》の甲《こう》より年《とし》の功《こう》

鬼《おに》と妖怪《ようかい》 228

鬼《おに》に金棒《かなぼう》 ● 鬼《おに》の目《め》にも涙《なみだ》 ● 鬼《おに》の居《い》ぬ間《ま》に洗濯《せんたく》 ● 鬼《おに》の首《くび》を取《と》ったよう ● 心《こころ》を鬼《おに》にする ● 渡《わた》る世間《せけん》に鬼《おに》はない ● 来年《らいねん》の事《こと》を言《い》えば鬼《おに》が笑《わら》う ● 河童《かっぱ》に水練《すいれん》 ● 河童《かっぱ》の川流《かわなが》れ ● 陸《おか》へ上《あ》がった河童《かっぱ》 ● 天狗《てんぐ》になる

猫《ねこ》に小判《こばん》

つかいかた 小《ちい》さな子《こ》に高価《こうか》なカメラを見《み》せても猫《ねこ》に小判《こばん》で、ちっとも喜《よろこ》ばない。

いみ どんなにすぐれたものでも、価値《かち》がわからない人《ひと》には、何《なん》の役《やく》にも立《た》たないということ。

さんこう 「小判《こばん》」は江戸時代《えどじだい》に使《つか》われていた金貨《きんか》。今《いま》なら十万円《じゅうまんえん》ぐらいの価値《かち》がある。猫《ねこ》に小判《こばん》をやっても、ありがたがらないということから。

にたいみのことば 豚《ぶた》に真珠《しんじゅ》（↓190ページ）

もっとわかる

「役《やく》に立《た》たない」意味《いみ》のことば

- 無用《むよう》の長物《ちょうぶつ》（あっても何《なん》の役《やく》にも立《た》たず、かえってじゃまになるもの）
- 絵《え》に描《か》いた餅《もち》（見《み》た目《め》はいいが実際《じっさい》には役《やく》に立《た》たないもの）↓152ページ
- 畳《たたみ》の上《うえ》の水練《すいれん》（理屈《りくつ》はわかっていても、実際《じっさい》の役《やく》に立《た》たないこと）
- 机上《きじょう》の空論《くうろん》（頭《あたま》の中《なか》で考《かんが》えただけの、役《やく》に立《た》たない考《かんが》えや計画《けいかく》）

猫《ねこ》とは？…昔《むかし》から人《ひと》に飼《か》われている動物《どうぶつ》。爪《つめ》がするどく、鼠《ねずみ》をとる。

猫《ねこ》に鰹節《かつおぶし》

つかいかた 食《く》いしん坊《ぼう》の兄《あに》にみんなのおやつを預《あず》けておくなんて、猫《ねこ》に鰹節《かつおぶし》だ。

いみ まちがいをおこしやすい状態《じょうたい》にあること。油断《ゆだん》ができずに、危険《きけん》であること。

さんこう 好物《こうぶつ》の鰹節《かつおぶし》を猫《ねこ》のそばに置《お》くことから。

猫（ねこ）

猫《ねこ》の手《て》も借《か》りたい

つかいかた 引《ひ》っ越《こ》しで、猫《ねこ》の手《て》も借《か》りたいほどいそがしい。

いみ 非常《ひじょう》にいそがしくて人《ひと》が足《た》りないこと。

さんこう 人手《ひとで》が足《た》りなくて、猫《ねこ》にさえ手伝《てつだ》ってもらいたいという意味《いみ》。

4 いきもの

猫撫《ねこな》で声《ごえ》…人《ひと》の気《き》を引《ひ》くようなあまえ声《ごえ》。

猫《ねこ》の額《ひたい》

つかいかた 猫《ねこ》の額《ひたい》ほどの小《ちい》さい庭《にわ》。

いみ とてもせまいこと。

さんこう 猫《ねこ》の額《ひたい》がせまいことから。

もっとわかる 「額《ひたい》」を使《つか》うことば

- 額《ひたい》を集《あつ》める（集《あつ》まって相談《そうだん》する）

猫（ねこ）

猫《ねこ》の目《め》のよう

つかいかた 野菜《やさい》の値段《ねだん》が、猫《ねこ》の目《め》のようにくるくる変《か》わる。

いみ 変化《へんか》の激《はげ》しいようす。

さんこう 猫《ねこ》のひとみは明《あか》るさによって形《かたち》を変《か》えることから。

4 いきもの

猫《ねこ》の首《くび》に鈴《すず》を付《つ》ける…いい考《かんが》えだが、実際《じっさい》には難《むずか》しいこと。

猫（ねこ）

猫《ねこ》を被《かぶ》る

つかいかた 暴《あば》れん坊《ぼう》の弟《おとうと》だが、他人《たにん》の前《まえ》では猫《ねこ》を被《かぶ》っている。

いみ 本当《ほんとう》の性質《せいしつ》をかくして、おとなしそうに見《み》せる。

さんこう 猫《ねこ》になったようにおとなしくすることから。「猫被《ねこかぶ》りをする」ともいう。

借《か》りてきた猫《ねこ》

つかいかた いつもやんちゃな妹《いもうと》だが、よその人《ひと》の前《まえ》では借《か》りてきた猫《ねこ》のようになる。

いみ ふだんとちがい、おとなしく小《ちい》さくなっているようす。

さんこう 鼠《ねずみ》をとるようにと借《か》りてきた猫《ねこ》が、慣《な》れない所《ところ》で小《ちい》さくなっているようすから。

4 いきもの

猫可愛《ねこかわい》がり…猫《ねこ》を可愛《かわい》がるように、あまやかして可愛《かわい》がること。

犬《いぬ》も歩《ある》けば棒《ぼう》に当《あ》たる

つかいかた まめに古本屋《ふるほんや》をのぞいていると、犬《いぬ》も歩《ある》けば棒《ぼう》に当《あ》たるで、貴重《きちょう》な本《ほん》が見《み》つかることもある。

いみ しなくてもよいことをして、思《おも》いがけない悪《わる》い目《め》にあったり、よいことにぶつかったりすること。

さんこう 犬《いぬ》が外《そと》を歩《ある》くと、棒《ぼう》で打《う》たれることもあり、また、よいものに出《で》あうこともあるという意味《いみ》。

もっとわかる

「棒《ぼう》」を使《つか》うことば ➡124ページ

「当《あ》たる」を使《つか》うことば

- 当《あ》たるも八卦《はっけ》当《あ》たらぬも八卦《はっけ》（「八卦《はっけ》」は占《うらな》い。占《うらな》いは、当《あ》たることもあれば当《あ》たらないこともあるから、気《き》にするな）➡310ページ
- 図《ず》に当《あ》たる（思《おも》ったとおりになる）
- 下手《へた》な鉄砲《てっぽう》も数撃《かずう》ちゃ当《あ》たる（下手《へた》でも数多《かずおお》くやれば、まぐれでうまくいくこともある）➡139ページ

吠《ほ》える犬《いぬ》は噛《か》み付《つ》かぬ…むやみにいばる人《ひと》は、たいてい何《なに》もできない。

犬《いぬ》が西《にし》向《む》きゃ尾《お》は東《ひがし》

つかいかた
犬《いぬ》が西《にし》向《む》きゃ尾《お》は東《ひがし》で、いたずらをすればしかられるのは当然《とうぜん》だ。

いみ
当《あ》たり前《まえ》で、何《なん》の不思議《ふしぎ》もないこと。

さんこう
犬《いぬ》が顔《かお》を西《にし》の方角《ほうがく》に向《む》けると、その尾《お》は東《ひがし》の方角《ほうがく》を向《む》くという意味《いみ》。

にたいみのことば
雨《あめ》の降《ふ》る日《ひ》は天気《てんき》が悪《わる》い

もっとわかる

「尾《お》」を使《つか》うことば
- 虎《とら》の尾《お》を踏《ふ》む（危《あぶ》ないことをすること）➡182ページ
- 尾鰭《おひれ》が付《つ》く（話《はなし》が大《おお》げさになる）
- 尾《お》を引《ひ》く（後々《のちのち》まで影響《えいきょう》が続《つづ》く）

「東《ひがし》・西《にし》」を使《つか》うことば
- 西《にし》も東《ひがし》も分《わ》からない（どうすればよいか分《わ》からない）
- 洋《よう》の東西《とうざい》を問《と》わず（東洋《とうよう》・西洋《せいよう》の区別《くべつ》なく。世界中《せかいじゅう》）

利口《りこう》で人《ひと》の言《い》うことをよく聞《き》き、家《いえ》の番《ばん》をしたり猟《りょう》に使《つか》われたりする。

犬《いぬ》も食《く》わぬ

つかいかた
夫婦《ふうふ》げんかは犬《いぬ》も食《く》わぬ。

いみ
ばからしくて、相手《あいて》にされないこと。何《なん》でも食《た》べる犬《いぬ》でさえ食《た》べないほど、味《あじ》がまずいということから。

犬（いぬ・けん）

犬《いぬ》に論語《ろんご》

つかいかた
あのいたずらっ子《こ》に、いくら注意《ちゅうい》したところで、犬《いぬ》に論語《ろんご》だよ。

いみ
理解《りかい》できない人《ひと》には、いくら道理《どうり》を説《と》いてもむだである。犬《いぬ》に『論語《ろんご》』（孔子《こうし》の教《おし》えが書《か》かれている中国《ちゅうごく》の本《ほん》）を聞《き》かせてもむだだということ。

にたいみのことば
馬《うま》の耳《みみ》に念仏《ねんぶつ》（↓184ページ）
・馬耳東風《ばじとうふう》

? 犬《いぬ》とは？…昔《むかし》から人《ひと》に飼《か》われている動物《どうぶつ》。鼻《はな》がよくきき、においをかぎわける。

犬《いぬ》の遠吠《とおぼ》え

つかいかた あんな陰口《かげぐち》、どうせ犬《いぬ》の遠吠《とおぼ》えさ。気《き》にしないよ。

いみ おくびょうな人《ひと》が、陰《かげ》で、いばったり悪口《わるくち》を言《い》ったりすること。

さんこう 弱《よわ》い犬《いぬ》は、安全《あんぜん》な遠《とお》い所《ところ》から、相手《あいて》に吠《ほ》えかかることから。

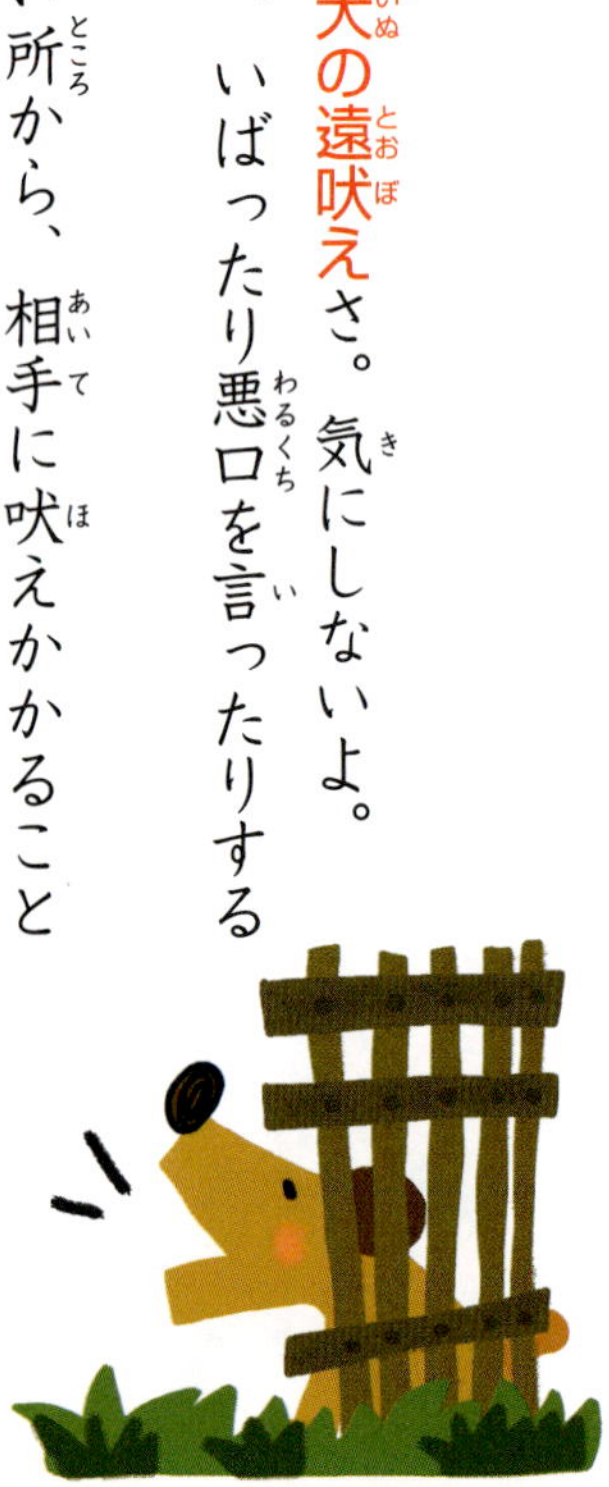

犬（いぬ・けん）

飼《か》い犬《いぬ》に手《て》を噛《か》まれる

つかいかた 長年《ながねん》、世話《せわ》をしていた部下《ぶか》に裏切《うらぎ》られるとは、飼《か》い犬《いぬ》に手《て》を噛《か》まれる思《おも》いだ。

いみ ふだんかわいがってめんどうをみていたものに裏切《うらぎ》られ、ひどい目《め》にあうこと。

犬《いぬ》は三日《みっか》飼《か》えば三年恩《さんねんおん》を忘《わす》れぬ…犬《いぬ》は飼《か》い主《ぬし》によく従《したが》うものだ。

犬《けん》猿《えん》の仲《なか》

つかいかた
あの二人《ふたり》は犬猿《けんえん》の仲《なか》で、会《あ》うたびにけんかになる。

いみ
犬《いぬ》と猿《さる》は仲《なか》が悪《わる》いということから、とても仲《なか》が悪《わる》い関係《かんけい》。

さんこう
「犬《いぬ》と猿《さる》」ともいう。

もっとわかる
「猿《さる》」を使《つか》うことば ➡172ページ

犬（いぬ・けん）

犬《けん》馬《ば》の労《ろう》

つかいかた
恩人《おんじん》のためなら喜《よろこ》んで犬馬《けんば》の労《ろう》をとるつもりだ。

いみ
人《ひと》のために、力《ちから》をつくして働《はたら》くこと。自分《じぶん》の行《おこな》いをへりくだって言《い》うことば。

さんこう
犬《いぬ》や馬《うま》が主人《しゅじん》のためにつくすようにするという意味《いみ》。

犬《いぬ》の尾《お》を食《く》うて回《まわ》る…苦労《くろう》してもむくわれないこと。

猿《さる》も木《き》から落《お》ちる

つかいかた 猿《さる》も木《き》から落《お》ちるで、国語《こくご》の先生《せんせい》でも字《じ》をまちがえることがある。

いみ 名人《めいじん》にも失敗《しっぱい》することがある。どんな人《ひと》にもまちがいはあるということ。

さんこう 猿《さる》も、たまには木《き》から落《お》ちるという意味《いみ》。

にたいみのことば 弘法《こうぼう》にも筆《ふで》の誤《あやま》り（⬇114ページ）●河童《かっぱ》の川《かわ》流《なが》れ（⬇233ページ）●上手《じょうず》の手《て》から水《みず》が漏《も》れる（⬇244ページ）

もっとわかる

「木《き》」を使《つか》うことば ⬇257ページ

「落《お》ちる」を使《つか》うことば

- 目《め》から鱗《うろこ》が落《お》ちる（本当《ほんとう》のことが、急《きゅう》にはっきりわかる）
- 雷《かみなり》が落《お》ちる（目上《めうえ》の人《ひと》からひどくしかられる）
- 頬《ほお》が落《お》ちる（とてもおいしい）⬇43ページ
- 地《ち》に落《お》ちる（評判《ひょうばん》や権威《けんい》などが、すっかりだめになる）⬇274ページ

猿《さる》とは？…人間《にんげん》に似《に》ていて、顔《かお》や尻《しり》の赤《あか》い動物《どうぶつ》。木登《きのぼ》りが得意《とくい》。

見《み》猿《ざる》聞《き》か猿《ざる》言《い》わ猿《ざる》

つかいかた 他人《たにん》のけんかに口《くち》出《だ》ししないで、見《み》猿《ざる》聞《き》か猿《ざる》言《い》わ猿《ざる》を押《お》し通《とお》そう。

いみ よけいなことは見《み》ない、聞《き》かない、言《い》わないのが身《み》のためだということ。

さんこう 「…しない」の意味《いみ》の「ざる」と「猿《さる》」をひっかけたことば。それぞれ両目《りょうめ》・両耳《りょうみみ》・口《くち》を手《て》でおさえた三匹《さんびき》の猿《さる》で表《あらわ》す。「三猿《みざる》」「三猿《さんえん》」ともいう。

もっとわかる

「見《み》ない」「聞《き》かない」「言《い》わない」を使《つか》うことば

- 木《き》を見《み》て森《もり》を見《み》ず（細《こま》かいところに気《き》を取《と》られて、全体《ぜんたい》を見失《みうしな》ってしまうことのたとえ）
- 聞《き》くは一時《いっとき》の恥《はじ》、聞《き》かぬは一生《いっしょう》の恥《はじ》（わからないことは、すぐに人《ひと》に聞《き》きなさい）
- 言《い》わぬが花《はな》（あまりはっきりと口《くち》に出《だ》して言《い》わないほうがいい）

猿《さる》に烏帽子《えぼし》…つまらない者《もの》がえらそうにすること。「烏帽子《えぼし》」は、昔《むかし》の帽子《ぼうし》。

猿《さる》に木《き》登《のぼ》り

つかいかた 彼《かれ》にテニスを教《おし》えるなんて、猿《さる》に木《き》登《のぼ》りだよ。

いみ 上手《じょうず》な人《ひと》に教《おし》えこもうとする、見当《けんとう》ちがいなこと。

さんこう 木《き》登《のぼ》りが得意《とくい》な猿《さる》に、木《き》登《のぼ》りを教《おし》えるという意味《いみ》。

にたいみのことば 釈迦《しゃか》に説法《せっぽう》（↓158ページ）・河童《かっぱ》に水練《すいれん》（↓232ページ）

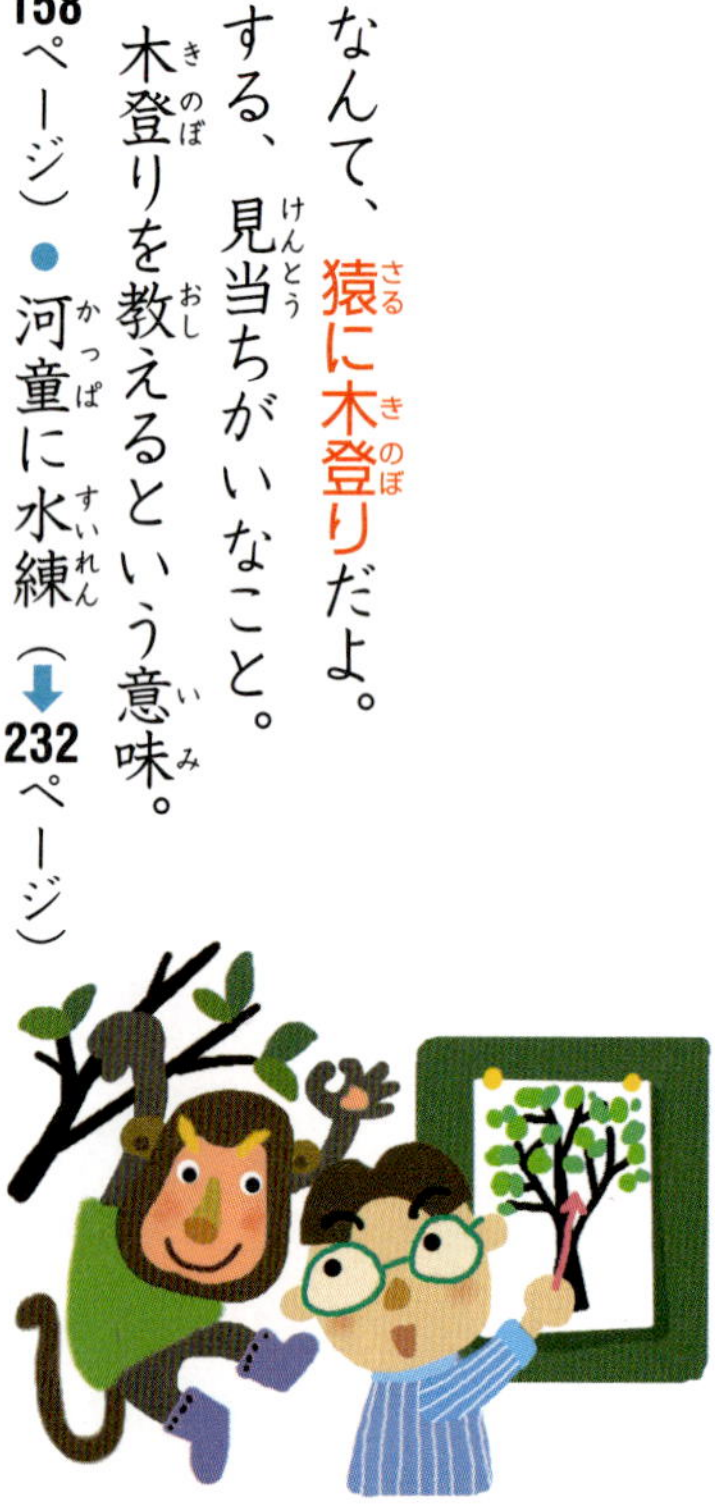

猿（さる）

猿《さる》真似《まね》

つかいかた 猿真似《さるまね》はやめて、自分《じぶん》らしい文章《ぶんしょう》を書《か》こう。

いみ 意味《いみ》をよく考《かんが》えもしないで、人《ひと》のことばや行動《こうどう》を、そのまま真似《まね》ること。

さんこう 猿《さる》は訳《わけ》もわからず真似《まね》るという意味《いみ》。「猿《さる》の人真似《ひとまね》」ともいう。

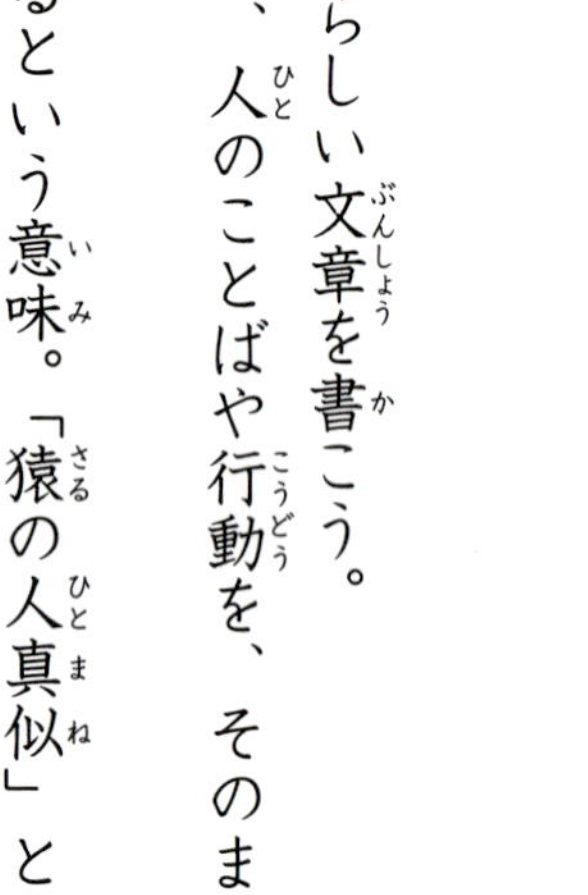

猿芝居《さるしばい》…すぐにわかってしまうような、浅《あさ》はかなたくらみ。

虎《とら》の威《い》を借《か》る狐《きつね》

つかいかた　あいつは、有名人《ゆうめいじん》と友達《ともだち》だからといって、虎《とら》の威《い》を借《か》る狐《きつね》になっている。

いみ　自分《じぶん》は力《ちから》がないのに、強《つよ》い者《もの》の力《ちから》を借《か》りていばる人《ひと》。

さんこう　「威《い》」は、威力《いりょく》。「借《か》る」は、借《か》りる。虎《とら》にとらえられた狐《きつね》が、「わたしは天《てん》の使《つか》いだから食《た》べると罰《ばち》が当《あ》たりますよ。うそだと思《おも》うなら付《つ》いて来《き》なさい」と言《い》う。虎《とら》が付《つ》いて行《い》くと、ほかの動物《どうぶつ》は虎《とら》をおそれてにげたが、虎《とら》は狐《きつね》をおそれてにげたのだと思《おも》いこみ、狐《きつね》のことばを信《しん》じたという話《はなし》から。

にたいみのことば　笠《かさ》に着《き》る（権力《けんりょく》をたのみにして勝手《かって》なことをする）

もっとわかる

「いばる」意味《いみ》のことば

- 大《おお》きな顔《かお》をする（えらそうな顔付《かおつ》きをする）
- 肩《かた》で風《かぜ》を切《き》る（得意《とくい》そうな態度《たいど》で、いばって歩《ある》く）
- 高飛車《たかびしゃ》に出《で》る（いばったようすで人《ひと》をおさえつける）

狐《きつね》とは？…口《くち》が突《つ》き出《で》て尾《お》が太《ふと》い動物《どうぶつ》。昔《むかし》は人《ひと》をだますと思《おも》われていた。

狐《きつね》につままれる

つかいかた 道《みち》をまちがえて元《もと》の場所《ばしょ》にもどってしまい、狐《きつね》につままれたようだった。

いみ どうしてこうなったのか、訳《わけ》がわからずぼんやりする。

さんこう 「つままれる」は、だまされる。狐《きつね》は人《ひと》を化《ば》かすとされることから。

狐（きつね）

狐《きつね》の嫁《よめ》入《い》り

つかいかた あれ、晴《は》れてるのに雨《あめ》が降《ふ》ってきた。狐《きつね》の嫁《よめ》入《い》りだ。

いみ 日《ひ》が照《て》って晴《は》れているのに、雨《あめ》がぱらつくこと。天気雨《てんきあめ》。

さんこう 狐火《きつねび》（夜《よる》、山野《さんや》に光《ひか》る青《あお》い炎《ほのお》）のこと。狐《きつね》が嫁入《よめい》りするちょうちんの行列《ぎょうれつ》と見立《みた》てて言《い》ったもの。

狐《きつね》を馬《うま》に乗《の》せたよう…落《お》ち着《つ》きのないこと。また、信用《しんよう》できないこと。

取《と》らぬ狸《たぬき》の皮算用《かわざんよう》

つかいかた

「もしも一億円《いちおくえん》が当《あ》たったら、あれも買《か》って、これも買《か》って…」「まったく、取《と》らぬ狸《たぬき》の皮算用《かわざんよう》だね」。

いみ

手《て》に入《はい》るかどうかわからない収入《しゅうにゅう》を当《あ》てにして、それをもとに計画《けいかく》を立《た》てること。当《あ》てにならない計画《けいかく》。

さんこう

「算用《さんよう》」は、金額《きんがく》を計算《けいさん》すること。狸《たぬき》をつかまえないうちから、その毛皮《けがわ》を売《う》って、いくらもうかるかと計算《けいさん》することから。「捕《と》らぬ狸《たぬき》の皮算用《かわざんよう》」とも書《か》く。

もっとわかる

「皮《かわ》」を使《つか》うことば

- 面《つら》の皮《かわ》が厚《あつ》い（ずうずうしい）
- 化《ば》けの皮《かわ》が剝《は》がれる（かくしていた正体《しょうたい》が現《あらわ》れる）
- 欲《よく》の皮《かわ》が突《つ》っ張《ば》る（とても欲張《よくば》りであるようす）
- 腹《はら》の皮《かわ》がよじれる（大笑《おおわら》いする）
- 一皮剝《ひとかわむ》ける（いろいろと経験《けいけん》して、前《まえ》より成長《せいちょう》する）

4 いきもの

狸《たぬき》とは？…穴《あな》にすみ、夜《よる》に活動《かつどう》する動物《どうぶつ》。昔《むかし》は人《ひと》をだますと思《おも》われていた。

狸《たぬき》寝《ね》入《い》り

つかいかた そうじを頼《たの》まれそうなので、あわてて狸《たぬき》寝《ね》入《い》りをした。

いみ ねむったふりをすること。

さんこう 狸《たぬき》は、おどろくと気絶《きぜつ》する習性《しゅうせい》があり、この習性《しゅうせい》が人《ひと》をだますために寝《ね》たふりをすると思《おも》われたことから。

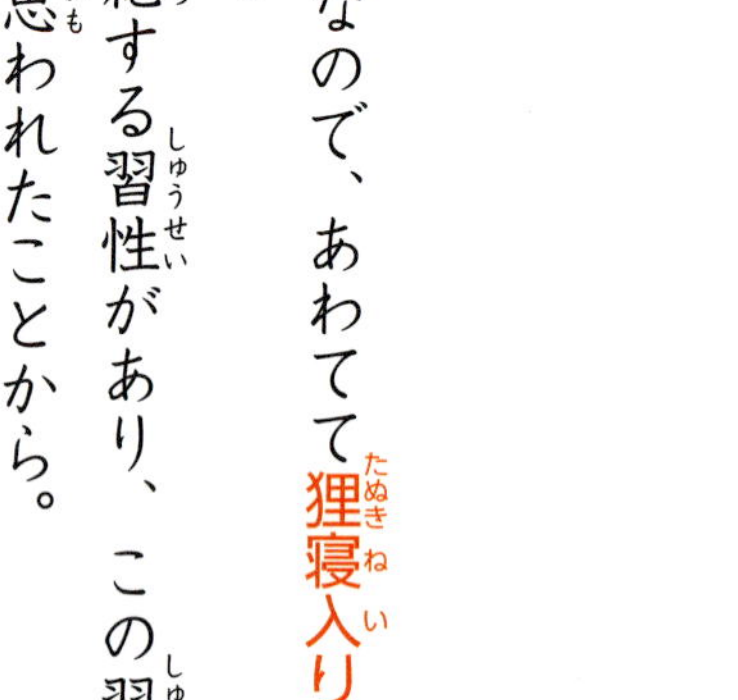

狸（たぬき）◆狢（むじな）

同《おな》じ穴《あな》の狢《むじな》

つかいかた 二人《ふたり》はおたがいの悪口《わるくち》を言《い》い合《あ》っているが、他人《たにん》から見《み》れば同《おな》じ穴《あな》の狢《むじな》だ。

いみ ちょっと見《み》ると別《べつ》のようで、実《じつ》は同《おな》じ悪《わる》い仲間《なかま》であること。

さんこう 別《べつ》の動物《どうぶつ》と思《おも》ったが、よく見《み》たら仲間《なかま》だったという意《い》味《み》。「同《おな》じ穴《あな》の狐《きつね》（狸《たぬき》）」「一《ひと》つ穴《あな》の狢《むじな》（狐《きつね》・狸《たぬき》）」ともいう。

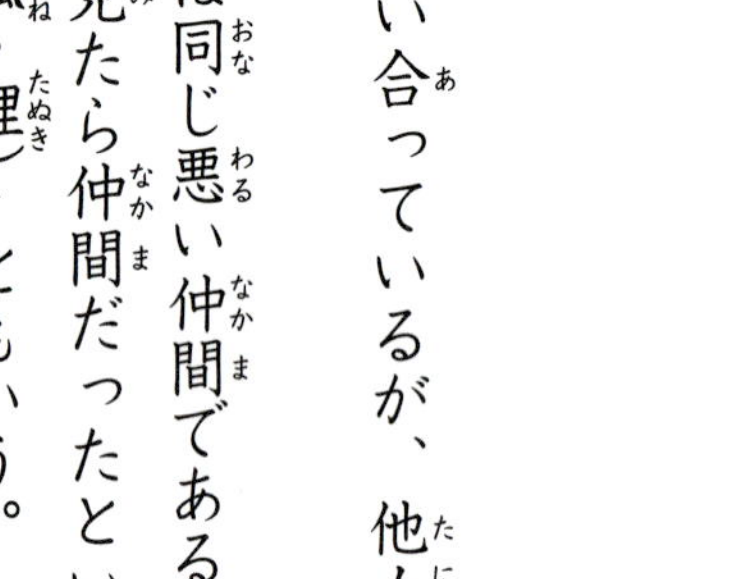

狢《むじな》とは？…狸《たぬき》に似《に》た「穴熊《あなぐま》」のこと。狸《たぬき》をさす場合《ばあい》もある。「貉《むじな》」とも書《か》く。

獅《し》子《し》身中《しんちゅう》の虫《むし》

つかいかた あいつはクラブの規律《きりつ》を乱《みだ》す、獅《し》子《し》身中《しんちゅう》の虫《むし》だ。

いみ 仲間《なかま》の一人《ひとり》であるのに裏切《うらぎ》って、内部《ないぶ》から災《わざわ》いをもたらす者《もの》のこと。

さんこう 「獅子《しし》」はライオンで、その体内《たいない》にすむ虫《むし》が、内部《ないぶ》から獅子《しし》を食《く》い荒《あ》らして害《がい》をあたえるという意味《いみ》。「獅子身中《ししんちゅう》の虫《むし》獅子《しし》を食《く》らう」ともいう。

もっとわかる

「虫《むし》」を使《つか》うことば ➡217ページ

「裏切《うらぎ》る」意味《いみ》のことば

- 恩《おん》を仇《あだ》で返《かえ》す（人《ひと》に恩《おん》を受《う》けながら、逆《ぎゃく》にひどいことをすること。「仇《あだ》」は害《がい》をあたえること）
- 飼《か》い犬《いぬ》に手《て》を噛《か》まれる（かわいがって、めんどうをみていたものに裏切《うらぎ》られること）➡170ページ
- 煮《に》え湯《ゆ》を飲《の》まされる（人《ひと》に裏切《うらぎ》られてひどい目《め》にあうこと）

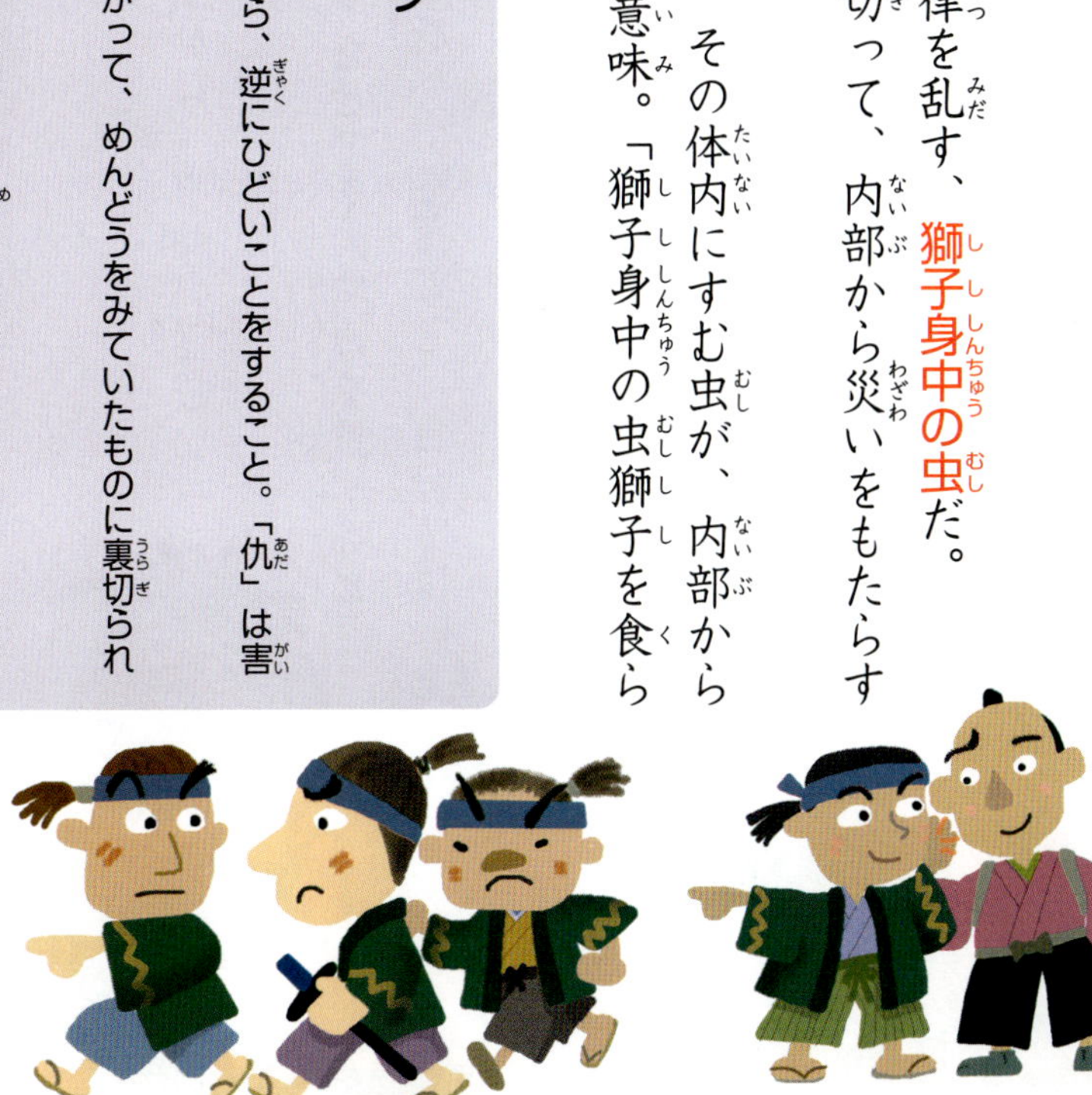

獅子《しし》とは？…ライオンのこと。百獣《ひゃくじゅう》の王《おう》とよばれる強《つよ》い動物《どうぶつ》。

獅子《しし》の子《こ》落《お》とし

つかいかた 獅子《しし》の子《こ》落《お》としというから、子供《こども》が望《のぞ》むなら一人旅《ひとりたび》を許《ゆる》してやりなさい。

いみ 自分《じぶん》の子《こ》に、わざと苦労《くろう》をさせてその能力《のうりょく》を試《ため》すこと。

さんこう 獅子《しし》は生《う》まれた子《こ》を谷底《たにそこ》へつき落《お》とし、自分《じぶん》ではい上《あ》がって来《き》た子《こ》だけを育《そだ》てるという言《い》い伝《つた》えから。

獅子（しし）

眠《ねむ》れる獅子《しし》

つかいかた 眠《ねむ》れる獅子《しし》が目《め》を覚《さ》ましたかのような十連勝《じゅうれんしょう》で、優勝《ゆうしょう》を果《は》たす。

いみ 今《いま》はおとなしくしているが、本当《ほんとう》は強《つよ》くて力《ちから》のあるおそろしいもののこと。

獅子奮迅《ししふんじん》…はげしい勢《いきお》いでものごとをすること。

虎《こ》穴《けつ》に入《い》らずんば虎《こ》子《じ》を得《え》ず

つかいかた 勇気《ゆうき》を出《だ》して留学《りゅうがく》してみよう、虎穴《こけつ》に入《い》らずんば虎《こ》子《じ》を得《え》ずだ。

いみ 危険《きけん》をおかさなければ大《おお》きな望《のぞ》みは果《は》たせない。身《み》の安《あん》全《ぜん》ばかり考《かんが》えていては、何《なに》も得《え》られないということ。

さんこう 虎《とら》の子《こ》を得《え》るには、虎《とら》のすむ穴《あな》に入《はい》らなければ得《え》られないという意味《いみ》。

はんたいのことば 君子《くんし》危《あや》うきに近寄《ちかよ》らず（立派《りっぱ》な人《ひと》は、危《あぶ》ない場所《ばしょ》に近寄《ちかよ》らない。↓93ページ）

もっとわかる

「穴《あな》」を使《つか》うことば

- 穴《あな》があったら入《はい》りたい（はずかしくて、かくれてしまいたい）↓321ページ
- 針《はり》の穴《あな》から天《てん》をのぞく（考《かんが》え方《かた》がせまいことのたとえ）
- 墓穴《ぼけつ》を掘《ほ》る（自分《じぶん》で身《み》をほろぼす原因《げんいん》を作《つく》る）
- 同《おな》じ穴《あな》の狢《むじな》（同《おな》じ悪《わる》い仲間《なかま》のこと）↓178ページ

虎《とら》とは？…森林《しんりん》にすむ、おそろしい肉食動物《にくしょくどうぶつ》。

虎（とら・こ）

虎《とら》の尾《お》を踏《ふ》む

つかいかた
初心者《しょしんしゃ》が雪山登山《ゆきやまとざん》なんて、虎《とら》の尾《お》を踏《ふ》むようなものだ。

いみ
非常《ひじょう》に危《あぶ》ないことをすること。

さんこう
「虎《とら》の尾《お》を踏《ふ》むような」という意味《いみ》。

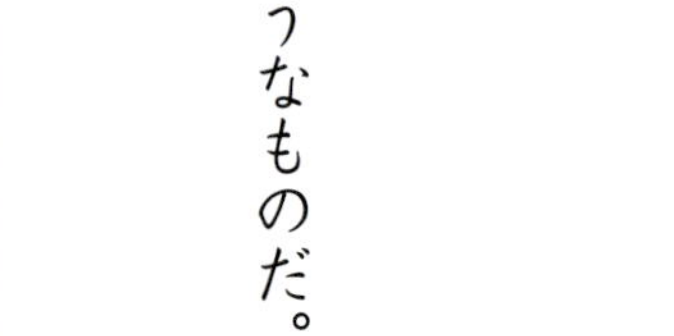

前門《ぜんもん》の虎《とら》、後門《こうもん》の狼《おおかみ》

つかいかた
前門《ぜんもん》の虎《とら》、後門《こうもん》の狼《おおかみ》で、台風《たいふう》が去《さ》ったと思《おも》ったら、今度《こんど》は火山《かざん》が噴火《ふんか》した。

いみ
一《ひと》つの災難《さいなん》をやっと防《ふせ》ぐと、すぐ別《べつ》の災難《さいなん》にあうこと。

さんこう
表《おもて》の門《もん》に虎《とら》がやってきたので追《お》いはらうと、裏《うら》の門《もん》から狼《おおかみ》が入《はい》ろうとしているという意味《いみ》。

にたいみのことば
一難《いちなん》去《さ》ってまた一難《いちなん》（↓301ページ）

虎《とら》を野《の》に放《はな》つ…災《わざわ》いのもととなる危険《きけん》なものを、野放《のばな》しにすること。

虎《とら》の子《こ》

つかいかた

虎《とら》の子《こ》のお金《かね》をはたいて、ずっとほしかった植物図《しょくぶつず》鑑《かん》を買《か》った。

いみ

大切《たいせつ》にとってあるお金《かね》や品物《しなもの》。とっておきの物《もの》。

さんこう

虎《とら》は、自分《じぶん》の子《こ》をとても大事《だいじ》にすることから。

虎（とら・こ）

張《は》り子《こ》の虎《とら》

つかいかた

強《つよ》がって大声《おおごえ》を出《だ》しているけれど、あの人《ひと》はしょせん張《は》り子《こ》の虎《とら》さ。

いみ

弱《よわ》いくせに強《つよ》そうに見《み》せようとする人《ひと》。

さんこう

「張《は》り子《こ》」は、木《き》の型《かた》に紙《かみ》を張《は》り重《かさ》ねて作《つく》ったもの。虎《とら》は虎《とら》でも、張《は》り子《こ》の虎《とら》では、ちっともこわくないことから。

虎口《ここう》を脱《だっ》する…危《あぶ》ない場所《ばしょ》や状態《じょうたい》からのがれる。

馬《うま》の耳《みみ》に念仏《ねんぶつ》

つかいかた 忘《わす》れ物《もの》をしないようにいくら言《い》って聞《き》かせても**馬《うま》の耳《みみ》に念仏《ねんぶつ》**で、まるで直《なお》らない。

いみ いくら言《い》っても何《なん》の効《き》き目《め》もないこと。何《なに》を言《い》っても知《し》らん顔《かお》をしていること。

さんこう 「念仏《ねんぶつ》」は、仏《ほとけ》の名《な》を唱《とな》えながらいのること。馬《うま》にありがたい念仏《ねんぶつ》を聞《き》かせてもむだだという意味《いみ》。

にたいみのことば 犬《いぬ》に論語《ろんご》（⬇169ページ）・馬耳東風《ばじとうふう》

もっとわかる

「耳《みみ》」を使《つか》うことば ⬇63ページ

「仏教《ぶっきょう》」と関係《かんけい》のあることば

- 三人《さんにん》寄《よ》れば文殊《もんじゅ》の知恵《ちえ》（「文殊《もんじゅ》」は知恵《ちえ》のある仏様《ほとけさま》。三人《さんにん》集《あつ》まって相談《そうだん》すれば、文殊《もんじゅ》のようなすぐれた知恵《ちえ》がわくものだ）⬇305ページ
- 坊主《ぼうず》憎《にく》けりゃ袈裟《けさ》まで憎《にく》い（その人《ひと》が憎《にく》いと、その人《ひと》に関係《かんけい》のあるものすべてが憎《にく》らしくなる）⬇92ページ

馬《うま》とは？…顔《かお》・首《くび》・足《あし》が長《なが》く、体《からだ》の大《おお》きな動物《どうぶつ》。足《あし》が速《はや》く力《ちから》も強《つよ》い。

馬《うま》が合《あ》う

つかいかた 山田君《やまだくん》とは、なんとなく馬《うま》が合《あ》うので、よくいっしょに出《で》かける。

いみ おたがいに、気持《きも》ちがぴったり合《あ》う。

さんこう 乗《の》り手《て》と馬《うま》の息《いき》が合《あ》うという意味《いみ》。

馬（うま・ば）

生《い》き馬《うま》の目《め》を抜《ぬ》く

つかいかた 生《い》き馬《うま》の目《め》を抜《ぬ》くような現代社会《げんだいしゃかい》。

いみ 動《うご》きがすばしこく、少《すこ》しも油断《ゆだん》ができないようす。情《なさ》け容赦《ようしゃ》のないようす。

さんこう 生《い》きている馬《うま》の目《め》を、知《し》らないうちに抜《ぬ》きとるほどすばやいことから。

馬車馬《ばしゃうま》のよう…わき目《め》もふらずに、一生懸命働《いっしょうけんめいはたら》くようす。

どこの馬《うま》の骨《ほね》

つかいかた どこの馬《うま》の骨《ほね》かわからない男《おとこ》に金《かね》は貸《か》せない。

いみ 正体《しょうたい》や実体《じったい》の知《し》れないやつ。よく知《し》らない相手《あいて》をののしっていうことば。

さんこう 「馬《うま》の骨《ほね》」は、身元《みもと》の知《し》れない者《もの》をばかにしたことば。

馬（うま・ば）

尻《しり》馬《うま》に乗《の》る

つかいかた 尻馬《しりうま》に乗《の》ってさわぎ立《た》てる。

いみ ほかの人《ひと》の言《い》ったりしたりすることに、よく考《かんが》えずに従《したが》うこと。

さんこう 「尻馬《しりうま》」は、他人《たにん》の乗《の》っている馬《うま》の後《うし》ろ。また、前《まえ》を行《い》く馬《うま》の後《うし》ろ。

馬齢《ばれい》を重《かさ》ねる…年《とし》を取《と》ることを、けんそんして言《い》うことば。

馬《ば》脚《きゃく》を露《あらわ》す

つかいかた　知《し》ったかぶりをしていたが、先生《せんせい》にまちがいを指摘《してき》されて馬《ば》脚《きゃく》を露《あらわ》した。

いみ　かくしていたことや本当《ほんとう》の姿《すがた》が、人《ひと》に知《し》られてしまうこと。

さんこう　「馬《ば》脚《きゃく》」は、芝居《しばい》で馬《うま》の脚《あし》の役《やく》をする人《ひと》のこと。芝居《しばい》中《ちゅう》にうっかり人《ひと》の姿《すがた》を見《み》せてしまうということから。「馬《ば》脚《きゃく》を現《あらわ》す」とも書《か》く。

にたいみのことば　尻尾《しっぽ》を出《だ》す（↓329ページ）● ぼろが出《で》る ● 化《ば》けの皮《かわ》が剥《は》がれる

もっとわかる

「脚《きゃく》」を使《つか》うことば

● 脚光《きゃっこう》を浴《あ》びる（舞台《ぶたい》に立《た》ってライトを浴《あ》びるということから、たくさんの人《ひと》から注目《ちゅうもく》される）↓325ページ

● 二人三脚《ににんさんきゃく》（二人《ふたり》が協力《きょうりょく》し合《あ》ってものごとを行《おこな》うこと）

南船北馬《なんせんほくば》…あちこちに旅《たび》をすること。たえず旅《たび》を続《つづ》けること。

角《つの》を矯《た》めて牛《うし》を殺《ころ》す

つかいかた ことばづかいを直《なお》されたことが角《つの》を矯《た》めて牛《うし》を殺《ころ》すこととなり、無口《むくち》になってしまった。

いみ わずかな欠点《けってん》を直《なお》そうとして、かえって全体《ぜんたい》をだめにしてしまうこと。

さんこう 「矯《た》める」は、曲《ま》がったものを直《なお》す。曲《ま》がった角《つの》を無《む》理《り》に直《なお》そうとして牛《うし》を死《し》なせてしまうという意味《いみ》。

もっとわかる

「角《つの》」を使《つか》うことば

- 角突《つのつ》き合《あ》わせる（仲《なか》が悪《わる》くて、いつも争《あらそ》っている）

「殺《ころ》す」を使《つか》うことば

- 息《いき》を殺《ころ》す（呼吸《こきゅう》をおさえて、静《しず》かにしている）➡62ページ
- 小《しょう》の虫《むし》を殺《ころ》して大《だい》の虫《むし》を助《たす》ける（大《おお》きい事《こと》を成《な》しとげるためには、小《ちい》さい事《こと》がぎせいになってもやむを得《え》ない）
- 虫《むし》も殺《ころ》さない（おとなしくて、やさしそうなようす）

牛《うし》とは？…角《つの》のある力《ちから》の強《つよ》い動物《どうぶつ》。動《うご》きがのろい。

牛（うし）

牛《うし》に引《ひ》かれて善光寺参《ぜんこうじまい》り

つかいかた 兄《あに》につきあわされて始《はじ》めた将棋《しょうぎ》だが、牛《うし》に引《ひ》かれて善光寺参《ぜんこうじまい》りで、今《いま》では大会《たいかい》に出《で》るほどの腕前《うでまえ》になった。

いみ 自分《じぶん》の考《かんが》えでなく始《はじ》めたことが、知《し》らない間《ま》によい行《おこな》いになること。いやいやしているうちに、だんだん熱心《ねっしん》になること。

さんこう にげた牛《うし》を追《お》ったおばあさんが、知《し》らない間《ま》に長野《ながの》の善光寺《ぜんこうじ》に入《はい》り、それがきっかけで信心深《しんじんぶか》くなった話《はなし》から。

牛《うし》の歩《あゆ》み

つかいかた 牛《うし》の歩《あゆ》みではあるけれども、少《すこ》しずつ上達《じょうたつ》している。

いみ 進《すす》み方《かた》が非常《ひじょう》にゆっくりであること。

さんこう 牛《うし》の歩《ある》く速度《そくど》がのろいことから。

牛飲馬食《ぎゅういんばしょく》…たくさん飲《の》んだり食《た》べたりすること。

豚《ぶた》に真珠《しんじゅ》

つかいかた ぼくは野球《やきゅう》に興味《きょうみ》がないから、こんないいグローブをもらっても**豚《ぶた》に真珠《しんじゅ》**だよ。

いみ どんなに値打《ねう》ちがあるものでも、それがわからない人《ひと》には何《なん》の価値《かち》もないということ。

さんこう 豚《ぶた》に高価《こうか》な真珠《しんじゅ》をやることから。キリスト教《きょう》の『新約聖書《しんやくせいしょ》』にあることば。

にたいみのことば 猫《ねこ》に小判《こばん》（⬇163ページ）

もっとわかる

「聖書《せいしょ》」にあることば

- 目《め》から鱗《うろこ》が落《お》ちる（本当《ほんとう》のことが、急《きゅう》にはっきりわかる）
- 目《め》には目《め》を、歯《は》には歯《は》を（相手《あいて》にひどいことをされたら、同《おな》じ方法《ほうほう》でやり返《かえ》すこと）
- 笛吹《ふえふ》けど踊《おど》らず（あることをさせようと、先《さき》に立《た》って働《はたら》きかけるが、だれもついて来《こ》ないこと）

豚《ぶた》とは？…肉《にく》を食用《しょくよう》にする、イノシシを改良《かいりょう》した動物《どうぶつ》。

4 いきもの

窮《きゅう》鼠《そ》猫《ねこ》を嚙《か》む

つかいかた いつも最下位《さいかい》のチームだからといってあまくみるな、窮《きゅう》鼠《そ》猫《ねこ》を嚙《か》むぞ。

いみ どんなに弱《よわ》いものでも、必死《ひっし》になれば強《つよ》いものに立《た》ち向《む》かうことがあるということ。

さんこう 追《お》いつめられた鼠《ねずみ》（窮鼠《きゅうそ》）が、猫《ねこ》に反撃《はんげき》して嚙《か》みつくという意味《いみ》。

もっとわかる

「猫《ねこ》」を使《つか》うことば ➡163ページ

「嚙《か》む」を使《つか》うことば

- 飼《か》い犬《いぬ》に手《て》を嚙《か》まれる（かわいがって、めんどうをみていたものに裏切《うらぎ》られること）➡170ページ
- 唇《くちびる》を嚙《か》む（くやしさ、いかりなどをがまんする）
- ほぞを嚙《か》む（後悔《こうかい》する）
- 砂《すな》を嚙《か》むよう（おもしろみがなく、つまらないようす）
- 苦虫《にがむし》を嚙《か》み潰《つぶ》したよう（苦々《にがにが》しい顔《かお》をするようす）➡219ページ

鼠《ねずみ》とは？…するどい歯《は》を持《も》つ小《ちい》さな動物《どうぶつ》。家《いえ》やどぶにすむ。

濡《ぬ》れ鼠《ねずみ》

つかいかた

夕立《ゆうだち》にあってしまって、全身《ぜんしん》**濡《ぬ》れ鼠《ねずみ》**になった。

いみ

衣服《いふく》を着《き》たまま、全身《ぜんしん》がずぶ濡《ぬ》れになっているようす。

さんこう

水《みず》に濡《ぬ》れた鼠《ねずみ》のようだということから。

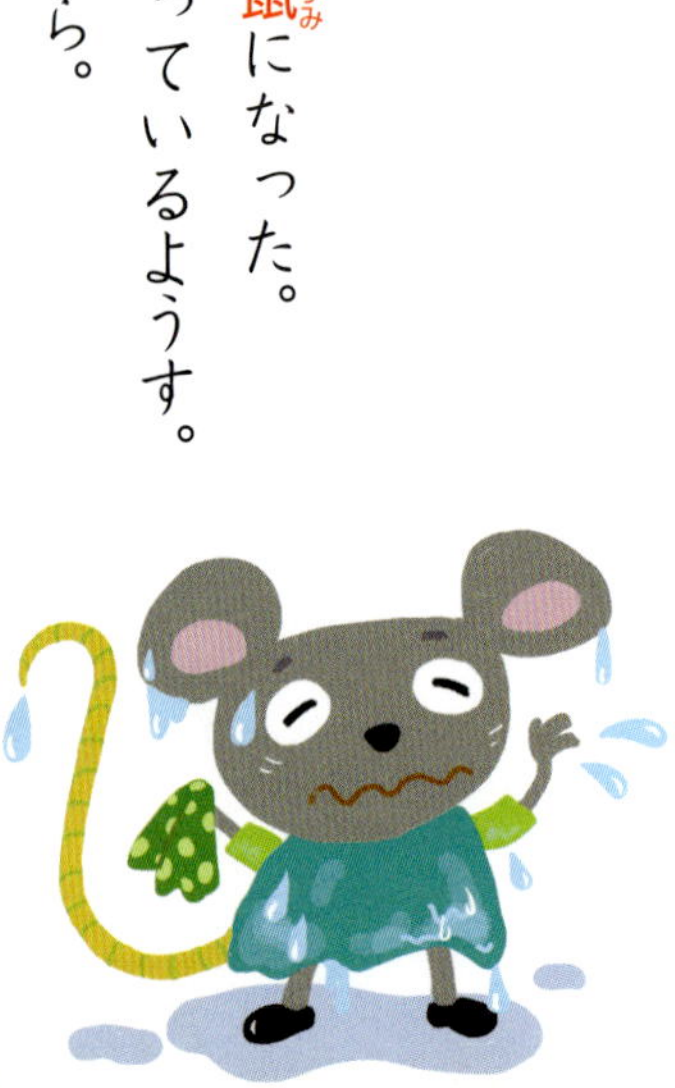

鼠（ねずみ・そ）

袋《ふくろ》の鼠《ねずみ》

つかいかた

犯人《はんにん》はすっかり取《と》り囲《かこ》まれて、**袋《ふくろ》の鼠《ねずみ》**だ。

いみ

追《お》いつめられて、にげ出《だ》せないこと。

さんこう

袋《ふくろ》に追《お》いこまれた鼠《ねずみ》の意味《いみ》。「袋《ふくろ》の中《なか》の鼠《ねずみ》」ともいう。

もっとわかる

「袋《ふくろ》」を使《つか》うことば

- 堪忍袋《かんにんぶくろ》の緒《お》が切《き》れる（がまんできずにいかりが爆発《ばくはつ》する）

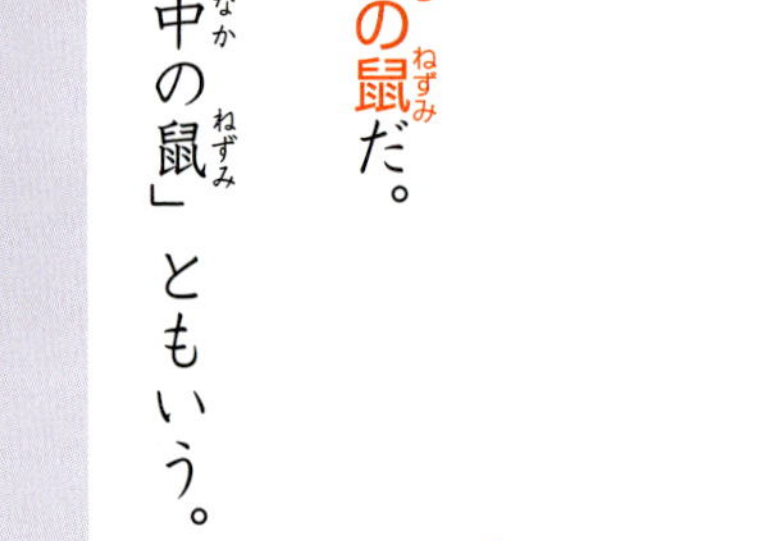

大山鳴動《たいざんめいどう》して鼠一匹《ねずみいっぴき》…さわぎばかり大《おお》きくて、結果《けっか》はごくわずかなこと。

雉《きじ》も鳴《な》かずば打《う》たれまい

つかいかた　雉《きじ》も鳴《な》かずば打《う》たれまいに、よけいなことを言《い》うからおこられるんだよ。

いみ　よけいなことを言《い》わなければ、災難《さいなん》にあわなくてもすむということ。雉《きじ》もかん高《だか》い声《こえ》で鳴《な》かなかったら、猟師《りょうし》に気《き》づかれないで打《う》たれなかったろうにという意味《いみ》。

さんこう　「雉《きじ》も鳴《な》かずば撃《う》たれまい」とも書《か》く。

鸚鵡《おうむ》返《がえ》し

つかいかた　「いっしょに行《い》く?」と聞《き》かれて、「いっしょに行《い》く」と鸚鵡《おうむ》返《がえ》しに答《こた》える。

いみ　相手《あいて》の言《い》ったことばを、そっくりそのまま言《い》い返《かえ》すこと。

鸚鵡《おうむ》とは？…人間《にんげん》のことばをまねてしゃべる鳥《とり》。

閑《かん》古《こ》鳥《どり》が鳴《な》く

つかいかた 不景気《ふけいき》で客《きゃく》が減《へ》り、店《みせ》に**閑古鳥《かんこどり》が鳴《な》いている**。

いみ 人《ひと》が集《あつ》まらないでひっそりとしているようす。商売《しょうばい》がはやらないようす。

さんこう 人《ひと》のいない山中《さんちゅう》で鳴《な》くことから。

鳶《とび》に油《あぶら》揚《あ》げ

つかいかた **鳶《とび》に油《あぶら》揚《あ》げ**で、大事《だいじ》に育《そだ》てた花《はな》を根《ね》こそぎ持《も》って行《い》かれてしまった。

いみ 大事《だいじ》にしているものを、横合《よこあ》いから突然《とつぜん》取《と》られること。

さんこう やっと手《て》に入《い》れた油《あぶら》揚《あ》げを、鳶《とび》に取《と》られてがっかりするということ。「鳶《とんび》に油《あぶら》揚《あ》げをさらわれる」ともいう。

閑古鳥《かんこどり》とは？…「カッコウ」のこと。カッコーカッコーと鳴《な》く夏《なつ》の鳥《とり》。

鳶《とび》が鷹《たか》を生《う》む

つかいかた 我《わ》が子《こ》がこんな有名《ゆうめい》な歌手《かしゅ》になるとは、鳶《とび》が鷹《たか》を生《う》むだね。

いみ 平凡《へいぼん》な親《おや》から、すぐれた子《こ》が生《う》まれること。

さんこう 鳶《とび》が、自分《じぶん》より姿形《すがたかたち》のすぐれた鷹《たか》を生《う》むという意味《いみ》。「鳶《とんび》が鷹《たか》を生《う》む」「鳶《とび》が孔雀《くじゃく》を生《う》む」ともいう。

はんたいのことば 瓜《うり》の蔓《つる》に茄子《なすび》はならぬ（↓146ページ）● 蛙《かえる》の子《こ》は蛙《かえる》（↓222ページ）

もっとわかる

「生《う》む」「産《う》む」を使《つか》うことば

- 口《くち》から先《さき》に生《う》まれる（おしゃべりな人《ひと》を悪《わる》く言《い》うことば）
- 生《う》みの親《おや》より育《そだ》ての親《おや》（生《う》んでくれただけの実《じつ》の親《おや》より、育《そだ》ててくれた親《おや》のほうがありがたい）↓81ページ
- 案《あん》ずるより産《う》むが易《やす》し（あれこれ心配《しんぱい》するよりも、実際《じっさい》にやってみると、意外《がい》に簡単《かんたん》にできるものだ）

鳶《とび》とは？…鷹《たか》に似《に》た、するどいくちばしを持《も》つ鳥《とり》。空高《そらたか》く輪《わ》をかいて飛《と》ぶ。

能《のう》ある鷹《たか》は爪《つめ》を隠《かく》す

つかいかた 能《のう》ある鷹《たか》は爪《つめ》を隠《かく》すだね、無口《むくち》な君《きみ》がこんなにも歌《うた》がうまいなんて知《し》らなかったよ。

いみ 本当《ほんとう》に実力《じつりょく》や才能《さいのう》のある人《ひと》は、やたらにそれを見《み》せびらかしたりはしないということ。

さんこう 鷹《たか》は、いつもは、そのおそろしい爪《つめ》を隠《かく》して見《み》せないことから。

もっとわかる

「爪《つめ》」を使《つか》うことば ➡70ページ

「隠《かく》す」を使《つか》うことば

● 頭隠《あたまかく》して尻隠《しりかく》さず（一部分《いちぶぶん》だけ隠《かく》して全部《ぜんぶ》隠《かく》したつもりのこと）➡35ページ

「才能《さいのう》がある」意味《いみ》のことば

● 頭角《とうかく》を現《あらわ》す（才能《さいのう》が、ほかの人《ひと》よりも特《とく》にすぐれて目立《めだ》つ）

● 鶏群《けいぐん》の一鶴《いっかく》（たくさんの鶏《にわとり》の中《なか》に鶴《つる》が一羽《いちわ》混《ま》じっていることから、たくさんの平凡《へいぼん》な人《ひと》の中《なか》に一人《ひとり》だけすぐれた人《ひと》がいること）

鷹《たか》とは？…するどいくちばしを持《も》つ鳥《とり》。小鳥《ことり》や鼠《ねずみ》などをとらえて食《た》べる。

鵜《う》の目《め》鷹《たか》の目《め》

つかいかた 掘《ほ》り出《だ》し物《もの》はないかと、鵜《う》の目《め》鷹《たか》の目《め》で探《さが》す。

いみ 何《なに》かを探《さが》すときの、熱心《ねっしん》な目付《めつ》き。

さんこう 鵜《う》や鷹《たか》がえさを探《さが》すときの、大《おお》きく見開《みひら》いたするどい目付《めつ》きから。

もっとわかる 「目《め》」を使《つか》うことば ↓44ページ

鵜《う》呑《の》みにする

つかいかた うわさ話《ばなし》をそのまま鵜《う》呑《の》みにするのはよくないよ。

いみ よくわからないまま受《う》け入《い》れること。

さんこう 鵜《う》が魚《さかな》を丸《まる》ごと呑《の》むようすから。

鵜《う》とは？…川《かわ》・湖《みずうみ》・海《うみ》にすむ水鳥《みずどり》。魚《さかな》をつかまえるのが得意《とくい》。

鵜《う》の真似《まね》をする烏《からす》水《みず》に溺《おぼ》れる

つかいかた

プロ野球選手《やきゅうせんしゅ》のような投球《とうきゅう》がしたいだなんて、鵜《う》の真似《まね》をする烏水《からすみず》に溺《おぼ》れるだよ。

いみ

自分《じぶん》の実力《じつりょく》や身《み》のほどを考《かんが》えないで、人《ひと》のまねをすると、失敗《しっぱい》するということ。

さんこう

同《おな》じ黒《くろ》い羽《はね》を持《も》ち、姿《すがた》が似《に》ているからといって、水鳥《みずどり》ではない烏《からす》が鵜《う》のまねをして魚《さかな》をとろうとすれば、水《みず》に溺《おぼ》れてしまうということから。略《りゃく》して「鵜《う》の真似《まね》をする烏《からす》」ともいう。

もっとわかる

「溺《おぼ》れる」を使《つか》うことば

● 溺《おぼ》れる者《もの》は藁《わら》をもつかむ（困《こま》っているときは、たよりにならないものにまですがりつこうとする）⬇252ページ

● 策士《さくし》策《さく》に溺《おぼ》れる（はかりごとの上手《じょうず》な人《ひと》は、それにたよりすぎてかえって失敗《しっぱい》する）

烏《からす》とは？…体《からだ》が真《ま》っ黒《くろ》で、くちばしの大《おお》きい鳥《とり》。

烏《からす》の行水《ぎょうずい》

つかいかた えっ、さっき入《はい》ったばかりなのにもう出《で》たの。烏《からす》の行水《ぎょうずい》だね。

いみ 風呂《ふろ》に入《はい》っている時間《じかん》が短《みじか》いこと。

さんこう 行水《ぎょうずい》は、たらいに水《みず》や湯《ゆ》を入《い》れて、体《からだ》を洗《あら》うこと。烏《からす》の水浴《みずあ》びに似《に》ているということから。

烏（からす）

今《いま》泣《な》いた烏《からす》がもう笑《わら》った

つかいかた あやしたらもうごきげんだ、今《いま》泣《な》いた烏《からす》がもう笑《わら》った。

いみ 今《いま》泣《な》いていたと思《おも》ったら、もう泣《な》きやんで笑《わら》っている。

さんこう 子供《こども》のきげんが変《か》わりやすいことを言《い》うことば。泣《な》く子《こ》を鳴《な》く烏《からす》にひっかけたことば。

闇《やみ》に烏《からす》…よく見分《みわ》けのつかないもののたとえ。

鴨《かも》が葱《ねぎ》を背負《しょ》って来《く》る

つかいかた
お金持《かねも》ちでお人《ひと》よしだなんて、さぎ師《し》にとっては**鴨《かも》が葱《ねぎ》を背負《しょ》って来《く》る**ようなものだ。

いみ
うまい話《はなし》の上《うえ》にうまい話《はなし》が重《かさ》なってやってくること。

さんこう
鴨鍋料理《かもなべりょうり》をしようとするときに、都合《つごう》よく、まるで鴨《かも》が葱《ねぎ》まで背負《しょ》ってやってくるようだという意味《いみ》。

雀《すずめ》の涙《なみだ》

つかいかた
一日中働《いちにちじゅうはたら》いたのに、**雀《すずめ》の涙《なみだ》**ほどのアルバイト代《だい》しかもらえなかった。

いみ
量《りょう》がごくわずかなようす。

さんこう
雀《すずめ》なら、涙《なみだ》の量《りょう》もごくわずかだろうということから。

鴨《かも》とは？…水鳥《みずどり》の一種《いっしゅ》。肉《にく》はおいしく、鍋料理《なべりょうり》などにして食《た》べる。

雀《すずめ》百《ひゃく》まで踊《おど》り忘《わす》れず

つかいかた

雀《すずめ》百《ひゃく》まで踊《おど》り忘《わす》れずで、祖《そ》母《ぼ》は今《いま》でもお手《て》玉《だま》がうまい。

いみ

どんなに年《とし》を取《と》っても、子供《こども》のころ習《なら》い覚《おぼ》えたことや身《み》に付《つ》けた習慣《しゅうかん》は、なかなかぬけないし、忘《わす》れないものだということ。

さんこう

「百《ひゃく》まで」は、年《とし》を取《と》って死《し》ぬまでの意《い》味《み》。雀《すずめ》はピョンピョンと飛《と》びはねるくせが、一生《いっしょう》ぬけないということから。「雀《すずめ》百《ひゃく》まで踊《おど》りは忘《わす》れぬ」ともいう。

にたいみのことば

三《み》つ子《ご》の魂《たましい》百《ひゃく》まで（↓304ページ）

もっとわかる

「百《ひゃく》」を使《つか》うことば ↓314ページ

「踊《おど》る」を使《つか》うことば

● 笛《ふえ》吹《ふ》けど踊《おど》らず（あることをさせようと先《さき》に立《た》って働《はたら》きかけても、だれもついてこないこと）

竹《たけ》に雀《すずめ》…取《と》り合《あ》わせのよいことのたとえ。

鶴《つる》の一声《ひとこえ》

つかいかた

部長《ぶちょう》の鶴《つる》の一声《ひとこえ》で、親善試合《しんぜんじあい》をすることになった。

いみ

実力《じつりょく》のある人《ひと》の一言《ひとこと》で、さわぎが静《しず》まったり、ものごとが決《き》まったりすること。

さんこう

鶴《つる》は鳴《な》き声《ごえ》が高《たか》く、あたりにひびきわたることから。

掃《は》き溜《だ》めに鶴《つる》

つかいかた

有名《ゆうめい》な女優《じょゆう》を見《み》かけたが、まさに掃《は》き溜《だ》めに鶴《つる》だ。

いみ

ごくありふれた場所《ばしょ》に、ふつりあいな美《うつく》しい人《ひと》やすぐれた人《ひと》がいること。

さんこう

「掃《は》き溜《だ》め」は、きたないごみ捨《す》て場《ば》。そこに、美《うつく》しい鶴《つる》が舞《ま》い下《お》りてきたという意味《いみ》。

鶴《つる》は千年《せんねん》亀《かめ》は万年《まんねん》…長生《ながい》きをしてめでたいこと。

鳩《はと》が豆鉄砲《まめでっぽう》を食《く》ったよう

つかいかた 兄《あに》に大《だい》ニュースを伝《つた》えたら、鳩《はと》が豆鉄砲《まめでっぽう》を食《く》ったような顔《かお》をしていた。

いみ 突然《とつぜん》のできごとに驚《おどろ》いて、目《め》を丸《まる》くしてきょとんとするようす。

さんこう 「豆鉄砲《まめでっぽう》」は、豆《まめ》を弾《たま》にしたおもちゃの鉄砲《てっぽう》。鳩《はと》が豆鉄《まめでっ》砲《ぽう》でうたれて、驚《おどろ》くようすに似《に》ていることから。「鳩《はと》に豆鉄砲《まめでっぽう》」ともいう。

もっとわかる

「鉄砲《てっぽう》」を使《つか》うことば ➡138ページ

「驚《おどろ》く」意味《いみ》のことば

- 驚《おどろ》き桃《もも》の木《き》山椒《さんしょ》の木《き》（とても驚《おどろ》いたということ。「驚《おどろ》き」の「き」に「木《き》」をかけた語呂合《ごろあ》わせ）
- 寝耳《ねみみ》に水《みず》（思《おも》いがけないできごとに驚《おどろ》くこと） ➡65ページ
- 声《こえ》を呑《の》む（驚《おどろ》きのあまり、声《こえ》が出《で》ない）

鳩《はと》とは？…平和《へいわ》のシンボルとされる鳥《とり》。神社《じんじゃ》や公園《こうえん》などにいる。

目白《めじろ》押《お》し

つかいかた 秋《あき》にはいろいろな行事《ぎょうじ》が**目白押《めじろお》し**だ。

いみ たくさんの人《ひと》や物《もの》が、ぎっしりと並《なら》んでいること。

さんこう 鳥《とり》の目白《めじろ》は、木《き》の枝《えだ》に並《なら》んで止《と》まり、押《お》し合《あ》いをするということから。

飛《と》ぶ鳥《とり》を落《お》とす勢《いきお》い

つかいかた 連戦連勝《れんせんれんしょう》で、**飛《と》ぶ鳥《とり》を落《お》とす勢《いきお》い**だ。

いみ 非常《ひじょう》に勢《いきお》いに乗《の》っているようす。

さんこう 空《そら》を飛《と》んでいる鳥《とり》までが、その勢《いきお》いにおされて落《お》ちるほどであるという意味《いみ》。

にたいみのことば 草木《くさき》もなびく（勢《いきお》いがさかんで、みんなが従《したが》うこと）

目白《めじろ》とは？…目《め》の回《まわ》りが白《しろ》く、美《うつく》しい声《こえ》で鳴《な》く小鳥《ことり》。

立《た》つ鳥《とり》跡《あと》を濁《にご》さず

つかいかた
立《た》つ鳥跡《とりあと》を濁《にご》さずにならって、キャンプをした跡《あと》はきちんと片付《かたづ》けていこう。

いみ
立《た》ち去《さ》るときは、跡《あと》が見苦《みぐる》しくないように片付《かたづ》け、きれいにしておくものだということ。また、引《ひ》きぎわがきれいであることのたとえ。

さんこう
水鳥《みずとり》が飛《と》び立《た》った跡《あと》の水面《すいめん》は、濁《にご》らないで清《きよ》くすんでいることから。「飛《と》ぶ鳥跡《とりあと》を濁《にご》さず」ともいう。

はんたいのことば
後《あと》は野《の》となれ山《やま》となれ（後《あと》のことは知《し》ったことではない。↓238ページ）

もっとわかる

「濁《にご》す」を使《つか》うことば
- お茶《ちゃ》を濁《にご》す（適当《てきとう》にごまかす）↓151ページ
- 口《くち》を濁《にご》す（あいまいに言《い》ってごまかす）
- 言葉《ことば》を濁《にご》す（はっきり言《い》わない）

鳥無《とりな》き里《さと》の蝙蝠《こうもり》…すぐれた人《ひと》がいない所《ところ》で、つまらない者《もの》がいばること。

鰯《いわし》の頭《あたま》も信心《しんじん》から

つかいかた

鰯《いわし》の頭《あたま》も信心《しんじん》からというが、姉《あね》の作《つく》ってくれたお守《まも》りのおかげで、発表会《はっぴょうかい》ではあがらずに済《す》んだ。

いみ

鰯《いわし》の頭《あたま》のようなつまらないものでも、それを魔《ま》よけになると信《しん》じる人《ひと》には、とてもありがたいものとなるということ。

さんこう

節分《せつぶん》の夜《よる》、柊《ひいらぎ》の枝《えだ》に鰯《いわし》の頭《あたま》をさして入《い》り口《ぐち》に置《お》くと、鬼《おに》が入《はい》って来《こ》ないという世間《せけん》の人々《ひとびと》の信仰《しんこう》から。

鰻《うなぎ》の寝床《ねどこ》

つかいかた

兄《あに》の住《す》むアパートは、鰻《うなぎ》の寝床《ねどこ》のようなせまい部屋《へや》だ。

いみ

奥行《おくゆ》きが長細《ながほそ》い家《いえ》や部屋《へや》のたとえ。

さんこう

もし鰻《うなぎ》に寝床《ねどこ》があれば、細長《ほそなが》いだろうという意味《いみ》。

鰻登《うなぎのぼ》り…物価《ぶっか》や温度《おんど》などが、どんどん上《あ》がっていくこと。

海老《えび》で鯛《たい》を釣《つ》る

つかいかた おすそわけのりんごを持《も》って行《い》ったら、お菓子《かし》をどっさりもらってしまった。**海老《えび》で鯛《たい》を釣《つ》る**だね。

いみ あまり手《て》をかけずに大《おお》きな利益《りえき》を得《え》ること。

さんこう 小《ちい》さな海老《えび》をえさにして、立派《りっぱ》な鯛《たい》を釣《つ》るという意味《いみ》。略《りゃく》して「海老鯛《えびたい》」ともいう。

もっとわかる

「得《とく》をする」意味《いみ》のことば

- 漁夫《ぎょふ》の利《り》（二人《ふたり》が争《あらそ》っているすきに、ほかの者《もの》が苦労《くろう》もなく利益《りえき》を横取《よこど》りすること）⬇90ページ
- 濡《ぬ》れ手《て》で粟《あわ》（楽《らく》に大《おお》もうけすること）⬇143ページ
- 残《のこ》り物《もの》には福《ふく》がある（人《ひと》が取《と》った後《あと》の最後《さいご》に残《のこ》った物《もの》には、思《おも》わぬよい物《もの》があるものだ）
- 甘《あま》い汁《しる》を吸《す》う（苦労《くろう》しないで、大《おお》きな利益《りえき》を得《え》る）
- 一石二鳥《いっせきにちょう》（一《ひと》つのことをして、同時《どうじ》に二《ふた》つのよいことを得《え》ること）

海老《えび》とは？…海《うみ》や川《かわ》にすみ、かたいからで包《つつ》まれた小《ちい》さな動物《どうぶつ》。

腐《くさ》っても鯛《たい》

つかいかた ぼろぼろの本《ほん》だが、腐《くさ》っても鯛《たい》でほしがる人《ひと》はたくさんいる。

いみ 値《ね》打《う》ちのあるものは、古《ふる》くなっても、傷《いた》んでも、それなりの値《ね》打《う》ちを持《も》っているということ。

さんこう 鯛《たい》は腐《くさ》っても、ふつうの魚《さかな》とどこかちがうという意味《いみ》。

鯖《さば》を読《よ》む

つかいかた 鯖《さば》を読《よ》んで、年齢《ねんれい》を二《ふた》つ若《わか》く言《い》う。

いみ 自分《じぶん》に都合《つごう》のいいように、数《かず》をごまかすこと。

さんこう 昔《むかし》、魚市場《うおいちば》で、鯖《さば》はくさりやすいので急《いそ》いで数《かぞ》え、数《かず》をごまかしたことからという。

鯛《たい》とは？…海《うみ》にすむ魚《さかな》。味《あじ》も色《いろ》も姿《すがた》もよく、お祝《いわ》いのごちそうに使《つか》われる。

俎板《まないた》の鯉《こい》

つかいかた 俎板《まないた》の鯉《こい》の心境《しんきょう》で、テストの結果発表《けっかはっぴょう》を待《ま》つ。

いみ どうされようとも、されるがままになるほかはない状態《じょうたい》。じっと運命《うんめい》に身《み》を任《まか》せるほかはない絶望的《ぜつぼうてき》な状態《じょうたい》。

さんこう 「俎板《まないた》」は、食《た》べ物《もの》を切《き》るときに下《した》にしく板《いた》。俎《まな》板《いた》にのせられた鯉《こい》は、殺《ころ》されるほかはない運命《うんめい》であることから。また、鯉《こい》は俎板《まないた》の上《うえ》で動《うご》かないので、いさぎよいことのたとえにも使《つか》う。「俎板《まないた》の魚《うお》」「俎上《そじょう》の魚《うお》」ともいう。

もっとわかる

「俎板《まないた》」を使《つか》うことば

- 俎板《まないた》に載《の》せる（取《と》り上《あ》げて話題《わだい》にする）

「運命《うんめい》に任《まか》せる」意味《いみ》のことば

- 一《いち》か八《ばち》か（結果《けっか》はどうなろうと、思《おも》い切《き》ってやってみること）➡300ページ
- 人事《じんじ》を尽《つ》くして天命《てんめい》を待《ま》つ（できることは全部《ぜんぶ》やり尽《つ》くし、あとは運命《うんめい》に任《まか》せる）

鯉《こい》の滝登《たきのぼ》り…ものすごい勢《いきお》いで出世《しゅっせ》すること。

とどのつまり

つかいかた
計画《けいかく》はころころ変《か》わり、とどのつまり中止《ちゅうし》になった。

いみ
結局《けっきょく》のところ。あげくのはて。

さんこう
魚《さかな》のボラは、成長《せいちょう》につれて名前《なまえ》を変《か》え、最後《さいご》にトド（老成魚《ろうせいぎょ》）と呼《よ》ばれることから。よくない意味《いみ》で使《つか》われることが多《おお》い。

逃《に》がした魚《さかな》は大《おお》きい

つかいかた
逃《に》がした魚《さかな》は大《おお》きい、売《う》り切《き》れると知《し》っていたらあのとき買《か》っておくのだった。

いみ
手《て》に入《い》れそこなったものは、実際《じっさい》よりよく思《おも》えるものだ。

さんこう
つり落《お》とした魚《さかな》は、残念《ざんねん》で実際《じっさい》より大《おお》きく思《おも》えることから。

とどとは？…海《うみ》にすむ魚《さかな》「ぼら」の、成長《せいちょう》した最後《さいご》の名前《なまえ》。

魚《うお》心《ごころ》あれば水《みず》心《ごころ》

つかいかた 魚心《うおごころ》あれば水心《みずごころ》、好《す》かれたい相手《あいて》には親切《しんせつ》にしよう。

いみ 相手《あいて》がこちらに好意《こうい》を持《も》つならば、こちらも相手《あいて》に好意《こうい》を持《も》つようになるということ。

さんこう 「水心《みずごころ》あれば魚心《うおごころ》」ともいう。

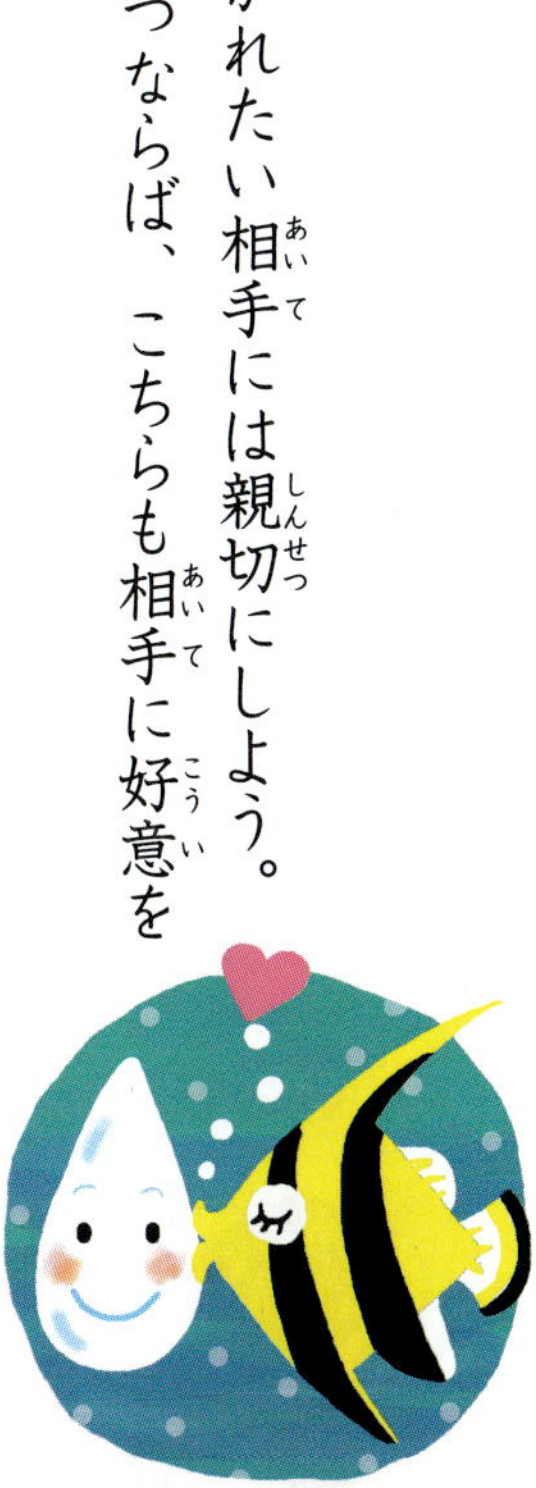

魚（さかな・うお）

水《みず》を得《え》た魚《うお》のよう

つかいかた 国語《こくご》や算数《さんすう》は苦手《にがて》だが、体育《たいいく》の時間《じかん》には水《みず》を得《え》た魚《うお》のように元気《げんき》になる。

いみ その人《ひと》に合《あ》った場所《ばしょ》を得《え》て、生《い》き生《い》きと活躍《かつやく》するようす。

はんたいのことば 陸《おか》へ上《あ》がった河童《かっぱ》（環境《かんきょう》が変《か》わったために力《ちから》を生《い》かせなくなること。↓234ページ）

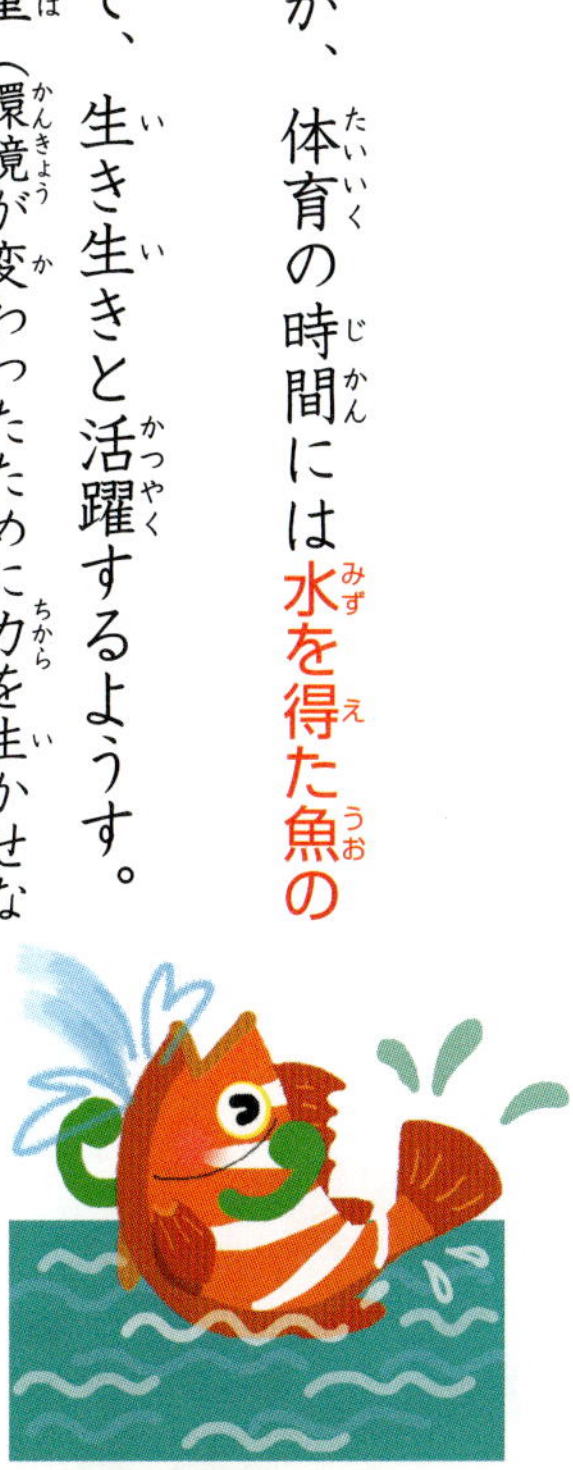

水魚《すいぎょ》の交《まじ》わり…とても仲《なか》のよいつきあい。

虻《あぶ》蜂《はち》取《と》らず

つかいかた ピアニストになりたい、作家《さっか》にもなりたいと欲張《よくば》ると、虻蜂取《あぶはちと》らずになるぞ。

いみ あれもこれもと欲張《よくば》ると、どちらも手《て》に入《い》れることができなくなるということ。

さんこう 蜘蛛《くも》の巣《す》にかかった、虻《あぶ》と蜂《はち》の両方《りょうほう》をとろうとした蜘《く》蛛《も》が、どちらもとれなかったという話《はなし》から。「虻蜂捕《あぶはちと》らず」とも書《か》く。

にたいみのことば 二兎《にと》を追《お》う者《もの》は一兎《いっと》をも得《え》ず（302ページ）

はんたいのことば 一石二鳥《いっせきにちょう》 ● 一挙両得《いっきょりょうとく》（一《ひと》つのことをして二《ふた》つを得《え》ること）

もっとわかる

「欲張《よくば》る」意味《いみ》のことば

- 欲《よく》が深《ふか》い（ほしがる気持《きも》ちがとても強《つよ》い）
- 欲《よく》の皮《かわ》が突《つ》っ張《ぱ》る（とても欲張《よくば》りであるようす）
- 欲《よく》に目《め》が眩《くら》む（欲張《よくば》る気持《きも》ちが強《つよ》すぎて、正《ただ》しい判断《はんだん》ができなくなる）

虻《あぶ》とは？…蠅《はえ》や蜂《はち》に似《に》た昆虫《こんちゅう》。メスは動物《どうぶつ》の血《ち》を吸《す》う。

泣《な》きっ面《つら》に蜂《はち》

つかいかた 転《ころ》んだ拍子《ひょうし》に財布《さいふ》をなくし、不幸《ふこう》が重《かさ》なること。つらいときにつらい泣《な》きっ面《つら》に蜂《はち》だ。

いみ 不幸《ふこう》な上《うえ》にさらに不幸《ふこう》が重《かさ》なること。

さんこう 泣《な》いている顔《かお》をさらに蜂《はち》がさすという意味《いみ》。「泣《な》き面《つら》に蜂《はち》」「泣《な》きっ面《つら》を蜂《はち》がさす」ともいう。

にたいみのことば 弱《よわ》り目《め》に祟《たた》り目《め》●踏《ふ》んだり蹴《け》ったり

もっとわかる

「泣《な》く」を使《つか》うことば

- 泣《な》く子《こ》は育《そだ》つ（よく泣《な》く子《こ》は丈夫《じょうぶ》に育《そだ》つ）
- 泣《な》く子《こ》も黙《だま》る（とてもこわがられているようす）➡83ページ
- 一銭《いっせん》を笑《わら》う者《もの》は一銭《いっせん》に泣《な》く（ほんの少《すこ》しのお金《かね》でも、お金《かね》は大切《たいせつ》にしなければならない）
- 今《いま》泣《な》いた烏《からす》がもう笑《わら》った（子供《こども》のきげんはよく変《か》わる）➡199ページ
- 泣《な》き出《だ》しそうな空模様《そらもよう》（今《いま》にも雨《あめ》が降《ふ》り出《だ》しそうな天気《てんき》）

蜂《はち》とは？…大《おお》きな巣《す》を作《つく》ってすむ昆虫《こんちゅう》。するどい針《はり》で人《ひと》をさす種類《しゅるい》もある。

蜂《はち》の巣《す》をつついたよう

つかいかた 先生《せんせい》が結婚《けっこん》するという話《はなし》に、教室中《きょうしつじゅう》が蜂《はち》の巣《す》をつついたような大《おお》さわぎになった。

いみ 手《て》が付《つ》けられないほどの大《おお》さわぎになるようす。

さんこう 蜂《はち》の巣《す》をつつくと、たくさんの蜂《はち》が飛《と》び出《だ》してきて大《おお》さわぎとなることから。

蚊《か》の鳴《な》くような声《こえ》

つかいかた 突然《とつぜん》インタビューを受《う》け、はずかしさのあまり、蚊《か》の鳴《な》くような声《こえ》で答《こた》える。

いみ 聞《き》きとれないようなかすかな声《こえ》。

さんこう 蚊《か》の羽音《はおと》のように小《ちい》さい声《こえ》という意味《いみ》。

牛《うし》の角《つの》を蜂《はち》が刺《さ》す…痛《いた》くも何《なん》ともないことのたとえ。

頭《あたま》の上《うえ》の蠅《はえ》を追《お》え

つかいかた

人《ひと》の服装《ふくそう》をいろいろ言《い》う前《まえ》に、頭《あたま》の上《うえ》の蠅《はえ》を追《お》え。

いみ

自分《じぶん》のことを棚《たな》に上《あ》げて、人《ひと》にあれこれ言《い》う前《まえ》に、まず自分《じぶん》のことをきちんとしろということ。

さんこう

他人《たにん》の頭《あたま》の上《うえ》の蠅《はえ》を心配《しんぱい》する前《まえ》に、まず自分《じぶん》の頭《あたま》の上《うえ》の蠅《はえ》を追《お》えという意味《いみ》。

尻切《しりき》れ蜻蛉《とんぼ》

つかいかた

試合《しあい》の終了前《しゅうりょうまえ》にテレビ中継《ちゅうけい》が終《お》わってしまい、尻切《しりき》れ蜻蛉《とんぼ》になる。

いみ

途中《とちゅう》で終《お》わってしまうこと。中途半端《ちゅうとはんぱ》。

さんこう

尻《しり》の切《き》れた蜻蛉《とんぼ》のようだということから。

蜻蛉返《とんぼがえ》り…目的地《もくてきち》に行《い》って用事《ようじ》を済《す》ませ、すぐに引《ひ》き返《かえ》すこと。

蟻《あり》の這《は》い出《で》る隙《すき》もない

つかいかた 警戒《けいかい》が厳重《げんじゅう》で、蟻《あり》の這《は》い出《で》る隙《すき》もない。

いみ 隙間《すきま》なく見張《みは》られて、のがれることができない。

さんこう 小《ちい》さな蟻《あり》が通《とお》れる隙間《すきま》もないということから。

蟷螂《とうろう》の斧《おの》

つかいかた 強豪《きょうごう》チームに対《たい》しては蟷螂《とうろう》の斧《おの》かもしれないが、最後《さいご》までがんばろう。

いみ 弱《よわ》い者《もの》が自分《じぶん》の力《ちから》も考《かんが》えないで、強《つよ》い相手《あいて》に立《た》ち向《む》かうこと。また、身《み》のほどをわきまえない、むだな抵抗《ていこう》。

さんこう カマキリが斧《おの》のような前足《まえあし》をふり上《あ》げて相手《あいて》に立《た》ち向《む》かうという意味《いみ》。

蟷螂《とうろう》とは？…カマキリのこと。斧《おの》のような前足《まえあし》を持《も》つ昆虫《こんちゅう》。

蜘《く》蛛《も》の子《こ》を散《ち》らす

つかいかた 夕立《ゆうだち》で、蜘《く》蛛《も》の子《こ》を散《ち》らすように人《ひと》がいなくなった。

いみ たくさん集《あつ》まったものが、散《ち》り散《ぢ》りににげていくこと。

さんこう 蜘《く》蛛《も》の卵袋《たまごぶくろ》を破《やぶ》ると、たくさんの蜘《く》蛛《も》の子《こ》が四方八方《しほうはっぽう》ににげることから。

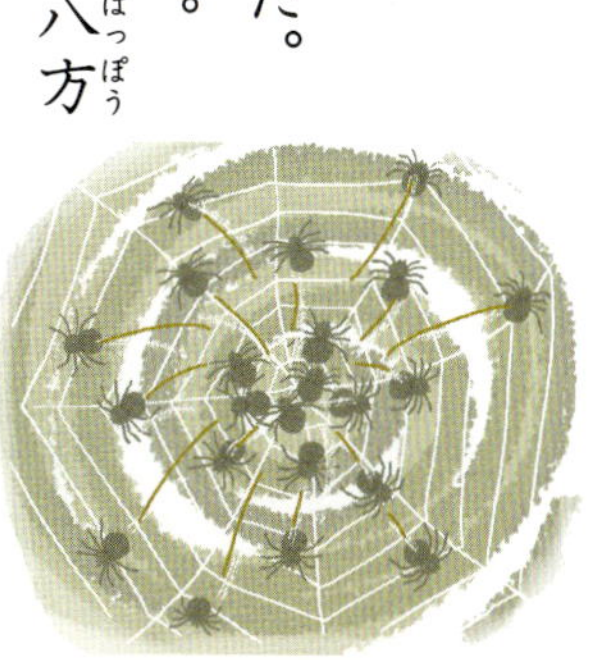

飛《と》んで火《ひ》に入《い》る夏《なつ》の虫《むし》

つかいかた いいところに来《き》た。飛《と》んで火《ひ》に入《い》る夏《なつ》の虫《むし》とはこのことだ、荷物《にもつ》を運《はこ》ぶのを手伝《てつだ》ってくれ。

いみ 自分《じぶん》から進《すす》んで危険《きけん》に飛《と》び込《こ》むことのたとえ。

さんこう 夏《なつ》の夜《よる》、明《あ》かりに寄《よ》って来《く》る虫《むし》が、その火《ひ》に焼《や》かれて死《し》ぬことから。

蟻《あり》の穴《あな》から堤《つつみ》も崩《くず》れる…ちょっとした油断《ゆだん》が大事件《だいじけん》を引《ひ》き起《お》こすこと。

一寸《いっすん》の虫《むし》にも五分《ごぶ》の魂《たましい》

つかいかた 一寸《いっすん》の虫《むし》にも五分《ごぶ》の魂《たましい》、弱《よわ》いチームにだって意地《いじ》がある。

いみ 見《み》かけがどんなに小《ち》さくて弱《よわ》そうでも、それなりの意地《いじ》や考《かんが》えがあるものだから、決《けっ》してばかにしてはいけないということ。

さんこう 「寸《すん》」「分《ぶ》」は、昔《むかし》の長《なが》さの単位《たんい》。「一寸《いっすん》」は、約三《やくさん》センチメートル。「五分《ごぶ》」は、その半分《はんぶん》の長《なが》さ。小《ち》さな虫《むし》にもそれなりの意地《いじ》があるという意味《いみ》。

もっとわかる

「一寸《いっすん》」を使《つか》うことば

- 一寸先《いっすんさき》は闇《やみ》（先《さき》のことは、何《なに》があるかまったくわからない）⬇301ページ
- 一寸《いっすん》の光陰軽《こういんかろ》んずべからず（わずかな時間《じかん》も大切《たいせつ》にしよう）

「魂《たましい》」を使《つか》うことば

- 仏造《ほとけつく》って魂入《たましいい》れず（大事《だいじ》なことがぬけていること）
- 三《み》つ子《ご》の魂百《たましいひゃく》まで（幼《おさな》いころの性格《せいかく》は、年《とし》を取《と》っても変《か》わらない）⬇304ページ

魂《たましい》：人《ひと》のいろいろな気持《きも》ちを起《お》こすもとと考《かんが》えられていたもの。

虫《むし》の息《いき》

つかいかた 救出《きゅうしゅつ》されたときは虫《むし》の息《いき》だったが、奇跡的《きせきてき》に回復《かいふく》した。

いみ 呼吸《こきゅう》が今《いま》にも止《と》まりそうで、死《し》にかけているようす。

さんこう 虫《むし》のかすかな呼吸《こきゅう》にたとえたもの。

虫（むし）

苦《にが》虫《むし》を噛《か》み潰《つぶ》したよう

つかいかた ごみを投《な》げ捨《す》てる人《ひと》を見《み》て、苦虫《にがむし》を噛《か》み潰《つぶ》したような顔《かお》になる。

いみ 非常《ひじょう》に不愉快《ふゆかい》で苦々《にがにが》しいようす。

さんこう 「苦虫《にがむし》」は、噛《か》んだらとても苦《にが》い味《あじ》がするだろうと思《おも》われる虫《むし》のこと。

虫《むし》とは？…昆虫《こんちゅう》または、昆虫《こんちゅう》に似《に》た小《ちい》さな生《い》き物《もの》。また、人間《にんげん》の体《からだ》の中《なか》にいて、

虫《むし》がいい

つかいかた いつもはあいさつもしないのに、困《こま》ったときだけたよってくるとは虫《むし》がいい話《はなし》だ。

いみ 自分《じぶん》の都合《つごう》のいいようにばかり考《かんが》えること。自分勝手《じぶんかって》であること。

さんこう 「虫《むし》がよい」ともいう。

虫（むし）

虫《むし》が好《す》かない

つかいかた 彼《かれ》は明《あか》るい性格《せいかく》だが、いいかげんなところがあって虫《むし》が好《す》かない。

いみ なんとなく好《す》きになれない。

さんこう 体《からだ》の中《なか》にいるという虫《むし》のせいにしたことば。

虫《むし》も殺《ころ》さない…おとなしくて、やさしそうなようす。

虫《むし》の知《し》らせ

つかいかた 虫《むし》の知《し》らせがして急《いそ》いで家《いえ》に帰《かえ》ってみたら、母《はは》がまんがを捨《す》てようとしていた。

いみ 何《なに》かよくないことが起《お》こりそうな予感《よかん》がすること。

さんこう 昔《むかし》の人《ひと》は、体《からだ》の中《なか》に予感《よかん》を伝《つた》える虫《むし》がいると考《かんが》えたことから。「虫《むし》が知《し》らせる」ともいう。

虫（むし）

虫《むし》の居所《いどころ》が悪《わる》い

つかいかた 虫《むし》の居所《いどころ》が悪《わる》いようだから、話《はな》しかけないでおこう。

いみ きげんが悪《わる》くて、小《ちい》さなことにもすぐ腹《はら》を立《た》てるようす。

さんこう きげんが悪《わる》いのは、体《からだ》の中《なか》の虫《むし》の居場所《いばしょ》が悪《わる》いからだろうという意味《いみ》。

虫《むし》が納《おさ》まる…腹《はら》が立《た》ったのがおさまる。きげんが直《なお》る。

蛙《かえる》の子《こ》は蛙《かえる》

つかいかた 蛙《かえる》の子《こ》は蛙《かえる》で、息子《むすこ》も父《ちち》と同《おな》じ音楽家《おんがくか》になった。

いみ 子《こ》の性質《せいしつ》は親《おや》に似《に》るものだということ。また、平凡《へいぼん》な人《ひと》の子《こ》はやはり平凡《へいぼん》な人《ひと》になるということ。

さんこう オタマジャクシのときは、むしろ魚《さかな》に似《に》ていて蛙《かえる》の子《こ》とはとても思《おも》えないが、結局《けっきょく》は蛙《かえる》になるという意味《いみ》。

にたいみのことば 瓜《うり》の蔓《つる》に茄子《なすび》はならぬ（↓146ページ）

はんたいのことば 鳶《とび》が鷹《たか》を生《う》む（平凡《へいぼん》な親《おや》から、すぐれた子《こ》が生《う》まれる。↓195ページ）

もっとわかる

「子《こ》」を使《つか》うことば ↓82ページ

「平凡《へいぼん》」の意味《いみ》のことば

- 毒《どく》にも薬《くすり》にもならない（害《がい》にもならないが、役《やく》にも立《た》たない。あってもなくても、どちらでもいい）
- 可《か》もなく不可《ふか》もなし（特《とく》に悪《わる》い点《てん》もよい点《てん》もなく、平凡《へいぼん》である）

「かわず」は、古《ふる》い言《い》い方《かた》。

蛙《かえる》の面《つら》へ水《みず》

つかいかた いくら悪口《わるくち》を言《い》われても、蛙《かえる》の面《つら》へ水《みず》とばかりに平気《へいき》な顔《かお》だ。

いみ 何《なに》を言《い》われても、ひどい目《め》にあっても、反応《はんのう》がなく平《へい》気《き》でいるようす。

さんこう 蛙《かえる》は水《みず》がかかっても平気《へいき》な顔《かお》をしていることから。「蛙《かえる》の面《つら》に小便《しょうべん》」ともいう。

もっとわかる

「水《みず》」を使《つか》うことば ➡244ページ

「面《つら》」を使《つか》うことば

- いい面《つら》の皮《かわ》（損《そん》な目《め》にあわされること）
- 面《つら》の皮《かわ》が厚《あつ》い（ずうずうしい）
- 面《つら》の皮《かわ》を剝《は》ぐ（正体《しょうたい》をあばいて恥《はじ》をかかせる）
- 泣《な》きっ面《つら》に蜂《はち》（不幸《ふこう》な上《うえ》にさらに不幸《ふこう》が重《かさ》なること） ➡213ページ
- 吠《ほ》え面《づら》をかく（泣《な》きっ面《つら》をする）

蛙《かえる》とは？…水辺《みずべ》にすむ小《ちい》さな動物《どうぶつ》。泳《およ》ぐのが上手《じょうず》で、陸《りく》では、はねて進《すす》む。

井《い》の中《なか》の蛙《かわず》大海《たいかい》を知《し》らず

つかいかた
町一番《まちいちばん》になって大《おお》いばりだけど、井《い》の中《なか》の蛙《かわず》大海《たいかい》を知《し》らずというからね。全国大会《ぜんこくたいかい》では勝《か》てないだろう。

いみ
わずかな知識《ちしき》や経験《けいけん》だけにたよって、外《そと》の世界《せかい》を知《し》らずにいること。ひとりよがりで広《ひろ》い世間《せけん》を知《し》らないこと。

さんこう
「蛙《かわず》」は蛙《かえる》。小《ちい》さな井戸《いど》の中《なか》の蛙《かえる》は、大《おお》きな海《うみ》を見《み》たことがないという意味《いみ》。略《りゃく》して「井《い》の中《なか》の蛙《かわず》」ともいう。

にたいみのことば
葦《よし》の髄《ずい》から天井《てんじょう》のぞく（⬇253ページ）●針《はり》の穴《あな》から天《てん》をのぞく

もっとわかる

「知《し》らず」を使《つか》うことば

- 親《おや》の心《こころ》子《こ》知《し》らず（親《おや》の心配《しんぱい》する気持《きも》ちもわからず、子《こ》は自分勝手《じぶんかって》なものだということ）⬇81ページ
- 身《み》の程《ほど》知《し》らず（自分《じぶん》の身分《みぶん》や能力《のうりょく》などをわきまえないこと）
- 論語《ろんご》読《よ》みの論語《ろんご》知《し》らず（知識《ちしき》はあるが実行《じっこう》がともなわないこと）

もあり、おそろしいものにたとえられる。

蛇《へび》に見込《みこ》まれた蛙《かえる》

つかいかた 先生《せんせい》の前《まえ》だと、蛇《へび》に見込《みこ》まれた蛙《かえる》で何《なに》も言《い》えない。

いみ こわい者《もの》の前《まえ》で、おそろしさに身《み》がすくんでしまって、何《なに》もできないようす。

さんこう 蛇《へび》ににらまれると、蛙《かえる》は動《うご》けなくなることから。

藪《やぶ》蛇《へび》

つかいかた 藪蛇《やぶへび》になるから、その話《はなし》はしないほうがいいよ。

いみ よけいなことをして、かえってめんどうなことを引《ひ》き起《お》こすこと。

さんこう 藪《やぶ》をつついたばかりに蛇《へび》が出《で》て来《き》てこわい目《め》にあうこと。「藪《やぶ》をつついて蛇《へび》を出《だ》す」の略《りゃく》。

蛇《へび》とは？…体《からだ》の細長《ほそなが》い動物《どうぶつ》。足《あし》がなくうろこにおおわれている。毒《どく》をもつ種類《しゅるい》

蛇《だ》足《そく》

つかいかた 後半《こうはん》の文章《ぶんしょう》は蛇足《だそく》になってしまったので、思《おも》い切《き》ってけずった。

いみ むだなもの。役《やく》に立《た》たないもの。よけいなこと。

さんこう 昔《むかし》、中国《ちゅうごく》で蛇《へび》の早描《はやが》き競争《きょうそう》をしたとき、一番早《いちばんはや》く描《か》き上《あ》げた人《ひと》が時間《じかん》が余《あま》って足《あし》をつけたところ、「これは蛇《へび》ではない」と言《い》われて負《ま》けたという話《はなし》から。

蛇（へび・だ）

長《ちょう》蛇《だ》の列《れつ》

つかいかた 開店記念《かいてんきねん》の大《だい》バーゲンに、長蛇《ちょうだ》の列《れつ》ができる。

いみ 長《なが》く続《つづ》いている行列《ぎょうれつ》。

さんこう 長《なが》い蛇《へび》のようであることから。

蛇《じゃ》の道《みち》は蛇《へび》…同《おな》じ仲間《なかま》のすることは、その仲間《なかま》にはよくわかるものだ。

亀《かめ》の甲《こう》より年《とし》の功《こう》

つかいかた　亀《かめ》の甲《こう》より年《とし》の功《こう》で、祖母《そぼ》にはいろいろな生活《せいかつ》の知《ち》恵《え》を教《おそ》わっている。

いみ　長年《ながねん》の経験《けいけん》は何《なに》にもまして貴重《きちょう》である。年長者《ねんちょうしゃ》の知恵《ちえ》をほめることば。

さんこう　「功《こう》」は、もとは「劫《こう》」で、同《おな》じ音《おん》の「甲《こう》」を引《ひ》き合《あ》いに出《だ》して、亀《かめ》の甲《こう》（甲羅《こうら》）も値打《ねう》ちがあるが、年《とし》の劫《こう》（非《ひ》常《じょう》に長《なが》い時間《じかん》）はもっと値打《ねう》ちがあるという意味《いみ》。「亀《かめ》の甲《こう》より年《とし》の劫《こう》」とも書《か》き、略《りゃく》して「年《とし》の功《こう》」ともいう。

もっとわかる

「功《こう》」を使《つか》うことば

- 功《こう》を奏《そう》する（成功《せいこう》する）
- 内助《ないじょ》の功《こう》（妻《つま》が、夫《おっと》の仕事《しごと》を内側《うちがわ》から支《ささ》えること）
- 蛍雪《けいせつ》の功《こう》（苦労《くろう》して勉学《べんがく》にはげむこと）
- 功成《こうな》り名遂《なと》げる（仕事《しごと》をなしとげ、名声《めいせい》を得《え》ること）

4 いきもの

亀《かめ》とは？…かたいこうらのある、動《うご》きのおそい動物《どうぶつ》。とても長生《ながい》きする。

鬼《おに》に金棒《かなぼう》

つかいかた 君《きみ》がチームに入《はい》ってくれたら鬼《おに》に金棒《かなぼう》だ、全国一《ぜんこくいち》位《い》も夢《ゆめ》ではない。

いみ 強《つよ》い者《もの》が、さらに強《つよ》い力《ちから》を手《て》に入《い》れて、もっと強《つよ》くなること。

さんこう 強《つよ》い鬼《おに》が鉄棒《てつぼう》を武器《ぶき》に持《も》てば、さらに強《つよ》くなるという意味《いみ》。

もっとわかる

「強《つよ》い」意味《いみ》のことば

- 向《む》かう所敵《ところてき》なし（とても強《つよ》くて、負《ま》けを知《し》らないこと）
- 肝《きも》が太《ふと》い（勇気《ゆうき》があって強《つよ》い）
- 一騎当千《いっきとうせん》（一人《ひとり》で千人《せんにん》を相手《あいて》に戦《たたか》えるほど、力《ちから》が強《つよ》いこと）
- 歯《は》が立《た》たない（かたくてかめないように、強《つよ》くてとてもかなわない）→60ページ
- 太刀打《たちう》ちできない（強《つよ》すぎて、かなわない）→134ページ

ひどいことをするものなどにたとえられる。

鬼《おに》の目《め》にも涙《なみだ》

つかいかた 鬼《おに》の目《め》にも涙《なみだ》で、厳《きび》しいコーチも優勝《ゆうしょう》の瞬間《しゅんかん》には泣《な》いていた。

いみ 情《なさ》け知《し》らずの冷《つめ》たい人《ひと》でも、心《こころ》を動《うご》かされて涙《なみだ》を流《なが》すことがあることのたとえ。

さんこう 冷酷《れいこく》な鬼《おに》でさえ、目《め》に涙《なみだ》をうかべて、やさしくなるときがあるという意味《いみ》。

もっとわかる

「目《め》」を使《つか》うことば ⬇44ページ

「涙《なみだ》」を使《つか》うことば ⬇50ページ

「泣《な》く」意味《いみ》のことば

- 火《ひ》の付《つ》いたよう（急《きゅう》にはげしく泣《な》くようす） ⬇243ページ
- 袖《そで》を絞《しぼ》る（ひどく涙《なみだ》を流《なが》して泣《な》く）
- 頰《ほお》を濡《ぬ》らす（泣《な》いて、流《なが》れた涙《なみだ》で頰《ほお》が濡《ぬ》れる）
- 枕《まくら》を濡《ぬ》らす（ねているときに、涙《なみだ》で枕《まくら》が濡《ぬ》れるほど泣《な》く）

鬼《おに》とは？…角《つの》と牙《きば》が生《は》えた、想像上《そうぞうじょう》の怪物《かいぶつ》。力《ちから》の強《つよ》いもの、おそろしいもの、

鬼《おに》の居《い》ぬ間《ま》に洗濯《せんたく》

つかいかた 両親《りょうしん》の留守中《るすちゅう》は、鬼《おに》の居《い》ぬ間《ま》に洗濯《せんたく》とばかりに思《おも》い切《き》り羽《はね》をのばす。

いみ うるさい人《ひと》や、こわい人《ひと》がいない間《あいだ》に、のんびりとしてくつろぐこと。

さんこう 「洗濯《せんたく》」は、命《いのち》の洗濯《せんたく》のことで、くつろぐこと。

鬼（おに）

鬼《おに》の首《くび》を取《と》ったよう

つかいかた めずらしく兄《あに》を言《い》い負《ま》かしたものだから、まるで鬼《おに》の首《くび》を取《と》ったような喜《よろこ》びようだ。

いみ たいしたことでもないのに、鬼《おに》をやっつけたような大《おお》手柄《てがら》を立《た》てた気《き》になって、得意《とくい》になるようす。

鬼《おに》が出《で》るか蛇《じゃ》が出《で》るか…どんなこわいことが起《お》こるのか予想《よそう》できない。

心《こころ》を鬼《おに》にする

つかいかた
小《ちい》さな弟《おとうと》は泣《な》き出《だ》してしまったが、心《こころ》を鬼《おに》にしてしかりつけた。

いみ
かわいそうに思《おも》いながらも、その人《ひと》のためを思《おも》って、鬼《おに》のように厳《きび》しくすること。

鬼（おに）

渡《わた》る世間《せけん》に鬼《おに》はない

つかいかた
落《お》とした財布《さいふ》が無事《ぶじ》にもどるとは、渡《わた》る世間《せけん》に鬼《おに》はない。

いみ
世《よ》の中《なか》は、鬼《おに》のように人情《にんじょう》のない人《ひと》ばかりではなく、情《なさ》け深《ぶか》い人《ひと》も必《かなら》ずいるものだということ。

はんたいのことば
人《ひと》を見《み》たら泥棒《どろぼう》と思《おも》え（人《ひと》を軽々《かるがる》しく信用《しんよう》してはいけない。↓95ページ）

鬼《おに》の霍乱《かくらん》…ふだん丈夫《じょうぶ》な人《ひと》が、めずらしく病気《びょうき》になること。

来年《らいねん》の事《こと》を言《い》えば鬼《おに》が笑《わら》う

つかいかた
来年《らいねん》はきっと優勝《ゆうしょう》するだなんて、来年《らいねん》の事《こと》を言《い》えば鬼《おに》が笑《わら》うよ。

いみ
明日《あす》何《なに》が起《お》こるかわからないのに、来年《らいねん》のことなどわかるわけがない。将来《しょうらい》のことは、だれも予想《よそう》できないということ。

河童《かっぱ》に水練《すいれん》

つかいかた
彼女《かのじょ》にピアノを教《おし》えようだなんて、河童《かっぱ》に水練《すいれん》だよ。

いみ
上手《じょうず》な人《ひと》にむかって教《おし》えこもうとする、見当《けんとう》ちがいなこと。

さんこう
「水練《すいれん》」は、水泳《すいえい》の練習《れんしゅう》。泳《およ》ぎのうまい河童《かっぱ》に水泳《すいえい》を教《おし》えるということ。

にたいみのことば
釈迦《しゃか》に説法《せっぽう》（↓158ページ）・猿《さる》に木登《きのぼ》り（↓174ページ）

河童《かっぱ》とは？…水中《すいちゅう》にすむという想像上《そうぞうじょう》の動物《どうぶつ》。泳《およ》ぎが得意《とくい》。

河童《かっぱ》の川《かわ》流《なが》れ

つかいかた
料理《りょうり》上手《じょうず》の母《はは》が魚《さかな》をこがしてしまうなんて、河童《かっぱ》の川流《かわなが》れだね。

いみ
すぐれている人《ひと》でも、ときには失敗《しっぱい》する。得意《とくい》なはずなのに失敗《しっぱい》すること。

さんこう
「川流《かわなが》れ」は、川《かわ》でおぼれること。泳《およ》ぎのうまい河童《かっぱ》でも、水《みず》におし流《なが》されることがあるという意味《いみ》。

にたいみのことば
弘法《こうぼう》にも筆《ふで》の誤《あやま》り（↓114ページ）● 猿《さる》も木《き》から落《お》ちる（↓172ページ）● 上手《じょうず》の手《て》から水《みず》が漏《も》れる（↓244ページ）

もっとわかる

「川《かわ》」を使《つか》うことば ↓240ページ

「流《なが》れ」を使《つか》うことば

- 流《なが》れに棹《さお》さす（「棹《さお》」は、船《ふね》を進《すす》めるための棒《ぼう》。棹《さお》をうまくあやつって、水《みず》の勢《いきお》いに乗《の》るように、ものごとが思《おも》うように進《すす》むこと）
- 流《なが》れを汲《く》む（その系統《けいとう》や流派《りゅうは》を受《う》け継《つ》ぐ）

屁《へ》の河童《かっぱ》…簡単《かんたん》にできることのたとえ。

陸《おか》へ上《あ》がった河童《かっぱ》

つかいかた 有名《ゆうめい》なスキー選手《せんしゅ》も、雪《ゆき》の降《ふ》らない熱帯《ねったい》の国《くに》では陸《おか》へ上《あ》がった河童《かっぱ》と同《おな》じだ。

いみ 環境《かんきょう》が変《か》わったために、持《も》っている力《ちから》を発揮《はっき》できなくなること。河童《かっぱ》は水中《すいちゅう》では強《つよ》いが、陸上《りくじょう》では無力《むりょく》なことから。

はんたいのことば 水《みず》を得《え》た魚《うお》のよう（その人《ひと》に合《あ》った環境《かんきょう》で、生《い》き生《い》きとするようす。↓211ページ）

天狗《てんぐ》になる

つかいかた みんなにほめられて、天狗《てんぐ》になる。

いみ いい気《き》になってうぬぼれる。得意《とくい》になって鼻《はな》を高《たか》くするのを、鼻《はな》が高《たか》い天狗《てんぐ》にひっかけたことば。

天狗《てんぐ》とは？…顔《かお》が赤《あか》くて鼻《はな》が高《たか》いという想像上《そうぞうじょう》の怪物《かいぶつ》。

第5章
しぜん

第《だい》5章《しょう》

しぜん

山《やま》

238ページ

後《あと》は野《の》となれ山《やま》となれ●山《やま》を越《こ》す●塵《ちり》も積《つ》もれば山《やま》となる

船頭《せんどう》多《おお》くして船《ふね》山《やま》に上《のぼ》る→船頭《せんどう》（87ページ）■他山《たざん》の石《いし》→石《いし》（250ページ）■枯《か》れ木《き》も山《やま》のにぎわい→木《き》（257ページ）■黒山《くろやま》の人《ひと》だかり→黒《くろ》（294ページ）

川《かわ》と海《うみ》

240

浅《あさ》い川《かわ》も深《ふか》く渡《わた》れ●待《ま》てば海路《かいろ》の日和《ひより》あり

井《い》の中《なか》の蛙大海《かわずたいかい》を知《し》らず→蛙《かえる》（224ページ）■河童《かっぱ》の川流《かわなが》れ→河童《かっぱ》（233ページ）

火《ひ》

242

火《ひ》の無《な》い所《ところ》に煙《けむり》は立《た》たぬ●火花《ひばな》を散《ち》らす●火《ひ》の付《つ》いたよう●対岸《たいがん》の火事《かじ》

尻《しり》に火《ひ》が付《つ》く→尻《しり》（27ページ）■顔《かお》から火《ひ》が出《で》る→顔《かお》（40ページ）■爪《つめ》に火《ひ》をともす→爪《つめ》（70ページ）■足元《あしもと》に火《ひ》がつく→足元《あしもと》（74ページ）■地震雷火事親父《じしんかみなりかじおやじ》→親父《おやじ》（80ページ）■火《ひ》に油《あぶら》を注《そそ》ぐ→油《あぶら》（110ページ）■火蓋《ひぶた》を切《き》る→火蓋《ひぶた》（113ページ）■火中《かちゅう》の栗《くり》を拾《ひろ》う→栗《くり》（147ページ）■飛《と》んで火《ひ》に入《い》る夏《なつ》の虫《むし》→虫《むし》（217ページ）

水《みず》

244

上手《じょうず》の手《て》から水《みず》が漏《も》れる●水《みず》を差《さ》す●立《た》て板《いた》に水《みず》●焼《や》け石《いし》に水《みず》●水《みず》と油《あぶら》●水《みず》に流《なが》す●背水《はいすい》の陣《じん》

寝耳《ねみみ》に水《みず》→耳《みみ》（65ページ）■鵜《う》の真似《まね》をする烏《からす》水《みず》に溺《おぼ》れる→鵜《う》・烏《からす》（198ページ）■烏《からす》の行水《ぎょうずい》→烏《からす》（199ページ）■魚心《うおごころ》あれば水心《みずごころ》→魚《さかな》（211ページ）■水《みず》を得《え》た魚《うお》のよう→魚《さかな》（211ページ）■蛙《かえる》の面《つら》へ水《みず》→蛙《かえる》（223ページ）■河童《かっぱ》に水練《すいれん》→河童《かっぱ》（232ページ）

石《いし》

249

石《いし》の上《うえ》にも三年《さんねん》●他山《たざん》の石《いし》

焼《や》け石《いし》に水《みず》→水《みず》（247ページ）■雨垂《あまだ》れ石《いし》を穿《うが》つ→雨《あめ》（265ページ）

草《くさ》と木《き》と花《はな》

251

独活《うど》の大木《たいぼく》●溺《おぼ》れる者《もの》は藁《わら》をもつかむ●葦《よし》の髄《ずい》から天井《てんじょう》のぞく●道草《みちくさ》を食《く》う●六日《むいか》の菖蒲《あやめ》十日《とおか》の菊《きく》●花《はな》を持《も》たせる●花《はな》より団子《だんご》●両手《りょうて》に花《はな》●高嶺《たかね》の花《はな》●一花《ひとはな》咲《さ》かせる●木《き》で鼻《はな》を括《くく》る●枯《か》れ木《き》も山《やま》のにぎわい●根掘《ねほ》り葉掘《はほ》り●根《ね》も葉《は》もない●雨後《うご》の竹《たけ》の子《こ》●竹《たけ》を割《わ》ったよう●破竹《はちく》の勢《いきお》い●団栗《どんぐり》の背比《せいくら》べ●瓢箪《ひょうたん》から駒《こま》が出《で》る●実《み》を結《むす》ぶ●蒔《ま》かぬ種《たね》は生《は》えぬ

歯《は》の根《ね》が合《あ》わない→歯《は》（61ページ）■竹馬《ちくば》の友《とも》→友《とも》（84ページ）■猿《さる》も木《き》から落《お》ちる→猿《さる》（172ページ）

■猿《さる》に木登《きのぼ》り→猿《さる》（174ページ）■火花《ひばな》を散《ち》らす→火《ひ》（242ページ）■隣《となり》の花《はな》は赤《あか》い→赤《あか》（284ページ）

天気《てんき》

264

雨降《あめふ》って地固《じかた》まる●雨垂《あまだ》れ石《いし》を穿《うが》つ●風《かぜ》が吹《ふ》けば桶屋《おけや》が儲《もう》かる●明日《あした》は明日《あした》の風《かぜ》が吹《ふ》く●秋風《あきかぜ》が立《た》つ●雲泥《うんでい》の差《さ》●雲《くも》をつかむ●雲《くも》を衝《つ》く

雨後《うご》の竹《たけ》の子《こ》→竹《たけ》の子《こ》（259ページ）■風邪《かぜ》は万病《まんびょう》の元《もと》→万《まん》（318ページ）■青雲《せいうん》の志《こころざし》→青《あお》（283ページ）

太陽《たいよう》と月《つき》

270

日《ひ》の目《め》を見《み》る●西《にし》から日《ひ》が出《で》る●月《つき》と鼈《すっぽん》

秋《あき》の日《ひ》は釣瓶《つるべ》落《お》とし→釣瓶《つるべ》（132ページ）■待《ま》てば海路《かいろ》の日和《ひより》あり→海《うみ》（241ページ）

天《てん》と地《ち》

272

天高《てんたか》く馬《うま》肥《こ》ゆる秋《あき》●天《てん》に向《む》かって唾《つば》を吐《は》く●運《うん》を天《てん》に任《まか》せる●地《ち》に落《お》ちる●足《あし》が地《ち》に着《つ》かない

金《かね》は天下《てんか》の回《まわ》りもの→金《かね》（141ページ）■葦《よし》の髄《ずい》から天井《てんじょう》のぞく→葦《よし》（253ページ）■雨降《あめふ》って地固《じかた》まる→雨《あめ》（264ページ）

5
しぜん

後《あと》は野《の》となれ山《やま》となれ

つかいかた

後《あと》は野《の》となれ山《やま》となれという考《かんが》えか、お花見《はなみ》の後《あと》にごみの山《やま》が残《のこ》るとは情《なさ》けない。

いみ

今《いま》の自分《じぶん》さえよければ、後《あと》はどうなってもかまわない。後《あと》のことは知《し》ったことではないという無責任《むせきにん》な態度《たいど》をいうことば。

さんこう

用《よう》が済《す》んだら、後《あと》は荒《あ》れ果《は》てて野《の》や山《やま》のようになってもかまわないという意味《いみ》。

はんたいのことば

立《た》つ鳥跡《とりあと》を濁《にご》さず（立《た》ち去《さ》るときは、その場所《ばしょ》をきれいにしておくものだ。
→205ページ）

もっとわかる

「後《あと》」を使《つか》うことば

● 後《あと》の祭《まつ》り（時期《じき》をのがし、後悔《こうかい》してもおそいということ）

● 後《あと》を引《ひ》く（影響《えいきょう》などが後《あと》まで残《のこ》る。また、途中《とちゅう》でやめられなくなる）

「野《の》」を使《つか》うことば

● 虎《とら》を野《の》に放《はな》つ（危険《きけん》なものを野放《のばな》しにすること）

山場《やまば》を迎《むか》える…一番大事《いちばんだいじ》な場面《ばめん》にさしかかる。

山《やま》を越《こ》す

つかいかた 病気《びょうき》も山《やま》を越《こ》して、快方《かいほう》に向《む》かう。

いみ ものごとの一番《いちばん》たいへんなところを過《す》ぎる。

さんこう 「山《やま》」は、一番難《いちばんむずか》しい重要《じゅうよう》な所《ところ》。

にたいみのことば 峠《とうげ》を越《こ》す

山（やま）

塵《ちり》も積《つ》もれば山《やま》となる

つかいかた 塵《ちり》も積《つ》もれば山《やま》となるで、募金《ぼきん》が百万円《ひゃくまんえん》に達《たっ》した。

いみ どんなにわずかな物《もの》でも、積《つ》もり積もれば大《おお》きな物《もの》になる。また、日々《ひび》の小《ちい》さな努力《どりょく》を重《かさ》ねていけば、必《かなら》ずいつかは大成《たいせい》するということ。

さんこう 小《ちい》さなごみでも、積《つ》もれば山《やま》のようになるという意味《いみ》。

氷山《ひょうざん》の一角《いっかく》…見《み》えているのはごく一部《いちぶ》で、大部分《だいぶぶん》はかくれていることのたとえ。

浅《あさ》い川《かわ》も深《ふか》く渡《わた》れ

つかいかた　簡単《かんたん》そうな問題《もんだい》だけど油断《ゆだん》は禁物《きんもつ》だよ、浅《あさ》い川《かわ》も深《ふか》く渡《わた》れ。

いみ　簡単《かんたん》そうで安全《あんぜん》そうに見《み》えるからといって、決《けっ》して油《ゆ》断《だん》してはいけないということ。

さんこう　浅《あさ》い川《かわ》も深《ふか》い川《かわ》を渡《わた》るときのように、油《ゆ》断《だん》しないで渡《わた》れという意味《いみ》。

もっとわかる

「浅《あさ》い」を使《つか》うことば
- 底《そこ》が浅《あさ》い（内容《ないよう》に深《ふか》みがない）
- 日《ひ》が浅《あさ》い（あまり日数《にっすう》がたっていない）

「深《ふか》い」を使《つか》うことば
- 懐《ふところ》が深《ふか》い（心《こころ》が広《ひろ》く大《おお》きい）
- 読《よ》みが深《ふか》い（先《さき》の先《さき》まで深《ふか》く見通《みとお》している）
- 深《ふか》い川《かわ》は静《しず》かに流《なが》れる（実力《じつりょく》のある人《ひと》は、むやみにさわぐことはない）

白川夜船《しらかわよふね》…よくねむっていて、何《なに》も知《し》らないこと。「白河夜船《しらかわよふね》」とも書《か》く。

待《ま》てば海《かい》路《ろ》の日和《ひより》あり

つかいかた

いい返事《へんじ》が、なかなかもらえなくてもあせるな、待《ま》てば海路《かいろ》の日和《ひより》あり。

いみ

今《いま》はうまくいかなくても、じっと待《ま》っていれば、必《かなら》ずいいときが来《く》るということ。

さんこう

「日和《ひより》」は、晴《は》れたおだやかな天気《てんき》。今《いま》は天気《てんき》が悪《わる》くても、いつか必《かなら》ず船旅《ふなたび》（海路《かいろ》）にふさわしい日《ひ》が来《く》るという意味《いみ》。

もっとわかる

「待《ま》つ」を使《つか》うことば

- 果報《かほう》は寝《ね》て待《ま》て（幸運《こううん》はあせらずに待《ま》っていれば、いつか自然《しぜん》にやって来《く》る）
- 歳月人《さいげつひと》を待《ま》たず（年月《ねんげつ》は人《ひと》の気持《きも》ちと関係《かんけい》なしに、どんどん過《す》ぎ去《さ》ってしまう）
- 人事《じんじ》を尽《つ》くして天命《てんめい》を待《ま》つ（やれることは全部《ぜんぶ》やり尽《つ》くし、後《あと》は運命《うんめい》にまかせる）
- 待《ま》ちに待《ま》った（長《なが》い間《あいだ》、待《ま》ち続《つづ》けていた）

海千山千《うみせんやません》…いろいろな経験《けいけん》を積《つ》んで、悪《わる》がしこくなっていること。

火《ひ》の無《な》い所《ところ》に煙《けむり》は立《た》たぬ

つかいかた　火《ひ》の無《な》い所《ところ》に煙《けむり》は立《た》たぬというから、そのうわさは本当《ほんとう》かもしれない。

いみ　うわさが立《た》ったり疑《うたが》われたりするのは、そこにそれなりの原因《げんいん》があるからだ。火《ひ》がなければ煙《けむり》は立《た》たないということ。

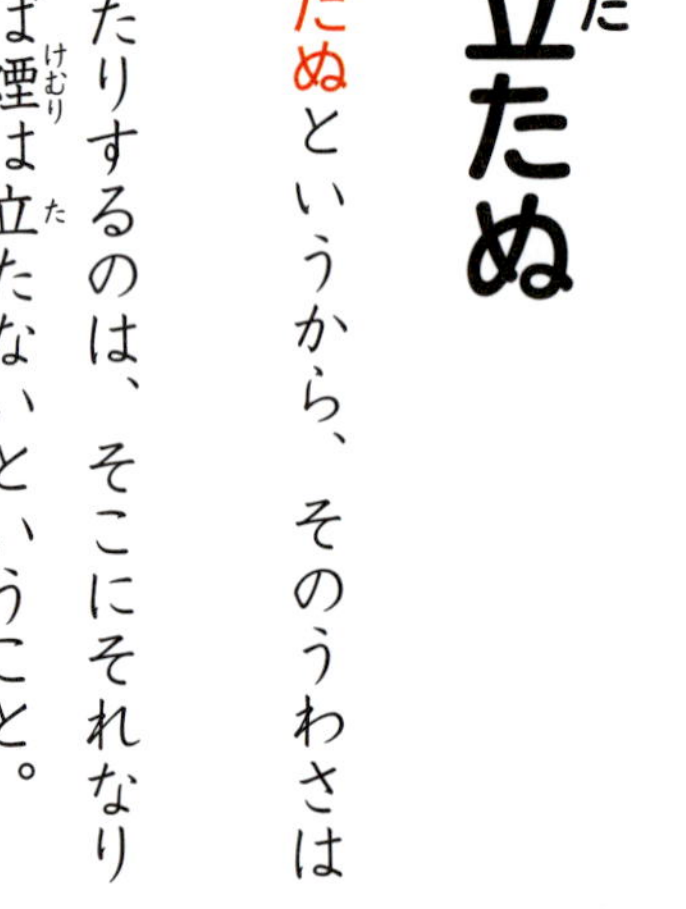

火（ひ・か）

火《ひ》花《ばな》を散《ち》らす

つかいかた　強豪《きょうごう》どうしが決勝戦《けっしょうせん》で火《ひ》花《ばな》を散《ち》らす。

いみ　激《はげ》しく争《あらそ》うようす。

さんこう　激《はげ》しい切《き》り合《あ》いをして、刀《かたな》と刀《かたな》がぶつかり合《あ》って火《ひ》花《ばな》を散《ち》らすことから。

にたいみのことば　鎬《しのぎ》を削《けず》る（⬇330ページ）

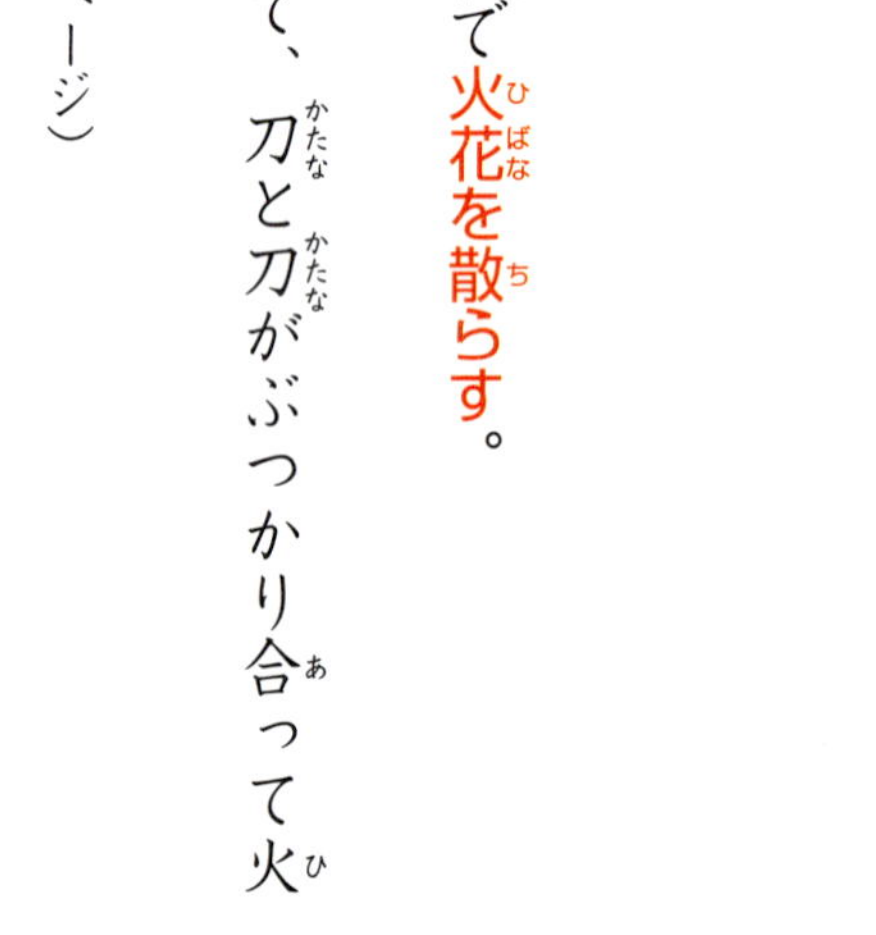

火《ひ》の車《くるま》…お金《かね》がなくて、生活《せいかつ》が非常《ひじょう》に苦《くる》しいようす。

火《ひ》の付《つ》いたよう

つかいかた 赤《あか》ん坊《ぼう》が、火《ひ》の付《つ》いたように泣《な》き出《だ》す。

いみ 急《きゅう》に大声《おおごえ》で泣《な》きたてるようす。また、あわただしいようす。

さんこう 火《ひ》が燃《も》え出《だ》したときのようだということから。

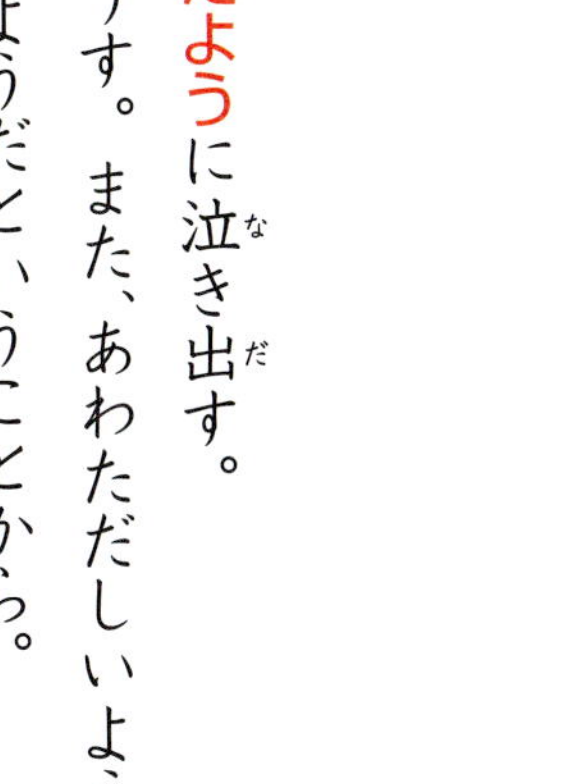

火（ひ・か）

対岸《たいがん》の火《か》事《じ》

つかいかた ごみ処理問題《しょりもんだい》については、対岸《たいがん》の火事《かじ》と見過《みす》ごせない。

いみ 自分《じぶん》にはまったく関係《かんけい》もなく、苦痛《くつう》もないということ。

さんこう 「対岸《たいがん》」は、川《かわ》の向《む》こう岸《ぎし》。向《む》こう岸《ぎし》の火事《かじ》は安心《あんしん》して見《み》ていられることから。

にたいみのことば 高《たか》みの見物《けんぶつ》（関係《かんけい》のない気楽《きらく》な立場《たちば》で、なりゆきを見《み》ていること）

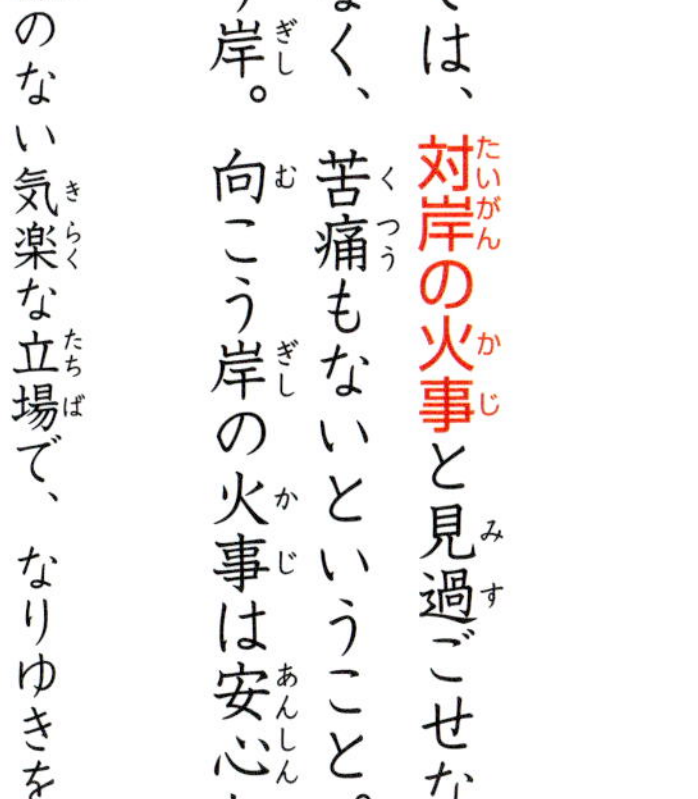

火《ひ》を見《み》るより明《あき》らか…非常《ひじょう》にはっきりしているようす。

上手《じょうず》の手《て》から水《みず》が漏《も》れる

つかいかた 上手《じょうず》の手《て》から水《みず》が漏《も》れて、ボールをとりそこねる。

いみ どんなに腕前《うでまえ》のすぐれた人《ひと》でも、たまには失敗《しっぱい》することがあるということ。

さんこう 「上手《じょうず》の手《て》から水《みず》が漏《も》る」ともいう。

にたいみのことば 弘法《こうぼう》にも筆《ふで》の誤《あやま》り（↓114ページ）●猿《さる》も木《き》から落《お》ちる（↓172ページ）●河童《かっぱ》の川流《かわなが》れ（↓233ページ）

もっとわかる

「上手《じょうず》」を使《つか》うことば

- 好《す》きこそ物《もの》の上手《じょうず》なれ（好《す》きなことは熱心《ねっしん》にやるので、自然《しぜん》に上手《じょうず》になるものだ）
- 話《はな》し上手《じょうず》は聞《き》き上手《じょうず》（話《はなし》が上手《じょうず》な人《ひと》は、相手《あいて》の話《はなし》をよく聞《き》く人《ひと》である）

「漏《も》れる」を使《つか》うことば

- 細大漏《さいだいも》らさず（小《ちい》さなことも大《おお》きなことも、全部残《ぜんぶのこ》らず）
- 水《みず》も漏《も》らさぬ（一滴《いってき》の水《みず》も漏《も》らさないほど、守《まも》りにすきがないようす）

水《みず》を打《う》ったよう…大勢《おおぜい》の人《ひと》が、静《しず》まり返《かえ》っているようす。

水《みず》を差《さ》す

つかいかた　よくないうわさを流《なが》して、二人《ふたり》の仲《なか》に**水《みず》を差《さ》す**。

いみ　仲《なか》のよい二人《ふたり》の間《あいだ》がらや、うまくいっているものに、横《よこ》からじゃまを入《い》れる。

さんこう　「差《さ》す」は、加《くわ》える。水《みず》を加《くわ》えて薄味《うすあじ》にしたり、冷《つめ》たくしたりするという意味《いみ》。

にたいみのことば　水《みず》を掛《か》ける

もっとわかる

「じゃまをする」意味《いみ》のことば

- 足《あし》を引《ひ》っ張《ぱ》る（人《ひと》の成功《せいこう》のじゃまをする。ものごとの進行《しんこう》のじゃまをする）⬇73ページ
- 横槍《よこやり》を入《い》れる（関係《かんけい》のない人《ひと》が、よけいな口《くち》をはさむ）⬇138ページ
- 嘴《くちばし》を入《い》れる（人《ひと》の話《はなし》に割《わ》り込《こ》んで、あれこれ言《い》う）
- 腰《こし》を折《お》る（ものごとの進行《しんこう》などを、途中《とちゅう》でじゃまをする）
- 茶々《ちゃちゃ》を入《い》れる（冷《ひ》やかしたり、からかったりして、話《はなし》のじゃまをする）

水《みず》をあける…競争《きょうそう》などで、相手《あいて》に大《おお》きく差《さ》をつける。

立《た》て板《いた》に水《みず》

つかいかた　まさに立《た》て板《いた》に水《みず》のように説明《せつめい》する。

いみ　つっかえることなく、すらすらと話《はな》すようす。よどみなくしゃべりまくるようす。

さんこう　立《た》てかけた板《いた》に水《みず》を流《なが》すと、止《と》まることなく流《なが》れることから。「立《た》て板《いた》に水《みず》を流《なが》すよう」ともいう。

もっとわかる

「よくしゃべる」意味《いみ》のことば

- 口数《くちかず》が多《おお》い（しゃべる回数《かいすう》が多《おお》い）
- 舌《した》が回《まわ》る（つかえないで、よくしゃべる）⬇57ページ
- 油紙《あぶらがみ》に火《ひ》の付《つ》いたよう（べらべらとよくしゃべるようす。「油紙《あぶらがみ》」は、油《あぶら》を引《ひ》いたよく燃《も》える紙《かみ》）
- 口《くち》から先《さき》に生《う》まれる（おしゃべりな人《ひと》を悪《わる》く言《い》うことば）
- 口《くち》が酸《す》っぱくなる程《ほど》（同《おな》じことを、何回《なんかい》もくり返《かえ》して言《い》うようす。くどく何《なん》度《ど》も言《い》うようす）⬇54ページ

水《みず》を向《む》ける…相手《あいて》の気持《きも》ちが自分《じぶん》の思《おも》う方向《ほうこう》に向《む》くように、さそいかける。

焼《や》け石《いし》に水《みず》

つかいかた あめ玉《だま》をもらったが焼《や》け石《いし》に水《みず》で、空腹《くうふく》で夕飯《ゆうはん》までもちそうにない。

いみ 援助《えんじょ》や努力《どりょく》が少《すく》なすぎて何《なん》の役《やく》にも立《た》たないこと。

さんこう 焼《や》けて熱《あつ》くなった石《いし》に水《みず》をかけても、すぐにかわいてしまうことから。

水（みず・すい）

水《みず》と油《あぶら》

つかいかた あの兄弟《きょうだい》は、顔《かお》は似《に》ているが性格《せいかく》はまるで水《みず》と油《あぶら》だ。

いみ たがいに、性格《せいかく》や考《かんが》え方《かた》がちがい、気《き》が合《あ》わないこと。

さんこう 水《みず》と油《あぶら》は、溶《と》け合《あ》わないことから。「水《みず》に油《あぶら》」「油《あぶら》に水《みず》」ともいう。

湯水《ゆみず》のように使《つか》う…湯《ゆ》や水《みず》を使《つか》うように、お金《かね》をむだづかいすること。

水《みず》に流《なが》す

つかいかた すべてを**水《みず》に流《なが》して**、仲直《なかなお》りをする。

いみ それまでの争《あらそ》いごとやうらみなどを、すべてなかったことにする。

さんこう 水《みず》で流《なが》し去《さ》るという意味《いみ》。

水（みず・すい）

背《はい》水《すい》の陣《じん》

つかいかた **背水《はいすい》の陣《じん》**で試合《しあい》にのぞむ。

いみ もうこれ以上後《いじょうあと》に引《ひ》けない立場《たちば》に立《た》ち、決死《けっし》の覚悟《かくご》で、全《ぜん》力《りょく》をつくすこと。

さんこう 戦法《せんぽう》の一《ひと》つ。川《かわ》や海《うみ》などの水《みず》を背《せ》にした陣構《じんがま》えから来《き》たことば。これ以上逃《いじょうに》げ場《ば》がないので、必死《ひっし》に戦《たたか》うことになる。

覆水盆《ふくすいぼん》に返《かえ》らず…一度《いちど》やってしまったことは、もう取《と》り返《かえ》しがつかない。

石《いし》の上《うえ》にも三年《さんねん》

つかいかた はじめは「ハロー」しか言《い》えなかったが、**石《いし》の上《うえ》にも三年《さんねん》**で、今《いま》では姉《あね》よりも英語《えいご》がうまくなった。

いみ どんなに苦《くる》しくても、じっとがまんしてがんばっていれば、必《かなら》ずむくわれるということ。

さんこう 冷《つめ》たい石《いし》でも、三年《さんねん》も上《うえ》に座《すわ》り続《つづ》ければ、あたたかくなるという意味《いみ》。

もっとわかる

「三年《さんねん》」を使《つか》うことば

- 桃栗三年柿八年《ももくりさんねんかきはちねん》（なにごとも、実《み》を結《むす》ぶまでには年数《ねんすう》がかかるということのたとえ）➡147ページ
- 犬《いぬ》は三日《みっか》飼《か》えば三年恩《さんねんおん》を忘《わす》れぬ（犬《いぬ》は三日《みっか》飼《か》っただけで、三年《さんねん》も恩《おん》を忘《わす》れない。飼《か》い主《ぬし》によく従《したが》うことをいったもの）
- 三年鳴《さんねんな》かず飛《と》ばず（長《なが》い間《あいだ》、何《なん》の活躍《かつやく》もしないでいるようす。「鳴《な》かず飛《と》ばず」ともいう）

石《いし》にかじりついても…どんな苦労《くろう》をしても、がんばるようす。

他山《たざん》の石《いし》

つかいかた 彼《かれ》の失言《しつげん》を他山《たざん》の石《いし》としよう。

いみ 他人《たにん》の失敗《しっぱい》やあやまちを、自分《じぶん》をみがくためのいましめとして役立《やくだ》てること。

さんこう よその山《やま》の粗末《そまつ》な石《いし》でも、自分《じぶん》の宝石《ほうせき》をみがくのに役《やく》に立《た》つという意味《いみ》。

にたいみのことば 人《ひと》の振《ふ》り見《み》て我《わ》が振《ふ》り直《なお》せ（他人《たにん》の行《おこな》いを見《み》て自分《じぶん》を反省《はんせい》し、直《なお》すところがあれば直《なお》しなさい）

もっとわかる

「山《やま》」を使《つか》うことば ⬇ 238ページ

「いましめ」に関係《かんけい》することば

- 座右《ざゆう》の銘《めい》（いつも身近《みぢか》に置《お》いて、自分《じぶん》の心《こころ》のいましめとすることば）
- 灸《きゅう》を据《す》える（態度《たいど》や行動《こうどう》を、厳《きび》しくいましめる）
- 反面教師《はんめんきょうし》（まねをしてはならない、悪《わる》い手本《てほん》。その悪《わる》い面《めん》が、見《み》ている人《ひと》のいましめとなるということ）

一石《いっせき》を投《とう》じる…まわりがおどろくような問題《もんだい》を投《な》げかける。

独活《うど》の大木《たいぼく》

つかいかた　兄《あに》は体《からだ》が大《おお》きいので、自分《じぶん》を「独活《うど》の大木《たいぼく》」とけんそんするが、実《じつ》はとても歌《うた》がうまい。

いみ　体《からだ》だけ大《おお》きくて何《なん》の役《やく》にも立《た》たない人《ひと》のたとえ。

さんこう　草《くさ》の独活《うど》は育《そだ》つと二《に》メートルぐらいになるが、若芽《わかめ》のときのように食《た》べることもできず、折《お》れやすいので使《つか》い道《みち》がないことから。

にたいみのことば　大男総身《おおおとこそうみ》に知恵《ちえ》が回《まわ》りかね（体《からだ》ばかり大《おお》きくて動《うご》きのにぶい男《おとこ》をばかにしていうことば）

はんたいのことば　山椒《さんしょう》は小粒《こつぶ》でもぴりりと辛《から》い（体《からだ》は小《ちい》さくても気《き》が強《つよ》く、才能《さいのう》もあってばかにできないこと。↓145ページ）

もっとわかる

「大木《たいぼく》」を使《つか》うことば

● 大木《たいぼく》は風《かぜ》に折《お》られる（大木《たいぼく》は風当《かぜあ》たりが強《つよ》く折《お》られやすいように、高《たか》い地位《ちい》にいる人《ひと》は、他人《たにん》からねたみを受《う》けやすい）

5 しぜん

独活《うど》とは？…野山《のやま》に生《は》え、畑《はたけ》でも作《つく》られる植物《しょくぶつ》。新芽《しんめ》は食《た》べられる。

溺《おぼ》れる者《もの》は藁《わら》をもつかむ

つかいかた
問題《もんだい》の答《こた》えがわからず、溺《おぼ》れる者《もの》は藁《わら》をもつかむで、小《ちい》さな妹《いもうと》にまで聞《き》いてみる。

いみ
非常《ひじょう》に困《こま》っていたり、危険《きけん》な目《め》にあったりしているときは、手当《てあ》たりしだい、たよりにならないものにまですがり付《つ》こうとするということ。

さんこう
溺《おぼ》れかけた人《ひと》は、一本《いっぽん》のわらにさえすがろうとするという意味《いみ》。

にたいみのことば
藁《わら》にもすがる

もっとわかる

「つかむ」を使《つか》うことば
- 心《こころ》をつかむ（人《ひと》の気持《きも》ちを自分《じぶん》に引《ひ》き付《つ》ける）
- 雲《くも》をつかむ（とらえどころがなく、はっきりしないこと）➡269ページ
- 尻尾《しっぽ》をつかむ（ごまかしていたことの証拠《しょうこ》をつかむ。化《ば》けていた狸《たぬき》や狐《きつね》の尻尾《しっぽ》をつかまえるということ）

藁《わら》とは？…稲《いね》・麦《むぎ》などの茎《くき》を干《ほ》したもの。とても軽《かる》く、縄《なわ》・俵《たわら》などを作《つく》る。

葦《よし》の髄《ずい》から天井《てんじょう》のぞく

つかいかた 中学生《ちゅうがくせい》になり、今《いま》までの自分《じぶん》は**葦《よし》の髄《ずい》から天井《てんじょう》のぞく**だったと知《し》った。

いみ 自分《じぶん》のせまい知識《ちしき》や考《かんが》えで、広《ひろ》い世界《せかい》を勝手《かって》に判断《はんだん》する。葦《よし》の茎《くき》の細《ほそ》い管《くだ》から天井《てんじょう》をのぞいて、全部《ぜんぶ》を見《み》たと思《おも》いこむこと。

にたいみのことば 井《い》の中《なか》の蛙大海《かわずたいかい》を知《し》らず（↓224ページ）●針《はり》の穴《あな》から天《てん》をのぞく

道《みち》草《くさ》を食《く》う

つかいかた **道草《みちくさ》を食《く》って**いないで、早《はや》く家《いえ》に帰《かえ》りなさい。

いみ 途中《とちゅう》で、よけいなことをして時間《じかん》をむだにする。

さんこう 馬《うま》や牛《うし》が、道端《みちばた》の草《くさ》を食《た》べて、前《まえ》に進《すす》まなくなること。

葦《よし》とは？…植物《しょくぶつ》のアシ。「悪《あ》し」に聞《き》こえるので「善《よ》し」と言《い》いかえたことば。

六日《むいか》の菖蒲《あやめ》十日《とおか》の菊《きく》

つかいかた この招待券《しょうたいけん》は期限切《きげんぎ》れだよ、六日《むいか》の菖蒲《あやめ》十日《とおか》の菊《きく》だ。

いみ 時期《じき》おくれで役《やく》に立《た》たないもの。

さんこう 五月六日《ごがつむいか》の菖蒲《あやめ》では五月五日《ごがついつか》の端午《たんご》の節句《せっく》におくれてしまい、九月十日《くがつとおか》の菊《きく》では九月九日《くがつここのか》の菊《きく》の節句《せっく》におくれてしまうことから。

花《はな》を持《も》たせる

つかいかた 二人《ふたり》の共同研究《きょうどうけんきゅう》だが、発表会《はっぴょうかい》では彼《かれ》に花《はな》を持《も》たせよう。

いみ てがらをゆずったり、わざと負《ま》けたりして、相手《あいて》を引《ひ》き立《た》てること。

さんこう 「花《はな》」は、ここでは勝利《しょうり》、名誉《めいよ》。

「杜若《かきつばた》」は花《はな》の名前《なまえ》。よく似《に》ている種類《しゅるい》で、区別《くべつ》がつきにくいことから。

5 しぜん

花（はな）

花《はな》より団子《だんご》

つかいかた
贈《おく》り物《もの》なら花《はな》より団子《だんご》で、花束《はなたば》よりケーキのほうがうれしい。

いみ
外見《がいけん》のはなやかさより、実際《じっさい》に役立《やくだ》つもののほうがいい。美《うつく》しい花《はな》をただながめるより、うまい団子《だんご》を食《た》べるほうがいいということ。

両手《りょうて》に花《はな》

つかいかた
姪《めい》を二人《ふたり》連《つ》れてきた叔父《おじ》が、両手《りょうて》に花《はな》とからかわれる。

いみ
二《ふた》つのよいもの・美《うつく》しいものを同時《どうじ》に手《て》に入《い》れること。また、男性《だんせい》が女性《じょせい》二人《ふたり》にはさまれていること。

さんこう
「花《はな》」は、ここでは美《うつく》しくはなやかなもの。

いずれ菖蒲《あやめ》か杜若《かきつばた》…どちらもすぐれていて、選《えら》ぶのに困《こま》ること。「菖蒲《あやめ》」、

高嶺《たかね》の花《はな》

つかいかた 彼女《かのじょ》は、ぼくにとっては高嶺《たかね》の花《はな》だ。

いみ 遠《とお》くから見《み》るだけで、実際《じっさい》には自分《じぶん》の手《て》にすることができないもののこと。

さんこう 「高嶺《たかね》」は、高《たか》い山《やま》の頂《いただき》。高《たか》い峰《みね》に咲《さ》く花《はな》は、遠《とお》くから見《み》るだけで、手《て》に取《と》ることはできないことから。「高根《たかね》の花《はな》」とも書《か》く。

花（はな）

一《ひと》花《はな》咲《さ》かせる

つかいかた もう一花《ひとはな》咲《さ》かせてから引退《いんたい》したい。

いみ 一時成功《いっときせいこう》してはなやかに活躍《かつやく》する。

さんこう 「一花《ひとはな》」は、一時《いっとき》の栄華《えいが》。「一花《ひとはな》咲《さ》かす」ともいう。

花《はな》も実《み》もある…見《み》た目《め》が美《うつく》しいだけでなく、中身《なかみ》もすばらしいということ。

木《き》で鼻《はな》を括《くく》る

つかいかた 寄《き》付《ふ》をお願《ねが》いしたら木《き》で鼻《はな》を括《くく》ったような返《へん》事《じ》だった。

いみ 人《ひと》に対《たい》する態《たい》度《ど》が冷《つめ》たく無《ぶ》愛《あい》想《そう》であること。

さんこう 「括《くく》る」は、こするという意《い》味《み》。鼻《はな》をかむのに紙《かみ》でなく木《き》を使《つか》うということ。

枯《か》れ木《き》も山《やま》のにぎわい

つかいかた 口《くち》下《べ》手《た》ですが、枯《か》れ木《き》も山《やま》のにぎわいで参《さん》加《か》させていただきました。

いみ つまらないものでも、ないよりはましであること。

さんこう たとえ枯《か》れ木《き》でも、あれば山《やま》がにぎやかでよいという意《い》味《み》。自《じ》分《ぶん》のことを遠《えん》慮《りょ》がちに言《い》うことばで、他《た》人《にん》には使《つか》わない。

木《き》を見《み》て森《もり》を見《み》ず…細《こま》かいところに気《き》を取《と》られ、全《ぜん》体《たい》を見《み》失《うしな》ってしまうこと。

根《ね》掘《ほ》り葉《は》掘《ほ》り

つかいかた かくしていることはないかと、兄《あに》に根《ね》掘《ほ》り葉《は》掘《ほ》り聞《き》かれた。

いみ 細《こま》かいことまで、残《のこ》らずたずねるようす。何《なに》から何《なに》まで全部《ぜんぶ》。

さんこう 「根《ね》掘《ほ》り」は、根《ね》まで掘《ほ》ってという意味《いみ》。「葉《は》掘《ほ》り」は「根《ね》掘《ほ》り」に調子《ちょうし》を合《あ》わせたもの。

根（ね）

根《ね》も葉《は》もない

つかいかた 根《ね》も葉《は》もないうわさを立《た》てられる。

いみ 何《なん》の根拠《こんきょ》もなく、でたらめであること。

さんこう 根《ね》も葉《は》もない植物《しょくぶつ》はないということから。

草《くさ》の根《ね》を分《わ》けて捜《さが》す…徹底的《てっていてき》に、すみずみまで捜《さが》すこと。

雨《う》後《ご》の竹《たけ》の子《こ》

つかいかた
一《ひと》つヒット商品《しょうひん》が出《で》ると、似《に》たような品《しな》が雨《う》後《ご》の竹《たけ》の子《こ》のように売《う》り出《だ》される。

いみ
同《おな》じようなものが、次《つぎ》から次《つぎ》と、続《つづ》いて出《で》てくること。

さんこう
「竹《たけ》の子《こ》」は、春《はる》に出《で》てくる食用《しょくよう》になる若芽《わかめ》。雨《あめ》の降《ふ》った後《あと》の竹《たけ》やぶには竹《たけ》の子《こ》が次々《つぎつぎ》と生《は》えてくることから。「雨《う》後《ご》の筍《たけのこ》」とも書《か》く。

もっとわかる

「雨《あめ》」を使《つか》うことば ➡ 264ページ

「芽《め》」に関係《かんけい》することば

- 芽《め》が出《で》る（木《き》や草《くさ》の芽《め》が出《で》ることから、幸運《こううん》がめぐってくること）
- 芽《め》を摘《つ》む（これから大《おお》きく成長《せいちょう》しそうなものや、はびこりそうなものを、小《ちい》さいうちから取《と》り除《のぞ》く）
- 芽《め》を吹《ふ》く（草木《くさき》の芽《め》が出《で》てくる。また、才能《さいのう》などが出始《ではじ》める）

木《き》に竹《たけ》を接《つ》ぐ…性質《せいしつ》がちがいすぎて、つり合《あ》いがとれないこと。

竹《たけ》を割《わ》ったよう

つかいかた 母《はは》は、とても明《あか》るくて、竹《たけ》を割《わ》ったような性格《せいかく》の持《も》ち主《ぬし》だ。

いみ 性格《せいかく》が素直《すなお》でさっぱりしているようす。曲《ま》がったところがないようす。

さんこう 竹《たけ》を縦《たて》に割《わ》ると、まっすぐに割《わ》れることから。

竹（たけ・ちく）

破《は》竹《ちく》の勢《いきお》い

つかいかた 初戦《しょせん》から破《は》竹《ちく》の勢《いきお》いで勝《か》ち進《すす》む。

いみ 猛烈《もうれつ》な勢《いきお》いでつき進《すす》むようす。

さんこう 竹《たけ》は、はじめの節《ふし》を割《わ》ると、後《あと》は簡単《かんたん》に勢《いきお》いよく割《わ》れることから。

いうことば。おわん型《がた》のからをかぶった、かたい実《み》。

団栗《どんぐり》の背比《せいくら》べ

つかいかた　どの作品《さくひん》も団栗《どんぐり》の背比《せいくら》べで、そう変《か》わらない。

いみ　どれもみな代《か》わりばえがなく、特《とく》にすぐれたものがないこと。

さんこう　「どんぐり」は、クヌギやカシワなどの木《き》の実《み》のこと。形《かたち》や大《おお》きさがほとんど同《おな》じで見分《みわ》けがつかないことからいう。「団栗《どんぐり》の背競《せいくら》べ」とも書《か》く。

にたいみのことば　五十歩百歩《ごじっぽひゃっぽ》（↓314ページ）●似《に》たり寄《よ》ったり●大同小異《だいどうしょうい》

もっとわかる

「平凡《へいぼん》」の意味《いみ》のことば

● 蛙《かえる》の子《こ》は蛙《かえる》（平凡《へいぼん》な人《ひと》の子《こ》は、やはり平凡《へいぼん》な人《ひと》になる）↓222ページ

● 瓜《うり》の蔓《つる》に茄子《なすび》はならぬ（ふつうの親《おや》からは、すぐれた子供《こども》は生《う》まれない）↓146ページ

● 可《か》もなく不可《ふか》もなし（特《とく》に悪《わる》い点《てん》もよい点《てん》もなく、ごく平凡《へいぼん》である）

団栗《どんぐり》とは？…クヌギ・カシワ・ナラなど、いくつもの種類《しゅるい》の木《き》の実《み》をまとめて

瓢《ひょう》箪《たん》から駒《こま》が出《で》る

つかいかた 「自分《じぶん》から進《すす》んでお手伝《てつだ》いをするなんて、雪《ゆき》でも降《ふ》るんじゃないか」と言《い》ったら、瓢《ひょう》箪《たん》から駒《こま》が出《で》るで、本当《ほんとう》に雪《ゆき》が降《ふ》ってきた。

いみ 思《おも》いがけない所《ところ》から思《おも》いがけない物《もの》が出《で》てくること。冗談《じょうだん》が本当《ほんとう》になること。

さんこう 「駒《こま》」は、馬《うま》のこと。瓢箪《ひょうたん》の小《ちい》さな口《くち》から馬《うま》が出《で》てくるような、ありえないことが起《お》こったということから。略《りゃく》して「瓢箪《ひょうたん》から駒《こま》」ともいう。

にたいみのことば 嘘《うそ》から出《で》た実《まこと》（嘘《うそ》を言《い》ったつもりなのに、本当《ほんとう》になってしまうこと）

もっとわかる 「駒《こま》」を使《つか》うことば

● 駒《こま》を進《すす》める（ゲームに勝《か》つなどして、次《つぎ》の段階《だんかい》へと進《すす》むこと。馬《うま》に乗《の》って進《すす》むという意味《いみ》）

器《うつわ》にし、水《みず》や酒《さけ》などを入《い》れる。

実《み》を結《むす》ぶ

つかいかた 努力《どりょく》が実《み》を結《むす》んで、金賞《きんしょう》をとることができた。

いみ 努力《どりょく》して、よい結果《けっか》が得《え》られること。

さんこう 植物《しょくぶつ》の実《み》がなることにたとえたもの。

はんたいのことば 水泡《すいほう》に帰《き》する ● 棒《ぼう》に振《ふ》る（今《いま》までの苦労《くろう》をむだにすること）

蒔《ま》かぬ種《たね》は生《は》えぬ

つかいかた 勉強《べんきょう》しなくちゃ合格《ごうかく》は無理《むり》、蒔《ま》かぬ種《たね》は生《は》えぬだよ。

いみ 前《まえ》もって努力《どりょく》しなければ、よい結果《けっか》は生《う》まれない。原因《げんいん》がなければ結果《けっか》はないということ。

さんこう 種《たね》を蒔《ま》かなければ芽《め》は出《で》ないということ。

瓢箪《ひょうたん》とは？…ウリのなかまのつる草《くさ》。実《み》は真《ま》ん中《なか》がくびれ、中《なか》をくりぬいて

雨《あめ》降《ふ》って地《じ》固《かた》まる

つかいかた 雨《あめ》降《ふ》って地《じ》固《かた》まるで、けんかの後《あと》、二人《ふたり》は前《まえ》よりも親《した》しくなった。

いみ 悪《わる》いことが起《お》こった後《あと》は、かえって前《まえ》よりよい状態《じょうたい》になるということ。

さんこう 雨《あめ》で地面《じめん》がぬかるんでも、雨《あめ》があがると、前《まえ》よりもしっかり固《かた》まることから。

もっとわかる

「降《ふ》る」を使《つか》うことば

- 降《ふ》って湧《わ》いたよう（思《おも》いがけなく起《お》こったようす）
- 槍《やり》が降《ふ》っても（槍《やり》が降《ふ》ってくるようなひどい目《め》にあっても、必《かなら》ず実行《じっこう》するという固《かた》い決意《けつい》）

「固《かた》まる」を使《つか》うことば

- 身《み》を固《かた》める（結婚《けっこん》して家庭《かてい》を持《も》つ）
- 腹《はら》を固《かた》める（決心《けっしん》する）

晴耕雨読《せいこううどく》…のんびりと好《す》きなようにして、静《しず》かに暮《く》らすこと。

雨《あま》垂《だ》れ石《いし》を穿《うが》つ

つかいかた 雨《あま》垂《だ》れ石《いし》を穿《うが》つだ、一日《いちにち》に一字《いちじ》ずつでも漢字《かんじ》を覚《おぼ》えるようにしよう。

いみ 小《ちい》さな努力《どりょく》でも、根気《こんき》よく続《つづ》ければ成功《せいこう》するということ。

さんこう 「うがつ」は、穴《あな》をあける。雨垂《あまだ》れも、長《なが》い間《あいだ》同《おな》じところに落《お》ち続《つづ》けると、石《いし》に穴《あな》をあけるという意味《いみ》。「点滴石《てんてきいし》を穿《うが》つ」ともいう。

もっとわかる

「穿《うが》つ」を使《つか》うことば

- 微《び》に入《い》り細《さい》を穿《うが》つ（細《こま》かいところまでゆき届《とど》くこと）

「根気《こんき》よく努力《どりょく》する」意味《いみ》のことば

- 石《いし》の上《うえ》にも三年《さんねん》（どんなに苦《くる》しくても、じっとがまんしてがんばっていれば、必《かなら》ずむくわれる）⬇249ページ
- ローマは一日《いちにち》にして成《な》らず（大《おお》きな仕事《しごと》は、時間《じかん》をかけて努力《どりょく》を重《かさ》ねなければ成《な》しとげられない）

5 しぜん

朝雨《あさあめ》に傘《かさ》要《い》らず…朝《あさ》の雨《あめ》はすぐにやむので、傘《かさ》を持《も》っていかなくてもよい。

風《かぜ》が吹《ふ》けば桶《おけ》屋《や》が儲《もう》かる

つかいかた クラスの流行《りゅうこう》が町《まち》のおもちゃ屋《や》さんの売《う》り上《あ》げを変《か》えるとは、風《かぜ》が吹《ふ》けば桶屋《おけや》が儲《もう》かるだね。

いみ 回《まわ》り回《まわ》って思《おも》いがけないところに影響《えいきょう》がおよぶこと。

さんこう 大風《おおかぜ》が吹《ふ》けば砂《すな》ぼこりのため盲人《もうじん》が増《ふ》える。盲人《もうじん》は芸《げい》で身《み》を立《た》てようと三味線《しゃみせん》を習《なら》う。すると三味線《しゃみせん》に張《は》る猫《ねこ》の皮《かわ》がたくさん必要《ひつよう》になる。そのため、猫《ねこ》の数《かず》が減《へ》って鼠《ねずみ》が増《ふ》える。鼠《ねずみ》は桶《おけ》をかじるので、桶屋《おけや》がはんじょうするという話《はなし》から。「大風《おおかぜ》が吹《ふ》けば桶屋《おけや》が儲《もう》かる」ともいう。

もっとわかる

「吹《ふ》く」を使《つか》うことば

- 明日《あした》は明日《あした》の風《かぜ》が吹《ふ》く ⬇267ページ
- 臆病風《おくびょうかぜ》に吹《ふ》かれる（おじけづくことを、臆病《おくびょう》にする風《かぜ》に吹《ふ》かれたためと考《かんが》えたことば）
- どこ吹《ふ》く風《かぜ》（まったく関係《かんけい》ないという態度《たいど》をとること）

風上《かざかみ》に置《お》けない…性質《せいしつ》や行《おこな》いの悪《わる》い人《ひと》を、ののしって言《い》うことば。

明日《あした》は明日《あした》の風《かぜ》が吹《ふ》く

つかいかた いつまでも失敗《しっぱい》を気《き》にしていたってしようがない、明日《あした》は明日《あした》の風《かぜ》が吹《ふ》く。

いみ 先《さき》のことを、くよくよと気《き》にするなということ。

さんこう 明日《あした》は今日《きょう》とちがった風《かぜ》が吹《ふ》くのだから、明日《あした》のことは気《き》にせずに明日《あした》になって考《かんが》えようという意味《いみ》。

秋《あき》風《かぜ》が立《た》つ

つかいかた 仲《なか》がよかった二人《ふたり》の間《あいだ》に秋風《あきかぜ》が立《た》つ。

いみ 仲《なか》がよかった男女《だんじょ》の愛情《あいじょう》がさめること。

さんこう 「秋《あき》」に「飽《あ》き」をひっかけたことば。「秋風《あきかぜ》が吹《ふ》く」ともいう。

風《かぜ》の便《たよ》り…風《かぜ》が運《はこ》んできたように、どこからともなく伝《つた》わってきたうわさ。

雲《うん》泥《でい》の差《さ》

つかいかた

二《ふた》つの製品《せいひん》は見《み》た目《め》がとても似《に》ているが、性能《せいのう》の点《てん》で雲泥《うんでい》の差《さ》がある。

いみ

二《ふた》つのものごとに、とても大《おお》きなちがいがあること。非《ひ》常《じょう》なへだたりがあること。

さんこう

「雲泥《うんでい》」は、天《てん》の雲《くも》と地《ち》の泥《どろ》のこと。それぞれを天《てん》と地《ち》にたとえ、天《てん》と地《ち》ほどのちがいがあるという意味《いみ》。

にたいみのことば

提灯《ちょうちん》に釣《つ》り鐘《がね》 （↓130ページ） ●月《つき》と鼈《すっぽん》 （↓271ページ）

もっとわかる

「泥《どろ》」を使《つか》うことば

● 顔《かお》に泥《どろ》を塗《ぬ》る（名誉《めいよ》を傷《きず》つける。恥《はじ》をかかせる。顔《かお》を泥《どろ》でよごすようにという意味《いみ》）↓40ページ
● 泥《どろ》を被《かぶ》る（損《そん》な役目《やくめ》を引《ひ》き受《う》ける）
● 泥《どろ》を吐《は》く（かくしていた悪事《あくじ》を白状《はくじょう》する）
● 泥《どろ》のように眠《ねむ》る（つかれ果《は》てて、ぐっすりと眠《ねむ》りこむ）

雲行《くもゆ》きが怪《あや》しい…何《なに》かが起《お》こりそうで、ようすがおかしい。

雲《くも》をつかむ

つかいかた　何億年《なんおくねん》も前《まえ》の化石《かせき》と言《い》われても、まるで**雲《くも》をつかむ**話《はなし》で、ぴんと来《こ》ない。

いみ　とらえどころがなく、はっきりしないようす。

さんこう　ふわふわとして、つかみようのない雲《くも》をつかむような感《かん》じということから。

雲（くも・うん）

雲《くも》を衝《つ》く

つかいかた　体育《たいいく》の先生《せんせい》は、**雲《くも》を衝《つ》く**ような大男《おおおとこ》だ。

いみ　背《せ》が非常《ひじょう》に高《たか》いようす。

さんこう　雲《くも》を衝《つ》き上《あ》げるほど高《たか》いという意味《いみ》。「雲衝《くもつ》く」ともいう。

5 しぜん

雲《くも》を霞《かすみ》と…雲《くも》や霞《かすみ》にまぎれるように、一目散《いちもくさん》ににげて姿《すがた》をかくすようす。

日《ひ》の目《め》を見《み》る

つかいかた その小説《しょうせつ》は、作家《さっか》の死後《しご》にやっと日《ひ》の目《め》を見《み》た。

いみ うもれていたものが、世《よ》の中《なか》に出《で》て人《ひと》に知《し》られ認《みと》められること。

さんこう 「日《ひ》の目《め》」は、日《ひ》の光《ひかり》のこと。太陽《たいよう》の光《ひかり》を浴《あ》びるという意味《いみ》から。

日（ひ）

西《にし》から日《ひ》が出《で》る

つかいかた 楽《らく》をしてお金《かね》が増《ふ》えるだなんて、西《にし》から日《ひ》が出《で》るような話《はなし》だ。

いみ 絶対《ぜったい》にあるはずがないことのたとえ。

さんこう 太陽《たいよう》は、東《ひがし》から出《で》て西《にし》にしずむことから。

5 しぜん

日《ひ》の当《あ》たる場所《ばしょ》…めぐまれた、よい地位《ちい》や環境《かんきょう》。太陽《たいよう》の光《ひかり》がさす所《ところ》の意味《いみ》。

月《つき》と鼈《すっぽん》

つかいかた　テニスが強《つよ》いといったって、プロ選手《せんしゅ》と比《くら》べたら月《つき》と鼈《すっぽん》だ。

いみ　二《ふた》つのものが、比《くら》べものにならないほどひどくかけはなれていること。

さんこう　月《つき》も亀《かめ》のスッポンの背中《せなか》も、形《かたち》が丸《まる》く似《に》ているが、まるでちがうという意味《いみ》。

にたいみのことば　提灯《ちょうちん》に釣《つ》り鐘《がね》（⬇130ページ）●雲泥《うんでい》の差《さ》（⬇268ページ）

もっとわかる

「丸《まる》い」に関係《かんけい》することば

● 目《め》を丸《まる》くする（びっくりして、目《め》を大《おお》きく開《ひら》く）⬇48ページ
● 丸《まる》い卵《たまご》も切《き》りようで四角《しかく》（物《もの》も言《い》いようで、おだやかに済《す》むこともあれば、相手《あいて》をおこらせてしまうこともある）⬇149ページ
● 頭《あたま》を丸《まる》める（髪《かみ》の毛《け》をそって、お坊《ぼう》さんになる。また、坊主頭《ぼうずあたま》になる）

月《つき》に叢雲《むらくも》、花《はな》に風《かぜ》…よいことには、とかくじゃまが入《はい》りやすいということ。

天《てん》高《たか》く馬《うま》肥《こ》ゆる秋《あき》

つかいかた

天高《てんたか》く馬肥《うまこ》ゆる秋《あき》だからといって、調子《ちょうし》に乗《の》って食《た》べ過《す》ぎないようにね。

いみ

秋《あき》は空気《くうき》がすみわたり空《そら》が高《たか》く晴《は》れ、馬《うま》も食欲《しょくよく》が出《で》てよく太《ふと》るよい季節《きせつ》だ。

さんこう

もともとは、昔《むかし》、中国《ちゅうごく》で、秋《あき》になると遊牧民族《ゆうぼくみんぞく》がたくましくなった馬《うま》に乗《の》っておそってくるぞという警戒《けいかい》の意味《いみ》で用《もち》いたという。「天高《てんたか》く馬肥《うまこ》ゆ」「秋高《あきたか》く馬肥《うまこ》ゆ」ともいう。

もっとわかる

「馬《うま》」を使《つか》うことば ➡184ページ

「秋《あき》」を使《つか》うことば

● 秋茄子嫁《あきなすびよめ》に食《く》わすな（秋《あき》にできるおいしい茄子《なす》は、もったいないから嫁《よめ》に食《た》べさせるな）

● 秋《あき》の日《ひ》は釣瓶落《つるべお》とし（秋《あき》は日《ひ》が短《みじか》く、あっという間《ま》に暮《く》れるものだ） ➡132ページ

天《てん》にも昇《のぼ》る心地《ここち》…とてもうれしくて、うきうきすること。

天《てん》に向《む》かって唾《つば》を吐《は》く

つかいかた 悪口《わるくち》もほどほどにしないと、天《てん》に向《む》かって唾《つば》を吐《は》くことになるぞ。

いみ 人《ひと》を痛《いた》めつけようとして、かえって自分《じぶん》が痛《いた》い目《め》にあう。

さんこう 天《てん》に向《む》かって唾《つば》をすれば、それがそのまま自分《じぶん》の顔《かお》に落《お》ちて来《く》ることから。「唾《つば》」は「つばき」とも読《よ》む。「天《てん》に唾《つば》す」「天《てん》を仰《あお》いで唾《つば》す」ともいう。

天（てん）

運《うん》を天《てん》に任《まか》せる

つかいかた やるだけのことはやった、後《あと》は運《うん》を天《てん》に任《まか》せる。

いみ 運命《うんめい》はどうにもできないので、じたばたしないで自然《しぜん》のなりゆきに従《したが》うということ。

天《てん》は二物《にぶつ》を与《あた》えず…人《ひと》は、いくつもの才能《さいのう》を持《も》ってはいない。

地《ち》に落《お》ちる

つかいかた　わいろを受《う》け取《と》っていたことがわかり、大臣《だいじん》の威《い》信《しん》は地《ち》に落《お》ちた。

いみ　評判《ひょうばん》や権威《けんい》などが、力《ちから》を失《うしな》うこと。

さんこう　地上《ちじょう》に落《お》ちるという意味《いみ》。

地（ち）

足《あし》が地《ち》に着《つ》かない

つかいかた　ダンスの発表会《はっぴょうかい》で、大勢《おおぜい》の前《まえ》で上《あ》がってしまい、足《あし》が地《ち》に着《つ》かない。

いみ　気持《きも》ちが落《お》ち着《つ》かず、不安定《ふあんてい》であること。

さんこう　足《あし》で地面《じめん》をしっかりふみしめていないようすから。「足《あし》が地《ち》に付《つ》かない」とも書《か》く。

驚天動地《きょうてんどうち》…世間《せけん》を強《つよ》く驚《おどろ》かすこと。天《てん》を驚《おどろ》かし、地《ち》を動《うご》かすという意味《いみ》。

第6章
いろ

第《だい》6章《しょう》

いろ

色《いろ》

278ページ

色《いろ》を失《うしな》う
色《いろ》をなす
顔色《かおいろ》をうかがう
色眼鏡《いろめがね》で見《み》る
旗色《はたいろ》が悪《わる》い
目《め》の色《いろ》を変《か》える

青《あお》

282

青筋《あおすじ》を立《た》てる
青二才《あおにさい》
青雲《せいうん》の志《こころざし》
青菜《あおな》に塩《しお》 ➡塩《しお》（144ページ）

赤《あか》

284

赤《あか》の他人《たにん》
隣《となり》の花《はな》は赤《あか》い
真《ま》っ赤《か》な嘘《うそ》
紅一点《こういってん》
朱《しゅ》に交《まじ》われば赤《あか》くなる

朱《しゅ》を入《い》れる
朱《あけ》に染《そ》まる

黄《き》

288

黄色《きいろ》い声《こえ》
嘴《くちばし》が黄色《きいろ》い

白《しろ》

289

白《しろ》い歯《は》を見《み》せる
白《しろ》い目《め》で見《み》る
白黒《しろくろ》をつける
目《め》を白黒《しろくろ》させる
白羽《しらは》の矢《や》が立《た》つ
白紙《はくし》に戻《もど》す
白眉《はくび》
紺屋《こうや》の白袴《しろばかま》 ↓紺屋《こうや》（89ページ）
目白押《めじろお》し ↓目白《めじろ》（204ページ）

黒《くろ》

294

黒山《くろやま》の人《ひと》だかり
腹《はら》が黒《くろ》い
白黒《しろくろ》をつける ↓白《しろ》（291ページ）
目《め》を白黒《しろくろ》させる ↓白《しろ》（291ページ）

色《いろ》を失《うしな》う

つかいかた 団体戦《だんたいせん》でのわがチームの主将《しゅしょう》の思《おも》いがけない負《ま》け方《かた》に、全員《ぜんいん》が**色《いろ》を失《うしな》う**。

いみ おどろいたり、こわかったりして、顔色《かおいろ》が青《あお》くなる。真《ま》っ青《さお》になる。

さんこう 「色《いろ》」は、顔色《かおいろ》のこと。血《ち》の気《け》がなくなって、顔《かお》の赤《あか》みを失《うしな》ってしまうということ。

にたいみのことば 血《ち》の気《け》が失《う》せる ● 血《ち》の気《け》が引《ひ》く

もっとわかる

「失《うしな》う」を使《つか》うことば

- 気《き》を失《うしな》う（意識《いしき》をなくす。気絶《きぜつ》する）
- 顔色《がんしょく》を失《うしな》う（顔《かお》の色《いろ》が青《あお》くなり、元気《げんき》がなくなる）
- 正気《しょうき》を失《うしな》う（意識《いしき》をなくす）
- 度《ど》を失《うしな》う（あわてて落《お》ち着《つ》きをなくす）
- 面目《めんぼく》を失《うしな》う（体面《たいめん》や名誉《めいよ》を傷《きず》つける）

6 いろ

顔色無《がんしょくな》し…相手《あいて》に力《ちから》を見《み》せつけられ、元気《げんき》がないようす。

色《いろ》をなす

つかいかた
「人《ひと》のものを勝手《かって》に持《も》っていくな」と、色《いろ》をなしてつめ寄《よ》る。

いみ
腹《はら》を立《た》てて、顔色《かおいろ》を変《か》えること。

さんこう
「色《いろ》」は、顔色《かおいろ》のこと。

色（いろ）

顔《かお》色《いろ》をうかがう

つかいかた
「おこっているのかなあ」と、そっと顔色《かおいろ》をうかがう。

いみ
顔《かお》の表情《ひょうじょう》を見《み》て、思《おも》っていることや、きげんのよしあしを察《さっ》しようとすること。

にたいみのことば
鼻息《はないき》をうかがう（息《いき》づかいから、心《こころ》の動《うご》きやきげんを察《さっ》しようとする）

難色《なんしょく》を示《しめ》す…なかなか「うん」と言《い》わない。承知《しょうち》しようとしない。

色《いろ》眼鏡《めがね》で見《み》る

つかいかた　はでな服装《ふくそう》をしているからといって、**色眼鏡《いろめがね》で見《み》る**のはよくない。

いみ　思《おも》い込《こ》みやかたよった考《かんが》えで、人《ひと》やものごとを見《み》ること。

さんこう　「色眼鏡《いろめがね》」は、色《いろ》のついた眼鏡《めがね》。

旗《はた》色《いろ》が悪《わる》い

つかいかた　一《ひと》つのエラーがきっかけで試合《しあい》の流《なが》れが変《か》わりどうも**旗色《はたいろ》が悪《わる》い**。

いみ　戦《たたか》いや試合《しあい》での形勢《けいせい》が、よくないこと。負《ま》けそうであること。

さんこう　「旗色《はたいろ》」は、戦場《せんじょう》で旗《はた》のひるがえるようす。

喜色満面《きしょくまんめん》…喜《よろこ》びが顔《かお》いっぱいに表《あらわ》れているようす。

目《め》の色《いろ》を変《か》える

つかいかた

目《め》の色《いろ》を変《か》えるね。

しょうたくんは、大好《だいす》きなサッカーのこととなると、興奮《こうふん》したり、腹《はら》を立《た》てたり、びっくりしたり、何《なに》かに熱《ねっ》中《ちゅう》したりして、目付《めつ》きを変《か》えるようす。

いみ

「目《め》の色《いろ》」は、目《め》の表情《ひょうじょう》、目付《めつ》きという意味《いみ》。

さんこう

もっとわかる

「目《め》」を使《つか》うことば ⬇44ページ

「変《か》える」を使《つか》うことば

- 血相《けっそう》を変《か》える（おどろいたりおこったりして、興奮《こうふん》して顔色《かおいろ》を変《か》える）
- 目先《めさき》を変《か》える（人《ひと》を引《ひ》きつけ、あきさせないために、今《いま》までとはちがったようすに変《か》える）
- 攻守所《こうしゅところ》を変《か》える（攻《せ》める側《がわ》と守《まも》る側《がわ》の立場《たちば》が逆《ぎゃく》になる）
- 所《ところ》変《か》われば品《しな》変《か》わる（地方《ちほう》によって、ことばや習慣《しゅうかん》がちがうということ）⬇333ページ

十人十色《じゅうにんといろ》…人《ひと》はそれぞれ、考《かんが》え方《かた》や好《この》みがちがうものだということ。

青《あお》筋《すじ》を立《た》てる

つかいかた 兄《あに》の、あまりにひどいいたずらに、父《ちち》が青筋《あおすじ》を立《た》てる。

いみ かんかんになっておこる。

さんこう 「青筋《あおすじ》」は、額《ひたい》やこめかみに見《み》える血管《けっかん》の筋《すじ》。おこると、青筋《あおすじ》がうき出《で》て見《み》えることから。

もっとわかる

「かんかんにおこる」意味《いみ》のことば

- 頭《あたま》に湯気《ゆげ》を立《た》てる（真《ま》っ赤《か》になっておこる）⬇36ページ
- 目《め》を剥《む》く（目《め》を大《おお》きく開《ひら》いておこる）
- 目《め》を三角《さんかく》にする（おこって、こわい目付《めつ》きをする）⬇48ページ
- 腸《はらわた》が煮《に》えくり返《かえ》る（腹《はら》が立《た》って、腹《はら》の中《なか》がぐらぐら煮《に》えたぎるようだ）⬇31ページ
- 堪忍袋《かんにんぶくろ》の緒《お》が切《き》れる（がまんできずに、いかりが爆発《ばくはつ》する）
- 逆鱗《げきりん》に触《ふ》れる（目上《めうえ》の人《ひと》を、ひどくおこらせる）⬇326ページ

青《あお》は藍《あい》より出《い》でて藍《あい》より青《あお》し…教《おし》え子《こ》が先生《せんせい》よりえらくなること。

青《あお》二《に》才《さい》

つかいかた 青二才《あおにさい》あつかいをされて、くやしい。

いみ 経験《けいけん》の少《すく》ない未熟《みじゅく》な若《わか》いやつ。未熟《みじゅく》な若者《わかもの》をばかにしていうことば。

さんこう 「青《あお》」は、若《わか》い、未熟《みじゅく》なという意味《いみ》。「二才《にさい》」は若者《わかもの》の意味《いみ》の「新背《にいせ》」からきたことば。

青（あお・せい）

青《せい》雲《うん》の志《こころざし》

つかいかた 青雲《せいうん》の志《こころざし》をいだいて、東京《とうきょう》へ出《で》る。

いみ 立身出世《りっしんしゅっせ》して、えらい人《ひと》になりたいと望《のぞ》む心《こころ》。

さんこう 「青雲《せいうん》」は、晴《は》れた高《たか》い空《そら》のことで、地位《ちい》や身分《みぶん》の高《たか》いことのたとえ。「志《こころざし》」は、希望《きぼう》や願《ねが》い。

青天《せいてん》の霹靂《へきれき》…突然《とつぜん》起《お》こった、思《おも》いもよらない大事件《だいじけん》。「霹靂《へきれき》」は、雷《かみなり》。

赤《あか》の他人《たにん》

つかいかた 彼《かれ》とぼくとは同《おな》じ名字《みょうじ》だけど、赤《あか》の他人《たにん》です。

いみ まったく関係《かんけい》のない人《ひと》。

さんこう 「赤《あか》」は、はっきりしたという意味《いみ》。

赤（あか）◆赤い（あかい）

隣《となり》の花《はな》は赤《あか》い

つかいかた 人《ひと》のおやつのほうがおいしそうだなんて、隣《となり》の花《はな》は赤《あか》いというものだ。

いみ 他人《たにん》の物《もの》は自分《じぶん》の物《もの》よりよく見《み》えて、うらやましく思《おも》えるものだということ。

さんこう 隣《となり》の家《いえ》の庭《にわ》に咲《さ》いている花《はな》は、自分《じぶん》の家《いえ》の庭《にわ》に咲《さ》いている花《はな》より、赤《あか》くてきれいに見《み》えるということから。

赤子《あかこ》の手《て》をねじる…赤《あか》ん坊《ぼう》の手《て》をねじるように、簡単《かんたん》なこと。

真《ま》っ赤《か》な嘘《うそ》

つかいかた めずらしい宝石《ほうせき》というのは真《ま》っ赤《か》な嘘《うそ》で、実《じつ》はにせ物《もの》だった。

いみ まったくの嘘《うそ》。

さんこう 「真《ま》っ赤《か》」は、はっきりしたという意味《いみ》の「赤《あか》」を強調《きょうちょう》した言《い》い方《かた》。

紅《こう》一点《いってん》

つかいかた 花恵《はなえ》さんは、野球部《やきゅうぶ》の紅一点《こういってん》だ。

いみ 大勢《おおぜい》の男性《だんせい》の中《なか》に、一人《ひとり》だけ女性《じょせい》がまじっていること。

さんこう 中国《ちゅうごく》の王安石《おうあんせき》の詩《し》の一節《いっせつ》、「万緑叢中紅一点《ばんりょくそうちゅうこういってん》」（一面《いちめん》の緑《みどり》の中《なか》に一《ひと》つだけ赤《あか》い花《はな》が咲《さ》いている）から。

赤《あか》い糸《いと》で結《むす》ばれる…結婚《けっこん》する運命《うんめい》にあるということのたとえ。

朱《しゅ》に交《まじ》われば赤《あか》くなる

つかいかた 朱《しゅ》に交《まじ》われば赤《あか》くなるで、新《あたら》しい友達《ともだち》ができてから兄《あに》の服装《ふくそう》が変《か》わった。

いみ 人《ひと》は、つきあう人《ひと》によって、よくも悪《わる》くもなるということ。

さんこう 「朱《しゅ》」は、赤《あか》い色《いろ》。「交《まじ》わる」は、友達《ともだち》として交際《こうさい》する。朱《しゅ》とつきあっていれば自然《しぜん》に自分《じぶん》も赤《あか》になるという意味《いみ》。ふつう悪《わる》い意味《いみ》に使《つか》われる。

もっとわかる

「交《まじ》わり」を使《つか》うことば

- 水魚《すいぎょ》の交《まじ》わり（水《みず》と魚《さかな》のように、切《き》っても切《き》りはなせない親《した》しい関係《かんけい》）
- 刎頸《ふんけい》の交《まじ》わり（「刎頸《ふんけい》」は首《くび》をはねること。その友人《ゆうじん》のためなら首《くび》をはねられても後悔《こうかい》しないほどの親《した》しい関係《かんけい》）
- 管鮑《かんぽう》の交《まじ》わり（「管鮑《かんぽう》」は、中国《ちゅうごく》の春秋時代《しゅんじゅうじだい》の「管仲《かんちゅう》」と「鮑叔牙《ほうしゅくが》」という仲《なか》のいい二人《ふたり》の名前《なまえ》。この二人《ふたり》のような親《した》しい関係《かんけい》ということ）

黄色《きいろ》がかった赤色《あかいろ》。

朱《しゅ》を入《い》れる

つかいかた 作品《さくひん》の一《ひと》つ一《ひと》つに、ていねいに朱《しゅ》を入《い》れる。

いみ 赤《あか》い文字《もじ》で訂正《ていせい》や書《か》き入《い》れをする。

さんこう 昔《むかし》、文章《ぶんしょう》を直《なお》すときに、赤《あか》い墨《すみ》を使《つか》った筆《ふで》（朱筆《しゅひつ》）で書《か》き入《い》れたことから。「朱筆《しゅひつ》を入《い》れる」「朱筆《しゅひつ》を加《くわ》える」「朱《しゅ》を加《くわ》える」ともいう。

朱（あけ・しゅ）

朱《あけ》に染《そ》まる

つかいかた 戦場《せんじょう》で戦《たたか》う武将《ぶしょう》が、全身《ぜんしん》朱《あけ》に染《そ》まってたおれる。

いみ 血《ち》だらけになる。血《ち》まみれになる。

さんこう 「朱《あけ》」は、赤《あか》い色《いろ》。全身《ぜんしん》が血《ち》で赤《あか》くなるということ。「緋《あけ》に染《そ》まる」とも書《か》く。

紅《べに》・朱《しゅ》とは？…どちらも特別《とくべつ》な赤色《あかいろ》のこと。「紅《べに》」は、あざやかな赤色《あかいろ》。「朱《しゅ》」は、

黄《き》色《いろ》い声《こえ》

つかいかた　アイドルのコンサートで、客席《きゃくせき》から黄《き》色《いろ》い声《こえ》を張《は》り上《あ》げる。

いみ　女《おんな》の人《ひと》や子供《こども》の、かん高《だか》い声《こえ》。

さんこう　「黄《き》色《いろ》い」は、かん高《だか》いという意味《いみ》。

黄色い（きいろい）

嘴《くちばし》が黄《き》色《いろ》い

つかいかた　嘴《くちばし》が黄《き》色《いろ》いやつが、えらそうにするな。

いみ　年《とし》が若《わか》く、まだ世《よ》の中《なか》のことをよく知《し》らないということ。経験《けいけん》の足《た》りない人《ひと》を見下《みくだ》したことば。

さんこう　生《う》まれたばかりの鳥《とり》のひなは、くちばしが黄《き》色《いろ》いことから。

黄塵万丈《こうじんばんじょう》…強《つよ》い風《かぜ》に吹《ふ》かれて、土煙《つちけむり》が空高《そらたか》く立《た》ちのぼるようす。

白《しろ》い歯《は》を見《み》せる

つかいかた 転校生《てんこうせい》はとてもおとなしい男《おとこ》の子《こ》だが、最近《さいきん》やっと打《う》ちとけて**白《しろ》い歯《は》を見《み》せる**ようになった。

いみ 笑顔《えがお》を見《み》せること。

さんこう 笑《わら》えば、歯《は》が見《み》えることから。

もっとわかる

「歯《は》」を使《つか》うことば ➡59ページ

「見《み》せる」を使《つか》うことば

- 後《うし》ろを見《み》せる（とてもかなわないと思《おも》って、敵《てき》に背中《せなか》を見《み》せてにげる。また、弱《よわ》みを見《み》せる）
- 目《め》に物見《ものみ》せる（相手《あいて》をひどい目《め》にあわせて、思《おも》い知《し》らせる）

「笑《わら》う」意味《いみ》のことば

- 顎《あご》を外《はず》す（顎《あご》が外《はず》れるほど口《くち》を大《おお》きく開《あ》けて大笑《おおわら》いする）
- 腹《はら》の皮《かわ》がよじれる（腹《はら》の皮《かわ》がねじれるほど、体《からだ》をねじ曲《ま》げて大笑《おおわら》いする）
- 腹《はら》を抱《かか》える（両手《りょうて》で腹《はら》を押《お》さえるようなかっこうをして大笑《おおわら》いする）

白《しら》を切《き》る…知《し》っているのに知《し》らないふりをする。しらばっくれる。

白《しろ》い目《め》で見《み》る

つかいかた うそをついていたのがばれて、クラスのみんなに**白《しろ》い目《め》で見《み》られる。**

いみ 冷《つめ》たい目付《めつ》きで見《み》る。白眼視《はくがんし》する。にくしみをこめた目《め》で人《ひと》を見《み》る。

さんこう 「白《しろ》い目《め》」は、白《しろ》い部分《ぶぶん》の多《おお》い目《め》。

もっとわかる

「目《め》」を使《つか》うことば ⬇44ページ

「きらう」意味《いみ》のことば

- 可愛《かわい》さ余《あま》って憎《にく》さが百倍《ひゃくばい》（可愛《かわい》ければ可愛《かわい》いほど、いったん憎《にく》いと思《おも》い始《はじ》めると、憎《にく》しみが強《つよ》くなるものだ）⬇316ページ
- 坊主憎《ぼうずにく》けりゃ袈裟《けさ》まで憎《にく》い（その人《ひと》が憎《にく》いと、その人《ひと》に関係《かんけい》のあるものすべてが憎《にく》らしくなる）⬇92ページ
- 目《め》の敵《かたき》にする（何《なに》かにつけて、相手《あいて》を憎《にく》く思《おも》う）
- 虫《むし》が好《す》かない（なんとなく好《す》きになれない）⬇220ページ

白日《はくじつ》の下《もと》にさらす…かくれていたものを、すべて明《あき》らかにする。

白（しろ・しら・はく）◆白い（しろい）

白《しろ》黒《くろ》をつける

つかいかた 裁判《さいばん》に持《も》ちこんで白黒《しろくろ》をつける。

いみ どちらが正《ただ》しいか、はっきりさせる。

さんこう 「白《しろ》」は、正《ただ》しいこと。「黒《くろ》」は、悪《わる》いことやまちがっていること。「黒白《こくびゃく》をつける」ともいう。

目《め》を白《しろ》黒《くろ》させる

つかいかた もちがのどにひっかかって、目《め》を白黒《しろくろ》させる。

いみ 息《いき》がつまりそうになり、目玉《めだま》をしきりに動《うご》かして苦《くる》しむ。

さんこう 「白黒《しろくろ》させる」は、黒目《くろめ》を激《はげ》しく動《うご》かすこと。ほかの人《ひと》が見《み》たときに、目《め》の玉《たま》が黒目《くろめ》になったり白目《しろめ》になったりするようすをいったもの。

青天白日《せいてんはくじつ》…心《こころ》にやましいことがなく、晴《は》れ晴《ば》れとした気分《きぶん》のこと。

白《しら》羽《は》の矢《や》が立《た》つ

つかいかた 学芸会《がくげいかい》の劇《げき》の主役《しゅやく》として、彼《かれ》に白羽《しらは》の矢《や》が立《た》つ。

いみ たくさんの中《なか》から、特《とく》に選《えら》び出《だ》されること。

さんこう いけにえとして選《えら》ばれる娘《むすめ》の家《いえ》の屋根《やね》に、白《しろ》い羽根《はね》の付《つ》いた矢《や》が立《た》つという昔話《むかしばなし》から。

白（しろ・しら・はく）◆白い（しろい）

白《はく》紙《し》に戻《もど》す

つかいかた 花《か》だんを作《つく》る話《はなし》は、予算《よさん》が足《た》りないので、いったん白紙《はくし》に戻《もど》しましょう。

いみ 何《なに》もなかった、初《はじ》めの状態《じょうたい》に戻《もど》すこと。

さんこう 「白紙《はくし》」は何《なに》も書《か》いていない白《しろ》い紙《かみ》。「白紙《はくし》に返《かえ》す」ともいう。

白砂青松《はくしゃせいしょう》…白《しろ》い砂浜《すなはま》と青《あお》い（緑《みどり》の）松《まつ》。美《うつく》しい海岸《かいがん》をいうことば。

白《はく》眉《び》

つかいかた この作品《さくひん》は、日本映画《にほんえいが》の白眉《はくび》だ。

いみ 多《おお》くの中《なか》で、最《もっと》もすぐれているもの。

さんこう 「白眉《はくび》」は、白《しろ》い眉毛《まゆげ》のこと。昔《むかし》、中国《ちゅうごく》に優秀《ゆうしゅう》な五《ご》人兄弟《にんきょうだい》がいたが、中《なか》でも特《とく》にすぐれている長男《ちょうなん》の眉《まゆ》が白《しろ》かったという話《はなし》から。

もっとわかる

「眉《まゆ》」を使《つか》うことば ➡49ページ

「すぐれる」意味《いみ》のことば

- 群《ぐん》を抜《ぬ》く（大勢《おおぜい》の中《なか》で、ずば抜《ぬ》けてすぐれている）
- 一頭地《いっとうち》を抜《ぬ》く（ほかより、ひときわすぐれている）
- 右《みぎ》に出《で》る（その人《ひと》よりも、すぐれている）➡338ページ
- 頭角《とうかく》を現《あらわ》す（才能《さいのう》や技術《ぎじゅつ》が、ほかの人《ひと》よりも特《とく》にすぐれて目立《めだ》つ。「頭角《とうかく》」は、頭《あたま》のてっぺんのこと）
- 異彩《いさい》を放《はな》つ（ひときわ目立《めだ》ってすぐれている）

顔面蒼白《がんめんそうはく》…顔色《かおいろ》に血《ち》の気《け》がなく、青《あお》ざめて見《み》えるようす。

黒《くろ》山《やま》の人《ひと》だかり

つかいかた 大道芸《だいどうげい》に黒山《くろやま》の人《ひと》だかりができる。

いみ 人《ひと》が、群《むら》がり集《あつ》まっているようす。

さんこう 人《ひと》が群《むら》がって黒《くろ》い山《やま》のように見《み》えることから。

黒（くろ）◆黒い（くろい）

腹《はら》が黒《くろ》い

つかいかた あの人《ひと》は親切《しんせつ》そうだが、実《じつ》は腹《はら》が黒《くろ》い。

いみ 心《こころ》に悪《わる》い考《かんが》えを持《も》っているようす。腹《はら》の中《なか》が、黒《くろ》くよごれているという意味《いみ》。

さんこう 「腹黒《はらぐろ》い」ともいう。

もっとわかる 「腹《はら》」を使《つか》うことば ↓21ページ

目《め》の黒《くろ》いうち…生《い》きている間《あいだ》。命《いのち》のあるうち。

第7章
かず

第《だい》7章《しょう》 かず

① 一《いち》 298ページ

一《いち》を聞《き》いて十《じゅう》を知《し》る ● 一富士《いちふじ》二鷹《にたか》三茄子《さんなすび》 ● 一《いち》か八《ばち》か ● 一年《いちねん》の計《けい》は元旦《がんたん》にあり ● 一難《いちなん》去《さ》ってまた一難《いちなん》 ● 一寸先《いっすんさき》は闇《やみ》

胸《むね》が一杯《いっぱい》になる ↓胸《むね》（18ページ） ▬一矢《いっし》を報《むく》いる ↓矢《や》（135ページ） ▬鶴《つる》の一声《ひとこえ》 ↓鶴《つる》（202ページ） ▬一寸《いっすん》の虫《むし》にも五分《ごぶ》の魂《たましい》 ↓虫《むし》（218ページ） ▬一花《ひとはな》咲《さ》かせる ↓花《はな》（256ページ） ▬紅一点《こういってん》 ↓紅《こう》（285ページ） ▬二兎《にと》を追《お》う者《もの》は一兎《いっと》をも得《え》ず ↓二《に》（302ページ） ▬九死《きゅうし》に一生《いっしょう》を得《え》る ↓九《きゅう》（311ページ） ▬一《いち》から十《じゅう》まで ↓十《じゅう》（312ページ） ▬百聞《ひゃくぶん》は一見《いっけん》に如《し》かず ↓百《ひゃく》（315ページ） ▬千里《せんり》の道《みち》も一歩《いっぽ》より始《はじ》まる ↓千《せん》（317ページ）

② 二《に》 302

二兎《にと》を追《お》う者《もの》は一兎《いっと》をも得《え》ず ● 二度《にど》あることは三度《さんど》ある ● 二進《にっち》も三進《さっち》も

二足《にそく》の草鞋《わらじ》を履《は》く ↓草鞋《わらじ》（117ページ） ▬瓜二《うりふた》つ ↓瓜《うり》（146ページ） ▬青二才《あおにさい》 ↓青《あお》（283ページ） ▬一富士二鷹三茄子《いちふじにたかさんなすび》 ↓一《いち》（299ページ）

③ 三《さん》 304

三《み》つ子《ご》の魂《たましい》百《ひゃく》まで ● 三人《さんにん》寄《よ》れば文殊《もんじゅ》の知恵《ちえ》 ● 早起《はやお》きは三文《さんもん》の徳《とく》

目《め》を三角《さんかく》にする ↓目《め》（48ページ） ▬桃栗三年柿八年《ももくりさんねんかきはちねん》 ↓桃《もも》・栗《くり》・柿《かき》（147ページ） ▬仏《ほとけ》の顔《かお》も三度《さんど》 ↓仏《ほとけ》（156ページ） ▬石《いし》の上《うえ》にも三年《さんねん》 ↓石《いし》（249ページ） ▬一富士二鷹三茄子《いちふじにたかさんなすび》 ↓一《いち》（299ページ） ▬二度《にど》あることは三度《さんど》ある ↓二《に》（303ページ） ▬二進《にっち》も三進《さっち》も ↓二《に》（303ページ）

④ 四《し》 306

四《よ》つに組《く》む ● 四《し》の五《ご》の

四角《しかく》な座敷《ざしき》を丸《まる》く掃《は》く ↓建物《たてもの》（121ページ） ▬丸《まる》い卵《たまご》も切《き》りようで四角《しかく》 ↓卵《たまご》（149ページ）

⑤ 五《ご》 307

五指《ごし》に入《はい》る

一寸《いっすん》の虫《むし》にも五分《ごぶ》の魂《たましい》↓虫《むし》（218ページ）▬四《し》の五《ご》の↓四《し》（306ページ）▬人《ひと》の噂《うわさ》も七十五日《しちじゅうごにち》↓七十五《しちじゅうご》（314ページ）▬五十歩百歩《ごじっぽひゃっぽ》↓五十《ごじゅう》・百《ひゃく》（314ページ）

⑥ 六《ろく》 308

総領《そうりょう》の甚六《じんろく》

六日《むいか》の菖蒲《あやめ》十日《とおか》の菊《きく》↓菖蒲《あやめ》・菊《きく》（254ページ）▬三十六計逃《さんじゅうろっけいに》げるに如《し》かず↓三十六《さんじゅうろく》（313ページ）▬六十《ろくじゅう》の手習《てなら》い↓六十《ろくじゅう》（313ページ）

⑦ 七《しち》 309

七転《ななころ》び八起《やお》き●無《な》くて七癖《ななくせ》

人《ひと》の噂《うわさ》も七十五日《しちじゅうごにち》↓七十五《しちじゅうご》（314ページ）

⑧ 八《はち》 310

当《あ》たるも八卦《はっけ》当《あ》たらぬも八卦《はっけ》●八方塞《はっぽうふさ》がり

腹八分《はらはちぶ》に医者《いしゃ》いらず↓医者《いしゃ》（86ページ）▬桃栗三年柿八年《ももくりさんねんかきはちねん》↓桃《もも》・栗《くり》・柿《かき》（147ページ）▬一《いち》か八《ばち》か↓一《いち》（300ページ）▬七転《ななころ》び八起《やお》き↓七《なな》（309ページ）

⑨ 九《きゅう》 311

九死《きゅうし》に一生《いっしょう》を得《え》る

⑩ 十《じゅう》 312

十指《じっし》に余《あま》る●一《いち》から十《じゅう》まで

六日《むいか》の菖蒲《あやめ》十日《とおか》の菊《きく》↓菖蒲《あやめ》・菊《きく》（254ページ）▬一《いち》を聞《き》いて十《じゅう》を知《し》る↓一《いち》（298ページ）

★ 多数《たすう》 313

三十六計逃《さんじゅうろっけいに》げるに如《し》かず●六十《ろくじゅう》の手習《てなら》い●人《ひと》の噂《うわさ》も七十五日《しちじゅうごにち》●五十歩百歩《ごじっぽひゃっぽ》●百聞《ひゃくぶん》は一見《いっけん》に如《し》かず●可愛《かわい》さ余《あま》って憎《にく》さが百倍《ひゃくばい》●悪事千里《あくじせんり》を走《はし》る●千里《せんり》の道《みち》も一歩《いっぽ》より始《はじ》まる●万事休《ばんじきゅう》す●風邪《かぜ》は万病《まんびょう》の元《もと》

雀百《すずめひゃく》まで踊《おど》り忘《わす》れず↓雀《すずめ》（201ページ）▬三《み》つ子《ご》の魂百《たましいひゃく》まで↓三《さん》（304ページ）

一《いち》を聞《き》いて十《じゅう》を知《し》る

つかいかた 彼《かれ》は幼《おさな》いときから、一《いち》を聞《き》いて十《じゅう》を知《し》るかしこい子供《こども》だった。

いみ 頭《あたま》がよくてすぐわかる。理解《りかい》が速《はや》い。

さんこう 「十《じゅう》」は、全体《ぜんたい》、全部《ぜんぶ》という意味《いみ》。話《はなし》の一部分《いちぶぶん》を聞《き》いただけで、全体《ぜんたい》がわかってしまうということ。

にたいみのことば 目《め》から鼻《はな》へ抜《ぬ》ける（頭《あたま》がよくて判断《はんだん》が早《はや》い。⇒46ページ）

もっとわかる

「聞《き》く」を使《つか》うことば

- 聞《き》くは一時《いっとき》の恥《はじ》、聞《き》かぬは一生《いっしょう》の恥《はじ》（わからないことは、人《ひと》にすぐ聞《き》きなさい）
- 聞《き》いて極楽《ごくらく》見《み》て地獄《じごく》（話《はなし》に聞《き》いたことと、自分《じぶん》の目《め》で見《み》たこととでは、大《おお》きなちがいがあること）
- 話《はな》し上手《じょうず》は聞《き》き上手《じょうず》（話《はなし》が上手《じょうず》な人《ひと》は、相手《あいて》の話《はなし》をよく聞《き》く人《ひと》である）

一目置《いちもくお》く…相手《あいて》のほうが上《うえ》だと認《みと》め、敬意《けいい》を表《ひょう》して一歩《いっぽ》ゆずる。

1 2 3 4 5 6 7 8 9 10 ★ 7 かず

一《いち》富士《ふじ》二《に》鷹《たか》三《さん》茄子《なすび》

つかいかた 夢《ゆめ》は縁起《えんぎ》がよさそうだ。一《いち》富《ふ》士《じ》二《に》鷹《たか》三《さん》茄《なす》子《び》というくらいだから、富士山《ふじさん》の夢は縁起がよさそうだ。

いみ 正月《しょうがつ》に初夢《はつゆめ》で見《み》ると、その年《とし》の運《うん》がよくなるといわれるものを、よいものから順番《じゅんばん》に三《みっ》つ並《なら》べたことば。

さんこう 江戸《えど》幕府《ばくふ》を開《ひら》いた徳川家《とくがわけ》に縁《えん》のある、駿河《するが》（静《しず》岡県《おかけん》）の名物《めいぶつ》を並《なら》べたものとされる。「なすび」は、ナスのこと。

もっとわかる

「鷹《たか》」を使《つか》うことば➡195ページ
「茄子《なすび》」を使《つか》うことば➡146ページ
「夢《ゆめ》」に関係《かんけい》することば
- 夢枕《ゆめまくら》に立《た》つ（神仏《しんぶつ》や死《し》んだ人《ひと》などが、夢《ゆめ》の中《なか》に現《あらわ》れる）
- 夢《ゆめ》のまた夢《ゆめ》（とうてい実現《じつげん》しそうにないこと。はかないこと）
- 邯鄲《かんたん》の夢《ゆめ》（人《ひと》の一生《いっしょう》は、ほんの一瞬《いっしゅん》の夢《ゆめ》のように、はかないものだ）

一《いち》も二《に》もなく…何《なん》の反対《はんたい》もなく。賛成《さんせい》するときなどにいうことば。

一《いち》か八《ばち》か

つかいかた 一《いち》か八《ばち》かで新商品《しんしょうひん》を売《う》り出《だ》してみる。

いみ 成功《せいこう》するかしないかわからないが、思《おも》い切《き》って実行《じっこう》してみること。

さんこう さいころの目《め》で「一《いち》か罰《ばち》か（一《いち》が出《で》るかだめか）」の意味《いみ》とされている。

一（いち）

一《いち》年《ねん》の計《けい》は元旦《がんたん》にあり

つかいかた 一年《いちねん》の計《けい》は元旦《がんたん》にあり、今年《ことし》こそ日記《にっき》をつけるぞ。

いみ 何《なに》をするにも最初《さいしょ》が大切《たいせつ》である。最初《さいしょ》にしっかりした計画《けいかく》を立《た》てなさいということ。その年《とし》の計画《けいかく》は、年《とし》の初《はじ》めの元旦《がんたん》に立《た》てるべきだという意味《いみ》。

一泡吹《ひとあわふ》かせる…相手《あいて》のすきをついて、あっとおどろかせる。

一《いち》難《なん》去《さ》ってまた一《いち》難《なん》

つかいかた やっと病気《びょうき》が治《なお》ったと思《おも》ったら、一難去《いちなんさ》ってまた一難《いちなん》、今度《こんど》はけがをしてしまった。

いみ 一《ひと》つの災難《さいなん》が過《す》ぎ去《さ》って、ほっとしたところへ、別《べつ》の災難《さいなん》がやってくること。

にたいみのことば 前門《ぜんもん》の虎《とら》、後門《こうもん》の狼《おおかみ》（↓182ページ）

一《いっ》寸《すん》先《さき》は闇《やみ》

つかいかた 昨年《さくねん》、大《おお》けがをしたときは、一寸先《いっすんさき》は闇《やみ》に思《おも》えた。

いみ これから先何《さきなに》が起《お》こるか、まったくわからないということ。

さんこう 「一寸《いっすん》」は、約三《やくさん》センチメートルで、わずかな距離《きょり》のこと。先《さき》のことは何《なに》があるかわからないという意味《いみ》。

一巻《いっかん》の終《お》わり…すべてがおしまいになること。また、死《し》んでしまうこと。

二《に》兎《と》を追《お》う者《もの》は一兎《いっと》をも得《え》ず

つかいかた
勉強《べんきょう》も野球《やきゅう》もと欲張《よくば》ったら、二兎《にと》を追《お》う者《もの》は一兎《いっと》をも得《え》ずで、どちらも中途半端《ちゅうとはんぱ》になってしまった。

いみ
欲張《よくば》って二《ふた》つのことを同時《どうじ》にしようとすると、どちらも成功《せいこう》しないものだということ。

さんこう
二匹《にひき》の兎《うさぎ》を同時《どうじ》につかまえようとする者《もの》は、結局《けっきょく》は一匹《いっぴき》もつかまえられないという意味《いみ》。

にたいみのことば
虻蜂取《あぶはちと》らず（212ページ）

はんたいのことば
一石二鳥《いっせきにちょう》・一挙両得《いっきょりょうとく》

もっとわかる

「追《お》う」を使《つか》うことば

- 頭《あたま》の上《うえ》の蠅《はえ》を追《お》え（人《ひと》にあれこれ言《い》う前《まえ》に、まず自分《じぶん》のことをきちんとしなさい）215ページ
- 去《さ》る者《もの》は追《お》わず（去《さ》っていく人《ひと》は、無理《むり》に引《ひ》き止《と》めず、その人《ひと》の好《す》きなようにさせる）

二《に》度《ど》あることは三《さん》度《ど》ある

つかいかた　二《に》度《ど》あることは三《さん》度《ど》あるというから、もう一回《いっかい》いいことがあるかもね。

いみ　ものごとはくり返《かえ》し起《お》こるものであるということ。

さんこう　同《おな》じことが二《に》度《ど》あったときは、もう一度《いちど》くり返《かえ》されるものだという意味《いみ》。

二（に）

二進《にっち》も三進《さっち》も

つかいかた　おこづかいを使《つか》いきり、二進《にっち》も三進《さっち》も行《い》かない。

いみ　行《い》きづまって、どうしようもないようす。

さんこう　そろばんで割《わ》り算《ざん》をするときの用語《ようご》からできたことば。どうやっても計算《けいさん》ができないという意味《いみ》から。

二《に》の句《く》が継《つ》げない…あきれたりおどろいたりして次《つぎ》のことばが出《で》ない。

三《み》つ子《ご》の魂《たましい》百《ひゃく》まで

つかいかた

幼《おさな》いころの写真《しゃしん》を見《み》ると、三《み》つ子《ご》の魂《たましい》百《ひゃく》までというのか、やはり気《き》の強《つよ》そうな顔《かお》をしている。

いみ

幼《おさな》いころの性格《せいかく》や気立《きだ》ては、年《とし》を取《と》っても変《か》わらないものだということ。

さんこう

「三《み》つ子《ご》」は、三歳《さんさい》の幼児《ようじ》のことで、幼《おさな》い子供《こども》という意味《いみ》。「魂《たましい》」は、心《こころ》や精神《せいしん》のこと。「百《ひゃく》まで」は、年《とし》を取《と》って死《し》ぬまでということ。

にたいみのことば

雀百《すずめひゃく》まで踊《おど》り忘《わす》れず（↓201ページ）

もっとわかる

「魂《たましい》」を使《つか》うことば

● 一寸《いっすん》の虫《むし》にも五分《ごぶ》の魂《たましい》（見《み》かけがどんなに小《ちい》さくて弱《よわ》そうでも、それなりの意地《いじ》があるので、ばかにしてはいけない）↓218ページ

● 仏造《ほとけつく》って魂入《たましいい》れず（せっかく作《つく》ったのに、大事《だいじ》なことがぬけていること。仏《ぶつ》像《ぞう》を造《つく》ったのに、魂《たましい》がぬけてしまっているということ）

舌先三寸《したさきさんずん》…話《はなし》は上手《じょうず》だが、心《こころ》がこもっていない話《はな》し方《かた》。

三《さん》人《にん》寄《よ》れば文《もん》殊《じゅ》の知《ち》恵《え》

つかいかた

三人《さんにん》寄《よ》れば文殊《もんじゅ》の知恵《ちえ》で、友達《ともだち》に相談《そうだん》したらたちまち名案《めいあん》が生《う》まれた。

いみ

三人《さんにん》集《あつ》まって相談《そうだん》すれば、一人《ひとり》では出《で》ないすばらしい知恵《ちえ》がわくということ。「文殊《もんじゅ》」は、知恵《ちえ》のある文殊菩薩《もんじゅぼさつ》のこと。

三（みつ・さん）

早《はや》起《お》きは三《さん》文《もん》の徳《とく》

つかいかた

早起《はやお》きは三文《さんもん》の徳《とく》で、最近《さいきん》、体《からだ》の調子《ちょうし》がいい。

いみ

朝早《あさはや》く起《お》きると体《からだ》にもよく、また、何《なに》かといいことがあるものだということ。

さんこう

「三文《さんもん》」は、昔《むかし》のお金《かね》で、わずかの金額《きんがく》という意味《いみ》。「早起《はやお》きは三文《さんもん》の得《とく》」とも書《か》く。「朝起《あさお》きは三文《さんもん》の徳《とく》」ともいう。

三拍子《さんびょうし》揃《そろ》う…必要《ひつよう》な三《みっ》つの条件《じょうけん》が、全部《ぜんぶ》揃《そろ》っていること。

四（よつ・し）

四《よ》つに組《く》む

つかいかた 強豪《きょうごう》チームと四《よ》つに組《く》んで一歩《いっぽ》も引《ひ》かずわたり合《あ》う。

いみ 正面《しょうめん》から堂々《どうどう》と立《た》ち向《む》かう。全力《ぜんりょく》をつくして本気《ほんき》で取《と》り組《く》むこと。

さんこう 相撲《すもう》で、両力士《りょうりきし》がたがいに両手《りょうて》でまわしをつかみ合《あ》いがっぷりと組《く》み合《あ》うことから。「四《よっ》つに組《く》む」ともいう。

四《し》の五《ご》の

つかいかた 四《し》の五《ご》の言《い》っていないで、早《はや》く自分《じぶん》の部屋《へや》のそうじを済《す》ませなさい。

いみ あれこれ、めんどうなことを言《い》うこと。文句《もんく》や不平《ふへい》を並《なら》べたてること。

四面楚歌《しめんそか》…まわりが全部敵《ぜんぶてき》や反対者《はんたいしゃ》で、味方《みかた》が一人《ひとり》もいないこと。

五《ご》指《し》に入《はい》る

つかいかた この名選手《めいせんしゅ》は、世界《せかい》の五指《ごし》に入《はい》る。

いみ すぐれたものの、上《うえ》から五番《ごばん》めに入《はい》る。それほどすぐれているということ。

さんこう 五本《ごほん》の指《ゆび》で数《かぞ》える中《なか》に入《はい》るという意味《いみ》。

もっとわかる

「指《ゆび》」を使《つか》うことば ➡69ページ

「すぐれる」意味《いみ》のことば

- 群《ぐん》を抜《ぬ》く（大勢《おおぜい》の中《なか》で、ずば抜《ぬ》けてすぐれている）
- 一頭地《いっとうち》を抜《ぬ》く（ほかより、ひときわすぐれている）
- 右《みぎ》に出《で》る（その人《ひと》よりも、すぐれている）➡338ページ
- 頭角《とうかく》を現《あらわ》す（才能《さいのう》や技術《ぎじゅつ》が、ほかの人《ひと》よりも特《とく》にすぐれて目立《めだ》つ。「頭角《とうかく》」は、頭《あたま》のてっぺんのこと）
- 異彩《いさい》を放《はな》つ（ひときわ目立《めだ》ってすぐれている）
- 白眉《はくび》（多《おお》くの中《なか》で、最《もっと》もすぐれているもののこと）➡293ページ

五里霧中《ごりむちゅう》…事情《じじょう》がまったくわからず、どうしてよいかわからなくなる。

総領《そうりょう》の甚《じん》六《ろく》

つかいかた　この子《こ》は総領《そうりょう》の甚六《じんろく》で、悪《わる》い人《ひと》にだまされないかと心配《しんぱい》です。

いみ　長男《ちょうなん》や長女《ちょうじょ》は、大事《だいじ》に育《そだ》てられるので、弟《おとうと》や妹《いもうと》に比《くら》べて、お人好《ひとよ》しで世間《せけん》知《し》らずな人《ひと》が多《おお》いということ。

さんこう　「総領《そうりょう》」は長男《ちょうなん》や長女《ちょうじょ》。主《おも》に長男《ちょうなん》。「甚六《じんろく》」は、お人好《ひとよ》しでおっとりした人《ひと》。総領《そうりょう》は最初《さいしょ》の子《こ》なので大事《だいじ》に育《そだ》てられ、上《うえ》におさえつける兄《あに》や姉《あね》がいないので、のんびりした人《ひと》になりやすいという意味《いみ》。

もっとわかる

「世間《せけん》知《し》らず」の意味《いみ》のことば

- 井《い》の中《なか》の蛙《かわず》大海《たいかい》を知《し》らず（ひとりよがりで、広《ひろ》い世間《せけん》を知《し》らないことのたとえ）➡224ページ
- 芋《いも》の煮《に》えたも御存《ごぞん》じない（芋《いも》が煮《に》えたかどうかの見分《みわ》けもできないということで、世間《せけん》知《し》らずの人《ひと》をばかにしたことば）

八面六臂《はちめんろっぴ》…一人《ひとり》で何人分《なんにんぶん》もの働《はたら》きをすること。

七《なな》転《ころ》び八《や》起《お》き

つかいかた　二回《にかい》や三回《さんかい》の失敗《しっぱい》がなんだ、人生《じんせい》**七転《ななころ》び八起《やお》き**さ。

いみ　何回失敗《なんかいしっぱい》してもくじけずに、立《た》ち上《あ》がること。人生《じんせい》には浮《う》き沈《しず》みが多《おお》いことのたとえ。

さんこう　七回失敗《ななかいしっぱい》しても、八回立《はっかいた》ち上《あ》がるという意味《いみ》。「七転八起《しちてんはっき》」ともいう。

無《な》くて七《なな》癖《くせ》

つかいかた　君《きみ》に鉛筆《えんぴつ》をかむ癖《くせ》があるとは、**無《な》くて七癖《ななくせ》**だね。

いみ　人《ひと》はそれぞれ、いろいろな癖《くせ》を持《も》っているということ。

さんこう　癖《くせ》が全然《ぜんぜん》ないように見《み》える人《ひと》でも、七《なな》つぐらいはあるものだということ。「無《な》くて七癖《ななくせ》あって四十八癖《しじゅうはっくせ》」ともいう。

七度探《ななたびさが》して人《ひと》を疑《うたが》え…すぐに人《ひと》を疑《うたが》ってはいけない。

当《あ》たるも八《はっ》卦《け》当《あ》たらぬも八《はっ》卦《け》

つかいかた

当《あ》たるも八《はっ》卦《け》当《あ》たらぬも八《はっ》卦《け》、悪《わる》いおみくじを引《ひ》いたくらいで落《お》ち込《こ》むことはないよ。

いみ

占《うらな》い（八卦《はっけ》）は、当《あ》たることもあれば、当《あ》たらないこともあるから、気《き》にすることはないということ。

さんこう

「八卦《はっけ》」は、ここでは占《うらな》いの意味《いみ》。

八（はち）

八《はっ》方《ぽう》塞《ふさ》がり

つかいかた

町中《まちじゅう》の店《みせ》を回《まわ》ったがどこも売《う》り切《き》れで、八《はっ》方《ぽう》塞《ふさ》がりになってしまった。

いみ

何《なに》をやってもうまくいかず、どうしようもないこと。占《うらな》いで、どの方角《ほうがく》に向《む》かって事《こと》を行《おこな》っても、不吉《ふきつ》な結果《けっか》になること。

八方美人《はっぽうびじん》…だれからもよく思《おも》われるよう、だれにでも愛想《あいそ》よくする人《ひと》。

九《きゅう》死《し》に一生《いっしょう》を得《え》る

つかいかた　これて沈《しず》んだ船《ふね》から救助《きゅうじょ》され、九《きゅう》死《し》に一生《いっしょう》を得《え》る。

いみ　ほとんど助《たす》かる見込《みこ》みのなかった命《いのち》が、やっとのことで助《たす》かること。

さんこう　十《じゅう》のうち九《きゅう》が死《し》（九死《きゅうし》）、十《じゅう》のうち一《いち》が生《せい》（一生《いっしょう》）ということで、一《いち》しか助《たす》かる見込《みこ》みがなかったのに助《たす》かったという意味《いみ》。

もっとわかる

「死《し》」と「生《せい》」を使《つか》うことば

- 起死回生《きしかいせい》（今《いま》にもだめになりそうなところを救《すく》って、立《た》ち直《なお》らせること）
- 半死半生《はんしはんしょう》（今《いま》にも死《し》にそうなこと。半分死《はんぶんし》んで半分生《はんぶんい》きている状態《じょうたい》ということ）
- 万死一生《ばんしいっしょう》（非常《ひじょう》に危《あぶ》なかった命《いのち》が、かろうじて助《たす》かること）

「得《え》る」を使《つか》うことば

- 力《ちから》を得《え》る（はげまされて、元気《げんき》が出《で》る）
- 所《ところ》を得《え》る（その人《ひと》にふさわしい地位《ちい》や仕事《しごと》につく）

九牛《きゅうぎゅう》の一毛《いちもう》…とてもたくさんの中《なか》の、ほんの一部分《いちぶぶん》。

十《じっ》指《し》に余《あま》る

つかいかた その作曲家《さっきょくか》は十指《じっし》に余《あま》る名曲《めいきょく》を残《のこ》した。

いみ 十本《じっぽん》の指《ゆび》でも数《かぞ》えきれないほど、数《かず》が多《おお》いようす。十《じゅう》以上《いじょう》あるということ。

もっとわかる 「指《ゆび》」を使《つか》うことば ➡69ページ

一《いち》から十《じゅう》まで

つかいかた 先生《せんせい》には、バレエの一《いち》から十《じゅう》までを教《おそ》わった。

いみ すっかり全部《ぜんぶ》。何《なに》から何《なに》まで。

さんこう 「一《いち》」は、ものごとの最初《さいしょ》、「十《じゅう》」は、ものごとの最後《さいご》という意味《いみ》。

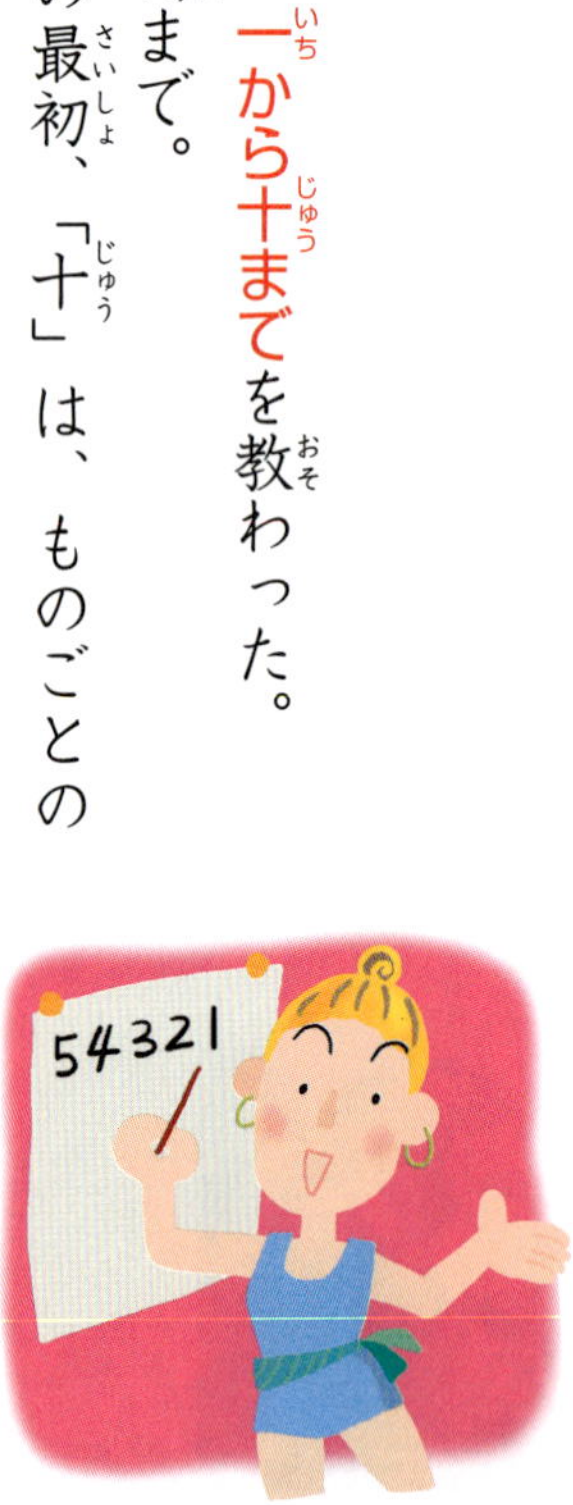

1 2 3 4 5 6 7 8 9 10 ★ 7 かず

十人並《じゅうにんな》み…顔立《かおだ》ちや才能《さいのう》などが、ごく平凡《へいぼん》であるようす。

三《さん》十《じゅう》六《ろっ》計《けい》逃《に》げるに如《し》かず

つかいかた 山《やま》で天気《てんき》が悪《わる》くなったら三十六計《さんじゅうろっけい》逃《に》げるに如《し》かずだ。

いみ 危《あぶ》ないときは、あれこれ考《かんが》えるより、逃《に》げ出《だ》すのが一番《いちばん》よい方法《ほうほう》だということ。

さんこう 「三十六計《さんじゅうろっけい》」は、三十六種《さんじゅうろくしゅ》の計略《けいりゃく》。「如《し》かず」は、かなうものがないという意味《いみ》。

六《ろく》十《じゅう》の手《て》習《なら》い

つかいかた 六十《ろくじゅう》の手《て》習《なら》いで、定年後《ていねんご》にピアノを習《なら》っている。

いみ 年《とし》を取《と》ってから、学問《がくもん》やけいこごとを始《はじ》めること。

さんこう 「手習《てなら》い」は字《じ》を習《なら》うこと。六十歳《ろくじっさい》になってから、字《じ》を習《なら》うということ。

人生《じんせい》わずか五十年《ごじゅうねん》…人《ひと》の一生《いっしょう》は、とても短《みじか》いものである。

人《ひと》の噂《うわさ》も七《しち》十《じゅう》五《ご》日《にち》

つかいかた

人《ひと》の噂《うわさ》も七十五日《しちじゅうごにち》で、この間《あいだ》の事件《じけん》のことは、もうだれも話題《わだい》にしない。

いみ

噂《うわさ》はすぐに広《ひろ》まるが、そう長《なが》くは続《つづ》かないものだということ。

噂《うわさ》は七十五日《しちじゅうごにち》もたてば消《き》えてしまうという意味《いみ》。

五《ご》十《じっ》歩《ぽ》百《ひゃっ》歩《ぽ》

つかいかた

二人《ふたり》の将棋《しょうぎ》の腕前《うでまえ》は五十歩百歩《ごじっぽひゃっぽ》だ。

いみ

ちがいがあるようで、本当《ほんとう》はあまりちがいのないこと。

さんこう

昔《むかし》、戦場《せんじょう》で五十歩《ごじっぽ》にげた者《もの》が百歩《ひゃっぽ》にげた者《もの》を、にげたことにはちがいがないのに、臆病者《おくびょうもの》と笑《わら》ったという話《はなし》から。

にたいみのことば

団栗《どんぐり》の背比《せいくら》べ（↓261ページ）● 似《に》たり寄《よ》ったり

嘘八百《うそはっぴゃく》…嘘《うそ》ばかりつくこと。「八百《はっぴゃく》」は、多《おお》いことのたとえ。

百《ひゃく》聞《ぶん》は一見《いっけん》に如《し》かず

つかいかた どんな人《ひと》かといろいろ想像《そうぞう》していたけど、百聞《ひゃくぶん》は一見《いっけん》に如《し》かずだ。

いみ 人《ひと》から百回《ひゃっかい》聞《き》くより、実際《じっさい》に自分《じぶん》で一回《いっかい》見《み》るほうがよくわかるということ。

さんこう 「如《し》かず」は、およばない、かなわないという意《い》味《み》。昔《むかし》、中国《ちゅうごく》で戦《たたか》いを命《めい》じられた武将《ぶしょう》が敵《てき》と戦《たたか》う前《まえ》に、まず現《げん》地《ち》を見《み》たいと言《い》ったという話《はなし》から。

もっとわかる

「見《み》る」意味《いみ》のことば

- ためつすがめつ（いろいろな向《む》きから、よく見《み》るようす）
- 穴《あな》のあくほど見《み》つめる（目《め》の力《ちから》で穴《あな》があきそうなほど、まじまじと見《み》つめるようす）
- 目《め》を皿《さら》のようにする（目《め》を大《おお》きく見開《みひら》いて見《み》る）➡47ページ
- 目《め》を凝《こ》らす（注意《ちゅうい》して、じっと見《み》つめる）

百《ひゃく》も承知《しょうち》…十分《じゅうぶん》に知《し》っていること。

可愛《かわい》さ余《あま》って憎《にく》さが百《ひゃく》倍《ばい》

つかいかた

可愛《かわい》さ余《あま》って憎《にく》さが百倍《ひゃくばい》で、今《いま》はあいつの顔《かお》を見《み》るのもいやだ。

いみ

可愛《かわい》いと思《おも》う気持《きも》ちが強《つよ》ければ強《つよ》いほど、いったん憎《にく》いと思《おも》い始《はじ》めると、よりいっそう憎《にく》しみが強《つよ》くなるということ。

さんこう

「余《あま》って」は、度《ど》が過《す》ぎてという意味《いみ》。

もっとわかる

「可愛《かわい》い」を使《つか》うことば

● 可愛《かわい》い子《こ》には旅《たび》をさせよ（子供《こども》が本当《ほんとう》に可愛《かわい》ければ、世《よ》の中《なか》に出《だ》して苦労《くろう》させたほうがいい） ➡82ページ

「余《あま》る」を使《つか》うことば

● 思案《しあん》に余《あま》る（いくら考《かんが》えても、いい考《かんが》えがうかばない）
● 手《て》に余《あま》る（自分《じぶん》の力《ちから》では、どうすることもできない）
● 目《め》に余《あま》る（あまりにひどくて、だまって見《み》ていられない）

百害《ひゃくがい》あって一利《いちり》なし…悪《わる》いところばかりで、いいところは一《ひと》つもない。

悪事千里を走る

悪事《あくじ》千《せん》里《り》を走《はし》る

つかいかた

悪事千里を走る《あくじせんりをはしる》で、もうとなりのクラスでもうわさになっている。

いみ

悪《わる》いことは、かくそうとしても千里《せんり》（とても遠《とお》い場《ば》所《しょ》）を走《はし》るかのように世間《せけん》にすぐ知《し》れわたるということ。

千（せん）

千里の道も一歩より始まる

千《せん》里《り》の道《みち》も一《いっ》歩《ぽ》より始《はじ》まる

つかいかた

千里《せんり》の道《みち》も一《いっ》歩《ぽ》より始《はじ》まるのだから、ごみを拾《ひろ》うことから美《び》化《か》運《うん》動《どう》を始《はじ》めよう。

いみ

どんな大《おお》きな計画《けいかく》も、手近《てぢか》なことを一《ひと》つ一《ひと》つ実行《じっこう》するところから始《はじ》まるということ。

さんこう

遠《とお》い旅路《たびじ》も、まず足元《あしもと》の一歩《いっぽ》から始《はじ》まるという意《い》味《み》。

千客万来《せんきゃくばんらい》…たくさんの客《きゃく》が、ひっきりなしにやって来《く》ること。

万《ばん》事《じ》休《きゅう》す

つかいかた 二《に》死《し》満塁《まんるい》、ここでヒットを打《う》たれたら万事休《ばんじきゅう》すだ。

いみ もはやどうすることもできなくなる。すべてが終《お》わりである。

さんこう 「万事《ばんじ》」は、すべてのこと。「休《きゅう》す」は、終《お》わる。

万（まん・ばん）

風邪《かぜ》は万《まん》病《びょう》の元《もと》

つかいかた 風邪《かぜ》は万病《まんびょう》の元《もと》というから、軽《かる》くみないで早《はや》く治《なお》しなさい。

いみ 風邪《かぜ》をひくと体《からだ》が弱《よわ》りいろいろな病気《びょうき》を引《ひ》き起《お》こす原因《げんいん》となるから、たかが風邪《かぜ》くらいと油断《ゆだん》してはいけないということ。

さんこう 「風邪《かぜ》は万病《まんびょう》の因《もと》」とも書《か》く。

一事《いちじ》が万事《ばんじ》…一《ひと》つのことを見《み》れば、ほかのすべてがわかる。

第8章
そのた

あじをしめる

味《あじ》を占《し》める

つかいかた 一度《いちど》一等《いっとう》を当《あ》てたことで味《あじ》を占《し》め、店《みせ》に行《い》くといつもくじを引《ひ》いている。

いみ 一度《いちど》うまくいったことが忘《わす》れられなくて、また同《おな》じことを期待《きたい》すること。

あっけにとられる

呆《あっ》気《け》に取《と》られる

つかいかた 街中《まちなか》で突然《とつぜん》歌《うた》い出《だ》した人《ひと》がいて、呆《あっ》気《け》に取《と》られた。

いみ 思《おも》いがけないことにあって、おどろきあきれて呆然《ぼうぜん》とする。

さんこう 「呆気《あっけ》」は、思《おも》いがけないことにあって、おどろいてぼんやりすること。

泡《あわ》を食《く》う…おどろいて、ひどくあわてる。

穴《あな》があったら入《はい》りたい

つかいかた　まちがえて先生《せんせい》のことを「お姉《ねえ》ちゃん」と呼《よ》んでしまい、**穴《あな》があったら入《はい》りたい**。

いみ　はずかしくてかくれてしまいたい。

さんこう　穴《あな》の中《なか》に入《はい》って身《み》をかくしたい気持《きも》ちということ。

「穴《あな》」を使《つか》うことば

- 穴《あな》のあくほど見《み》つめる（目《め》の力《ちから》で穴《あな》があきそうなほど、まじまじと見《み》つめるようす）
- 蟻《あり》の穴《あな》から堤《つつみ》も崩《くず》れる（ちょっとした油断《ゆだん》や不注意《ふちゅうい》が大事件《だいじけん》を引《ひ》き起《お》こす）
- 同《おな》じ穴《あな》の狢《むじな》（ちょっと見《み》ると別《べつ》のようで、実《じつ》は同《おな》じ悪《わる》い仲間《なかま》であること）

「はずかしい」意味《いみ》のことば

もっとわかる ↓178ページ

- 身《み》の置《お》き所《どころ》がない（はずかしくて、その場《ば》にいられない気持《きも》ちになる）
- きまりが悪《わる》い（かっこうが悪《わる》くて、照《て》れくさい）

嘘《うそ》も方便《ほうべん》…嘘《うそ》をつくのは悪《わる》いことだが、ときには必要《ひつよう》なこともある。

石橋《いしばし》を叩《たた》いて渡《わた》る

つかいかた

試着《しちゃく》もしないで服《ふく》を買《か》うとは、石橋《いしばし》を叩《たた》いて渡《わた》る彼《かれ》にしては思《おも》い切《き》ったことをしたものだ。

いみ

非常《ひじょう》に用心深《ようじんぶか》いようす。

さんこう

丈夫《じょうぶ》な石《いし》の橋《はし》も叩《たた》いて、こわれていないことを確《たし》かめてから渡《わた》るという意味《いみ》。昔《むかし》は、鉄《てつ》で作《つく》った橋《はし》はなく、石橋《いしばし》が一番丈夫《いちばんじょうぶ》だった。

にたいみのことば

転《ころ》ばぬ先《さき》の杖《つえ》（↓125ページ）
- 念《ねん》には念《ねん》を入《い》れる

もっとわかる

「渡《わた》る」を使《つか》うことば

- 危《あぶ》ない橋《はし》を渡《わた》る（危険《きけん》と知《し》りながら、無理《むり》にものごとを行《おこな》う）
- 負《お》うた子《こ》に教《おし》えられて浅瀬《あさせ》を渡《わた》る（ときには、自分《じぶん》より年下《としした》の人《ひと》から教《おし》えられることもある）
- 渡《わた》る世間《せけん》に鬼《おに》はない（世《よ》の中《なか》は、人情《にんじょう》のない人《ひと》ばかりではなく、情《なさ》け深《ぶか》い人《ひと》もいるものだ）↓231ページ

江戸《えど》の敵《かたき》を長崎《ながさき》で討《う》つ…意外《いがい》な場所《ばしょ》や別《べつ》のことで、うらみをはらす。

急《いそ》がば回《まわ》れ

つかいかた
急《いそ》がば回《まわ》れで、少《すこ》し遠回《とおまわ》りでも歩道橋《ほどうきょう》を使《つか》って駅《えき》まで行《い》こう。

いみ
急《いそ》ぐときは、危《あぶ》ない近道《ちかみち》を行《い》くより安全《あんぜん》な遠《とお》い道《みち》を行《い》くほうが、結局《けっきょく》は早《はや》く着《つ》くということ。

にたいみのことば
急《せ》いては事《こと》を仕損《しそん》じる（あせると失敗《しっぱい》するので、急《いそ》ぐときは落《お》ち着《つ》いてゆっくりやりなさい）

はんたいのことば
善《ぜん》は急《いそ》げ（よいことは、思《おも》いついたらすぐ実行《じっこう》しなさい）

もっとわかる

「回《まわ》る」を使《つか》うことば

- 目《め》が回《まわ》る（めまいがするほどいそがしい）➡44ページ
- 舌《した》が回《まわ》る（つかえないで、よくしゃべる）➡57ページ
- 金《かね》は天下《てんか》の回《まわ》りもの（お金《かね》は手《て》から手《て》とわたっていつかは自分《じぶん》のところにも回《まわ》ってくる。お金《かね》がなくてもくよくよするな）➡141ページ

思《おも》い立《た》ったが吉日《きちじつ》…何《なに》かをしようと思《おも》いついたら、すぐに始《はじ》めなさい。

噂《うわさ》をすれば影《かげ》がさす

つかいかた 噂《うわさ》をすれば影《かげ》がさす、彼《かれ》の噂話《うわさばなし》をしていたら、ほら、本人《ほんにん》が来《き》たぞ。

いみ 噂《うわさ》をしていると、その当人《とうにん》がひょっこりやって来《く》るものだということ。

さんこう 「影《かげ》がさす」は、姿《すがた》が見《み》えるという意味《いみ》。略《りゃく》して「噂《うわさ》をすれば影《かげ》」ともいう。

もっとわかる

「噂《うわさ》」を使《つか》うことば

- 人《ひと》の噂《うわさ》も七十五日《しちじゅうごにち》（噂《うわさ》はすぐに広《ひろ》まるが、そう長《なが》くは続《つづ》かないものだ） ➡314ページ

「影《かげ》」を使《つか》うことば

- 影《かげ》が薄《うす》い（生《い》き生《い》きした感《かん》じがない。目立《めだ》たない）
- 影《かげ》も形《かたち》もない（何《なに》も残《のこ》っていない。すっかりなくなって、跡形《あとかた》もない）
- 影《かげ》を潜《ひそ》める（表面《ひょうめん》から消《き》える。表《おもて》に出《で》なくなる）

折《お》り紙《がみ》付《つ》き…世《よ》の中《なか》から信用《しんよう》されていると認《みと》められること。

脚光《きゃっこう》を浴《あ》びる

つかいかた 新進作家《しんしんさっか》として脚光《きゃっこう》を浴《あ》びる。

いみ 人々《ひとびと》に注目《ちゅうもく》される。注目《ちゅうもく》を集《あつ》める。

さんこう 「脚光《きゃっこう》」は、舞台《ぶたい》の前方足下《ぜんぽうあしもと》から舞台《ぶたい》を照《て》らす光《ひかり》。舞台《ぶたい》に立《た》ってライトを浴《あ》びるという意味《いみ》。

怪我《けが》の功名《こうみょう》

つかいかた 青色《あおいろ》の絵《え》の具《ぐ》が切《き》れてしまったので、空全体《そらぜんたい》を夕焼《ゆうや》けの色《いろ》にぬったら、怪我《けが》の功名《こうみょう》で、すてきな絵《え》だねとほめられた。

いみ 何気《なにげ》なくしたことや、失敗《しっぱい》だと思《おも》ったことが、意外《いがい》によい結果《けっか》をもたらすこと。

さんこう 「怪我《けが》」は、あやまち。「功名《こうみょう》」は、手柄《てがら》。

固唾《かたず》を呑《の》む…どうなることかと息《いき》をのんで、緊張《きんちょう》していること。

逆鱗《げきりん》に触《ふ》れる

つかいかた うそがばれて、父《ちち》の逆鱗《げきりん》に触《ふ》れる。

いみ 目上《めうえ》の人《ひと》をひどくおこらせてしまうこと。

さんこう 「逆鱗《げきりん》」は竜《りゅう》のあごの下《した》に逆《さか》さについているという鱗《うろこ》。これにさわると竜《りゅう》がおこって、人《ひと》を殺《ころ》すという話《はなし》から。

後悔先《こうかいさき》に立《た》たず

つかいかた 山道《やまみち》を歩《ある》きにくい格好《かっこう》で来《き》てしまったが、後悔先《こうかいさき》に立《た》たずだ。

いみ 終《お》わった後《あと》で、あれこれ悔《く》やんでも、どうしようもない。後《あと》で悔《く》やまないように、今《いま》しっかりやれということ。

さんこう 後悔《こうかい》は、ものごとをする前《まえ》にはできないということ。

きまりが悪《わる》い…なんとなくはずかしい。

郷《ごう》に入《い》っては郷《ごう》に従《したが》え

つかいかた 郷《ごう》に入《い》っては郷《ごう》に従《したが》えで、その国《くに》のマナーで食事《しょくじ》をする。

いみ その土地《とち》に行《い》ったら、その土地《とち》の習慣《しゅうかん》やしきたりに従《したが》うのがよいということ。

さんこう 「郷《ごう》」は、地方《ちほう》、田舎《いなか》のこと。

先《さき》んずれば人《ひと》を制《せい》す

つかいかた 先《さき》んずれば人《ひと》を制《せい》すで、前半戦《ぜんはんせん》のうちに点《てん》を取《と》ろう。

いみ 人《ひと》より先《さき》にものごとを行《おこな》えば、有利《ゆうり》な立場《たちば》に立《た》つことができるということ。

さんこう 「制《せい》す」は、おさえつけるという意味《いみ》。

ぐうの音《ね》も出《で》ない…一言《ひとこと》もいいわけできない。声《こえ》が出《だ》せない。

したしきなかにもれいぎあり

親しき中にも礼儀あり

つかいかた たとえ親子の間でも、**親しき中にも礼儀あり**で言ってよいことと悪いことがある。

いみ 親しい間がらであっても、礼儀は守らなければならない。

さんこう 「親しき仲にも礼儀あり」とも書く。

しっぱいはせいこうのもと

失敗は成功のもと

つかいかた **失敗は成功のもと**と、一度や二度の失敗であきらめなくてよかった。

いみ 失敗すると、反省してやり直すので成功につながること。

さんこう 失敗はむだにはならないということ。「失敗は成功の母」ともいう。

しびれを切らす…待ちくたびれて、がまんできなくなる。

尻尾《しっぽ》を出《だ》す

つかいかた いたずらの証拠《しょうこ》をつきつけられて、弟《おとうと》はついに尻尾《しっぽ》を出《だ》した。

いみ ごまかしていたことなどが、みんなにわかってしまうこと。ばれること。

さんこう 化《ば》けていた狐《きつね》や狸《たぬき》が、尻尾《しっぽ》を見《み》せたために見破《みやぶ》られるという意味《いみ》。

にたいみのことば
- 馬脚《ばきゃく》を露《あらわ》す （↓187ページ）
- 化《ば》けの皮《かわ》が剥《は》がれる
- ぼろが出《で》る

もっとわかる

「尻尾《しっぽ》」を使《つか》うことば

- 尻尾《しっぽ》をつかむ（ごまかしていたことの証拠《しょうこ》を見《み》つける）
- 尻尾《しっぽ》を振《ふ》る（利益《りえき》を得《え》ようとして、相手《あいて》のきげんを取《と》る）
- 尻尾《しっぽ》を巻《ま》く（自分《じぶん》の負《ま》けを認《みと》める。降参《こうさん》する。負《ま》けた犬《いぬ》は、尻尾《しっぽ》を丸《まる》めておとなしくなるということから）

隅《すみ》に置《お》けない…思《おも》ったよりすぐれていて、ばかにできない。

鎬《しのぎ》を削《けず》る

つかいかた　新製品《しんせいひん》の売《う》り込《こ》みで、各社《かくしゃ》が**鎬《しのぎ》を削《けず》る**。

いみ　激《はげ》しく争《あらそ》うこと。

さんこう　「鎬《しのぎ》」は、刀《かたな》の刃《は》と背《せ》の中間部分《ちゅうかんぶぶん》。ここが削《けず》れるほど激《はげ》しく切《き》り合《あ》うという意味《いみ》。

にたいみのことば　火花《ひばな》を散《ち》らす（242ページ）

図《ず》に乗《の》る

つかいかた　「歌《うた》がうまいね」とほめたら、**図《ず》に乗《の》って**マイクを放《はな》そうとしない。

いみ　調子《ちょうし》に乗《の》ってつけあがる。調子《ちょうし》づく。

にたいみのことば　いい気《き》になる

反《そ》りが合《あ》わない…性質《せいしつ》や考《かんが》え方《かた》がちがうために、気《き》が合《あ》わない。

すめばみやこ

住《す》めば都《みやこ》

つかいかた

祖父母《そふぼ》の家《いえ》は山《やま》の奥《おく》にあるが、住《す》めば都《みやこ》で、ほかへは移《うつ》りたくないそうだ。

いみ

どんな場所《ばしょ》でも、住《す》み慣《な》れるとそこが一番《いちばん》よくなる。

さんこう

「都《みやこ》」は、にぎやかで便利《べんり》な大《おお》きなところで、住《す》みやすい土地《とち》という意味《いみ》。

だいはしょうをかねる

大《だい》は小《しょう》を兼《か》ねる

つかいかた

大《だい》は小《しょう》を兼《か》ねるで、辞典《じてん》は大《おお》きいのを買《か》った。

いみ

大《おお》きいものは、小《ちい》さいものの役目《やくめ》も果《は》たすということ。

はんたいのことば

杓子《しゃくし》は耳《みみ》かきにならず（大《おお》きいものが必《かなら》ずしも小《ちい》さいものの代《か》わりにならない）

宝《たから》の持《も》ち腐《くさ》れ…役《やく》に立《た》つものを持《も》ちながら、生《い》かされていないこと。

高《たか》を括《くく》る

つかいかた いくら力《ちから》が強《つよ》いといってもまだ一年生《いちねんせい》だ、たいしたことはないと高《たか》を括《くく》る。

いみ その程度《ていど》だろうとあまく見《み》る。たいしたことはないだろうと力《ちから》を見《み》くびる。

さんこう 「高《たか》」は程度《ていど》、「括《くく》る」は軽《かる》くみるという意味《いみ》。

ただより高《たか》いものはない

つかいかた 姉《あね》におやつを分《わ》けてもらったら、ジュースをおごらされた。ただより高《たか》いものはない。

いみ ただで物《もの》をもらうと、気《き》をつかったり、お礼《れい》したりでかえって高《たか》くつくということ。

玉《たま》にきず…完全《かんぜん》だと見《み》えるものの中《なか》に、ほんの少《すこ》し欠点《けってん》があること。

所《ところ》変《か》われば品《しな》変《か》わる

つかいかた　所《ところ》変《か》われば品《しな》変《か》わるで、東京《とうきょう》と京都《きょうと》ではお雑煮《ぞうに》の作《つく》り方《かた》がちがう。

いみ　その地方《ちほう》、その地方《ちほう》によって風俗《ふうぞく》・習慣《しゅうかん》・ことばなどがちがうということ。

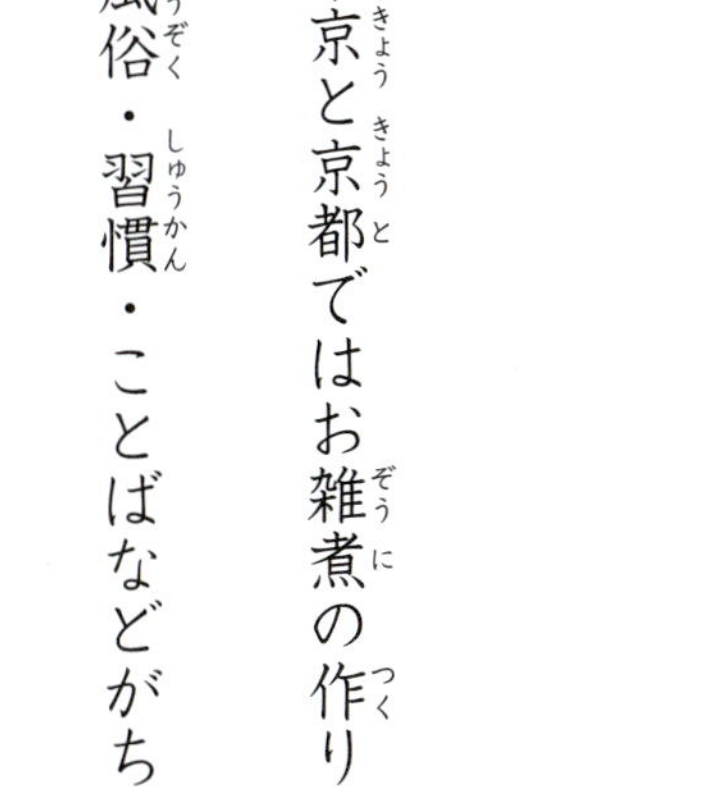

途《と》方《ほう》に暮《く》れる

つかいかた　電車《でんしゃ》の切符《きっぷ》を落《お》としてしまい、途方《とほう》に暮《く》れる。

いみ　方法《ほうほう》や手段《しゅだん》がなくなり、どうしていいかわからなくなる。困《こま》りはてる。

さんこう　「途方《とほう》」は、手段《しゅだん》や方法《ほうほう》、「暮《く》れる」は、心《こころ》が暗《くら》くなるという意味《いみ》。うまい方法《ほうほう》がなく、困《こま》りきること。

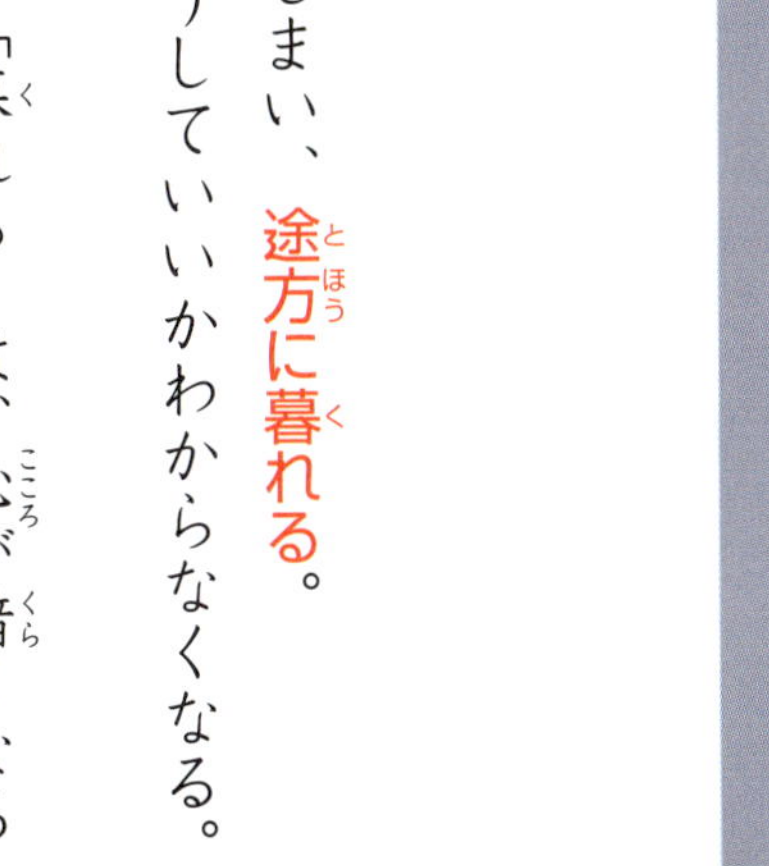

短気《たんき》は損気《そんき》…短気《たんき》を起《お》こすと、結局《けっきょく》は自分《じぶん》の損《そん》になる。

取《と》り付《つ》く島《しま》もない

つかいかた 何《なに》を聞《き》いても返事《へんじ》もしてくれず、取《と》り付《つ》く島《しま》もない。

いみ たよりにして取《と》りすがるところがない。また、相手《あいて》の態《たい》度《ど》がそっけなくて、話《はな》しかけるきっかけもない。

さんこう 「島《しま》」は、たよるところ、すがるところ。

長《なが》い物《もの》には巻《ま》かれろ

つかいかた 姉《あね》に逆《さか》らわないほうが身《み》のためだ、長《なが》い物《もの》には巻《ま》かれろ。

いみ 権力《けんりょく》のある人《ひと》や勢力《せいりょく》のある人《ひと》には、逆《さか》らわずに従《したが》っているほうが得《とく》であるということ。

さんこう 「長《なが》い物《もの》」は、勢力《せいりょく》・権力《けんりょく》のある人《ひと》という意味《いみ》。

習《なら》うより慣《な》れよ…習《なら》うより、経験《けいけん》して慣《な》れてしまったほうが身《み》に付《つ》く。

情《なさ》けは人《ひと》の為《ため》ならず

つかいかた
情《なさ》けは人《ひと》の為《ため》ならずというから、親切《しんせつ》な人《ひと》にはきっといいことがあるよ。

いみ
人《ひと》に親切《しんせつ》にすれば、いつかはめぐりめぐって自分《じぶん》のところにもどって来《く》る。自分《じぶん》のためと思《おも》って、人《ひと》には親切《しんせつ》にしなさいということ。

さんこう
「情《なさ》け」は、思《おも》いやり、親切心《しんせつしん》。「情《なさ》けはその人《ひと》のためにならないから、かけないほうがよい」というのは、誤《あやま》り。

もっとわかる
「情《なさ》け」を使《つか》うことば
- 旅《たび》は道連《みちづ》れ世《よ》は情《なさ》け（旅《たび》はいっしょに行《い》く人《ひと》がいると心強《こころづよ》いように、世《よ》の中《なか》も人《ひと》と助《たす》け合《あ》っていくことが大切《たいせつ》だ）
- 情《なさ》けを掛《か》ける（人《ひと》に思《おも》いやりのあるやさしい気持《きも》ちを向《む》ける）
- 情《なさ》けを知《し》る（人《ひと》の心《こころ》の細《こま》やかさや思《おも》いやりがわかるようになる）

幅《はば》を利《き》かせる…力《ちから》のある者《もの》が、思《おも》いのままに力《ちから》をふるう。

煮《に》ても焼《や》いても食《く》えない

つかいかた 煮《に》ても焼《や》いても食《く》えない、ひどいいたずらっ子《こ》。

いみ 非常《ひじょう》に悪《わる》がしこくて、あつかいようがないということ。

さんこう 煮《に》ても焼《や》いても、どう料理《りょうり》しても食《た》べられないという意味《いみ》。

年貢《ねんぐ》の納《おさ》め時《どき》

つかいかた 気楽《きらく》な独身生活《どくしんせいかつ》も、ここらが年貢《ねんぐ》の納《おさ》め時《どき》だ。

いみ 悪《わる》いことをし続《つづ》けてにげ回《まわ》ってきた者《もの》が、ついにつかまるとき。また、あきらめて覚悟《かくご》を決《き》めるとき。

さんこう ずっと納《おさ》めていなかった年貢《ねんぐ》（税金《ぜいきん》）を納《おさ》めるときがきたということ。

非《ひ》の打《う》ち所《どころ》が無《な》い…欠点《けってん》や悪《わる》いところがまったくない。

へたのよこずき

下手《へた》の横《よこ》好《ず》き

つかいかた　私《わたくし》の絵《え》は下手《へた》の横《よこ》好《ず》きで、とてもお見《み》せできません。

いみ　下手《へた》なくせに、とても好《す》きで熱心《ねっしん》なこと。

はんたいのことば　好《す》きこそ物《もの》の上手《じょうず》なれ（好《す》きなことは熱心《ねっしん》にやるので、自然《しぜん》に上手《じょうず》になるものだ）

ミイラとりがミイラになる

ミイラ取《と》りがミイラになる

つかいかた　妹《いもうと》に下《した》の弟《おとうと》を呼《よ》びに行《い》かせたら、ミイラ取《と》りがミイラになって、帰《かえ》って来《こ》ない。

いみ　人《ひと》を探《さが》しに行《い》ったまま帰《かえ》ってこないこと。人《ひと》を説得《せっとく》しに行《い》って逆《ぎゃく》に説得《せっとく》されること。ミイラを探《さが》しに行《い》く人《ひと》が力《ちから》つきて死《し》に、ミイラになるという意味《いみ》。

的《まと》を射《い》る…大事《だいじ》なところを、正《ただ》しくとらえる。

みぎにでる

右に出る

つかいかた テニスでは、彼の右に出る者はいない。

いみ その人よりも、すぐれている。

さんこう ふつう、「右に出る者がない（その人以上の者はいない）」という形で使う。昔の中国で、横に人が並ぶとき、えらい人が右に並んだことから。

ろんよりしょうこ

論より証拠

つかいかた 外国旅行に行ったことが、うそでないことは、この写真が論より証拠だ。

いみ あれこれ議論するより、証拠を示すことによって、もののごとははっきりするということ。

持ちつ持たれつ…おたがいに助けたり、助けられたりするようす。

笑《わら》う門《かど》には福《ふく》来《き》たる

つかいかた そんな暗《くら》い顔《かお》をしていてはいけない、笑《わら》う門《かど》には福《ふく》来《き》たるだよ。

いみ いつも笑《わら》い声《ごえ》が絶《た》えない明《あか》るい家庭《かてい》には、自然《しぜん》と幸福《こうふく》がやって来《く》るものだということ。

さんこう 「門《かど》」は、家《いえ》のこと。

もっとわかる

「笑《わら》う」を使《つか》うことば

- 鼻《はな》で笑《わら》う（ばかにして鼻先《はなさき》で笑《わら》う） ➡52ページ
- 膝《ひざ》が笑《わら》う（急《きゅう》な坂《さか》を下《くだ》るときなどに、膝《ひざ》がつかれてがくがくする） ➡75ページ
- 一銭《いっせん》を笑《わら》う者《もの》は一銭《いっせん》に泣《な》く（お金《かね》は大切《たいせつ》にしなさい）

「福《ふく》」を使《つか》うことば

- 残《のこ》り物《もの》には福《ふく》がある（最後《さいご》に残《のこ》った物《もの》には、思《おも》わぬよい物《もの》があるものだ）
- 禍《わざわい》を転《てん》じて福《ふく》となす（災難《さいなん》にあってもくじけないで、逆《ぎゃく》にそれが幸運《こううん》となるようにつとめる）

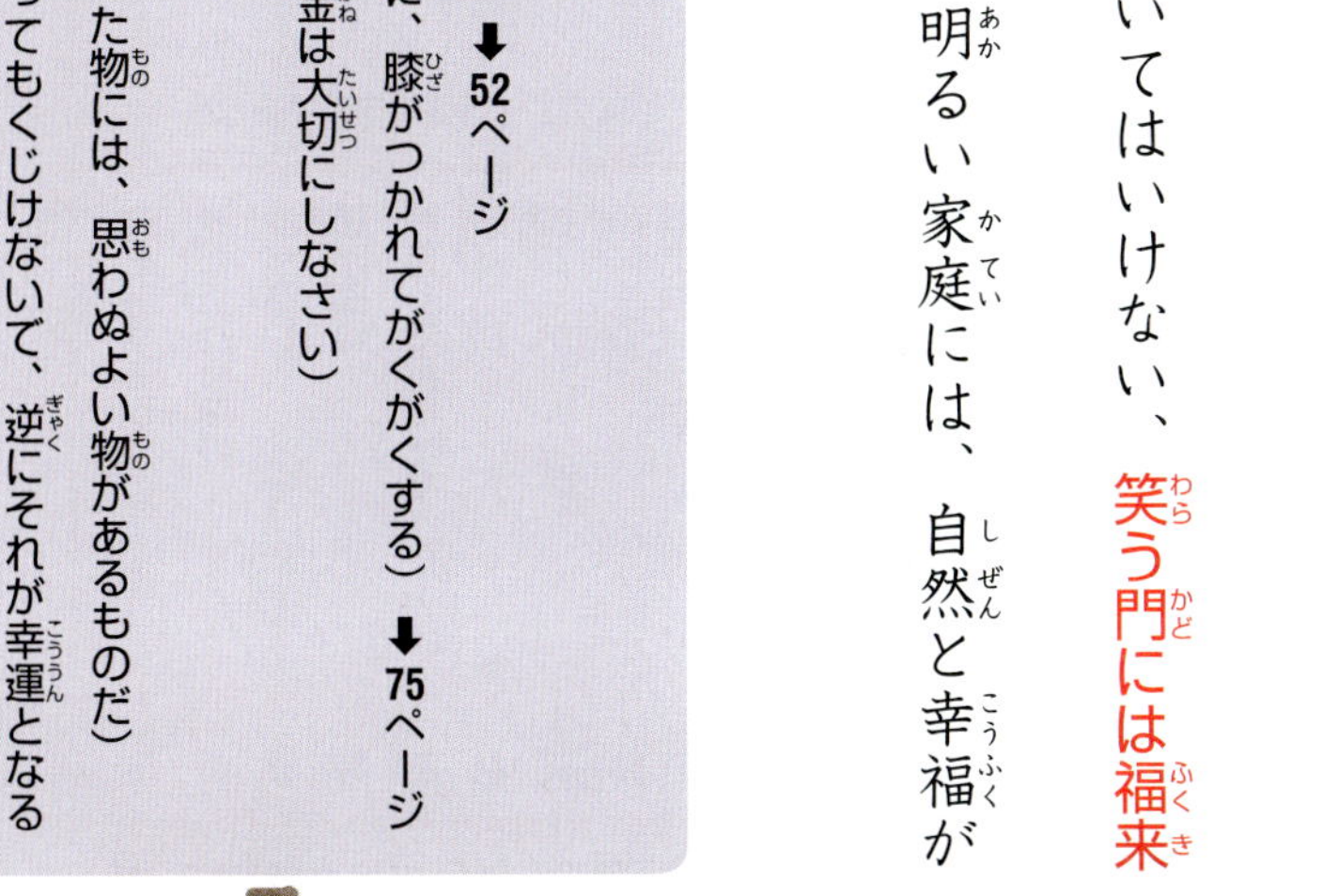

輪《わ》を掛《か》ける…程度《ていど》をさらに大《おお》きくする。実際《じっさい》より大《おお》げさに言《い》う。

さくいん

本書《ほんしょ》に出《で》てくることわざを、あいうえお順《じゅん》に並《なら》べ、そのページを示《しめ》しました。
太字《ふとじ》は、見出《みだ》しになっていることばです。

あ

開《あ》いた口《くち》が塞《ふさ》がらない …… 55
相槌《あいづち》を打《う》つ …… 127
会《あ》うは別《わか》れの始《はじ》め …… 157
青筋《あおすじ》を立《た》てる …… 282
青菜《あおな》に塩《しお》 …… 144
青二才《あおにさい》 …… 283
青《あお》は藍《あい》より出《い》でて藍《あい》より青《あお》し …… 282
赤《あか》い糸《いと》で結《むす》ばれる …… 285
赤子《あかご》の手《て》をねじる …… 284
赤《あか》の他人《たにん》 …… 284
秋風《あきかぜ》が立《た》つ …… 267
秋高《あきたか》く馬肥《うまこ》ゆ …… 272
秋茄子《あきなすび》嫁《よめ》に食《く》わすな …… 147・272
秋《あき》の日《ひ》は釣瓶《つるべ》落《お》とし …… 132
秋《あき》の夕焼《ゆうや》け鎌《かま》を研《と》げ …… 132
悪事千里《あくじせんり》を走《はし》る …… 317
悪銭身《あくせんみ》に付《つ》かず …… 142
揚《あ》げ足《あし》を取《と》る …… 74
朱《あけ》に染《そ》まる …… 287
顎《あご》が落《お》ちる …… 43
顎《あご》で使《つか》う …… 42
顎《あご》を出《だ》す …… 42
顎《あご》を外《はず》す …… 42・289
朝雨《あさあめ》に傘《かさ》要《い》らず …… 265
浅《あさ》い川《かわ》も深《ふか》く渡《わた》れ …… 240
朝起《あさお》きは三文《さんもん》の徳《とく》 …… 305
朝飯前《あさめしまえ》 …… 152
足《あし》が竦《すく》む …… 73
足《あし》が地《ち》に着《つ》かない …… 274
足《あし》が出《で》る …… 72
足《あし》が鈍《にぶ》る …… 73
足《あし》が棒《ぼう》になる …… 72
明日《あした》は明日《あした》の風《かぜ》が吹《ふ》く …… 267
足元《あしもと》から鳥《とり》が立《た》つ …… 75
足元《あしもと》に火《ひ》がつく …… 74
足元《あしもと》にも及《およ》ばない …… 134
足元《あしもと》へ付《つ》け込《こ》まれる …… 75
足元《あしもと》を見《み》られる …… 75
足《あし》を洗《あら》う …… 148
足《あし》を奪《うば》われる …… 103
味《あじ》を占《し》める …… 320
足《あし》を延《の》ばす …… 72
足《あし》を運《はこ》ぶ …… 74
足《あし》を引《ひ》っ張《ぱ》る …… 73
頭《あたま》が上《あ》がらない …… 35
頭《あたま》が痛《いた》い …… 33
頭《あたま》が固《かた》い …… 34
頭隠《あたまかく》して尻隠《しりかく》さず …… 35
頭《あたま》が下《さ》がる …… 34
頭《あたま》でっかち尻《しり》つぼみ …… 33
頭《あたま》に来《く》る …… 22・33
頭《あたま》に湯気《ゆげ》を立《た》てる …… 36
頭《あたま》の上《うえ》の蠅《はえ》を追《お》え …… 215
頭《あたま》を抱《かか》える …… 33
頭《あたま》を捻《ひね》る …… 34
頭《あたま》を冷《ひ》やす …… 36
頭《あたま》を丸《まる》める …… 271
頭《あたま》をもたげる …… 33
当《あ》たるも八卦《はっけ》当《あ》たらぬも八卦《はっけ》 …… 310
呆気《あっけ》に取《と》られる …… 320
後《あと》の祭《まつ》り …… 94・238
後《あと》は野《の》となれ山《やま》となれ …… 238
後《あと》を引《ひ》く …… 238
穴《あな》があったら入《はい》りたい …… 321
穴《あな》のあくほど見《み》つめる …… 315・321
危《あぶ》ない橋《はし》を渡《わた》る …… 322
虻蜂取《あぶはちと》らず …… 212
油紙《あぶらがみ》に火《ひ》の付《つ》いたよう …… 246
油《あぶら》に水《みず》 …… 247
油《あぶら》を売《う》る …… 111
油《あぶら》を絞《しぼ》る …… 110
甘《あま》い汁《しる》を吸《す》う …… 207
雨垂《あまだ》れ石《いし》を穿《うが》つ …… 265
雨《あめ》の降《ふ》る日《ひ》は天気《てんき》が悪《わる》い …… 168
雨降《あめふ》って地固《じかた》まる …… 264
蟻《あり》の穴《あな》から堤《つつみ》も崩《くず》れる …… 112・217・321
蟻《あり》の這《は》い出《で》る隙《すき》もない …… 216
合《あ》わせる顔《かお》が無《な》い …… 41
泡《あわ》を食《く》う …… 320
案《あん》ずるより産《う》むが易《やす》し …… 195

い

いい気《き》になる …… 330
いい面《つら》の皮《かわ》 …… 223
生《い》き馬《うま》の目《め》を抜《ぬ》く …… 185

息《いき》が合《あ》う 62
息《いき》を凝《こ》らす 62
息《いき》を殺《ころ》す 62
息《いき》を詰《つ》める 62
息《いき》を呑《の》む 50・62
息《いき》を弾《はず》ませる 101
息《いき》を吹《ふ》き返《かえ》す 61
異彩《いさい》を放《はな》つ 293・307
石《いし》にかじりついても 249
石《いし》の上《うえ》にも三年《さんねん》 249
石橋《いしばし》を叩《たた》いて渡《わた》る 322
医者《いしゃ》の不養生《ふようじょう》 86
いずれ菖蒲《あやめ》か杜若《かきつばた》 255
急《いそ》がば回《まわ》れ 323
一《いち》か八《ばち》か 300
一《いち》から十《じゅう》まで 312
一事《いちじ》が万事《ばんじ》 318
一難《いちなん》去《さ》ってまた一難《いちなん》 301
一年《いちねん》の計《けい》は元旦《がんたん》にあり 300
一富士《いちふじ》二《に》鷹《たか》三茄子《さんなすび》 299
一目《いちもく》置《お》く 298
一《いち》も二《に》もなく 299
一《いち》を聞《き》いて十《じゅう》を知《し》る 298
一巻《いっかん》の終《お》わり 301
一騎当千《いっきとうせん》 228
一挙両得《いっきょりょうとく》 212・302
一矢《いっし》を報《むく》いる 135
一寸先《いっすんさき》は闇《やみ》 301
一寸《いっすん》の光陰《こういん》軽《かろ》んずべからず 218
一寸《いっすん》の虫《むし》にも五分《ごぶ》の魂《たましい》 218
一石二鳥《いっせきにちょう》 207・212・302
一石《いっせき》を投《とう》じる 250
一銭《いっせん》を笑《わら》う者《もの》は一銭《いっせん》に泣《な》く 213・339
一頭地《いっとうち》を抜《ぬ》く 293・307
居《い》ても立《た》っても居《い》られない 97
犬《いぬ》が西向《にしむ》きゃ尾《お》は東《ひがし》 168
犬《いぬ》と猿《さる》 171
犬《いぬ》に論語《ろんご》 169
犬《いぬ》の尾《お》を食《く》うて回《まわ》る 171
犬《いぬ》の遠吠《とおぼ》え 170
犬《いぬ》は三日《みっか》飼《か》えば三年恩《さんねんおん》を忘《わす》れぬ 170・249
犬《いぬ》も歩《ある》けば棒《ぼう》に当《あ》たる 167
犬《いぬ》も食《く》わぬ 169
命《いのち》を落《お》とす 99
井《い》の中《なか》の蛙《かわず》大海《たいかい》を知《し》らず 224
今《いま》泣《な》いた烏《からす》がもう笑《わら》った 199
芋《いも》の煮《に》えたも御存《ごぞん》じない 35・148・308
芋《いも》を洗《あら》うよう 148
色眼鏡《いろめがね》で見《み》る 280
色《いろ》を失《うしな》う 278
色《いろ》をなす 279
鰯《いわし》の頭《あたま》も信心《しんじん》から 206
言《い》わぬが花《はな》 173

う

魚心《うおごころ》あれば水心《みずごころ》 211
雨後《うご》の竹《たけ》の子《こ》 259
牛《うし》に引《ひ》かれて善光寺参《ぜんこうじまい》り 189
牛《うし》の歩《あゆ》み 189
牛《うし》の角《つの》を蜂《はち》が刺《さ》す 214
後《うし》ろ髪《がみ》を引《ひ》かれる 37
後《うし》ろ指《ゆび》を指《さ》される 69
後《うし》ろを見《み》せる 289
嘘《うそ》から出《で》た実《まこと》 262
嘘《うそ》つきは泥棒《どろぼう》の始《はじ》まり 94
嘘八百《うそはっぴゃく》 314
嘘《うそ》も方便《ほうべん》 321
梲《うだつ》が上《あ》がらない 121
うつつを抜《ぬ》かす 103
腕《うで》が鳴《な》る 71
腕《うで》によりを掛《か》ける 71
腕《うで》をこまぬく 67
腕《うで》を磨《みが》く 71
独活《うど》の大木《たいぼく》 251
鰻《うなぎ》の寝床《ねどこ》 206
鰻登《うなぎのぼ》り 206
鵜《う》の真似《まね》をする烏《からす》水《みず》に溺《おぼ》れる 198
鵜呑《うの》みにする 197
鵜《う》の目鷹《めたか》の目《め》 197
馬《うま》が合《あ》う 185
馬《うま》の耳《みみ》に念仏《ねんぶつ》 184
海千山千《うみせんやません》 241
生《う》みの親《おや》より育《そだ》ての親《おや》 81
瓜《うり》の蔓《つる》に茄子《なすび》はならぬ 146
瓜二《うりふた》つ 146
噂《うわさ》をすれば影《かげ》がさす 324
雲泥《うんてい》の差《さ》 268
運《うん》を天《てん》に任《まか》せる 273

え

江戸《えど》の敵《かたき》を長崎《ながさき》で討《う》つ 322
絵《え》に描《か》いた餅《もち》 152
海老《えび》で鯛《たい》を釣《つ》る 207
襟《えり》を正《ただ》す 119
縁《えん》の下《した》の力持《ちからも》ち 121
煙幕《えんまく》を張《は》る 151
遠慮会釈《えんりょえしゃく》もない 154

お

老《お》いては子《こ》に従《したが》え 83
負《お》うた子《こ》に教《おし》えられて浅瀬《あさせ》を渡《わた》る 322

鸚鵡《おうむ》返《がえ》し …… 193
大男《おおおとこ》総身《そうみ》に知恵《ちえ》が回《まわ》りかね …… 35・251
大《おお》きな顔《かお》をする …… 175
大《おお》きな口《くち》をきく …… 115
大船《おおぶね》に乗《の》ったよう …… 133
大風呂敷《おおぶろしき》を広《ひろ》げる …… 115
陸《おか》へ上《あ》がった河童《かっぱ》 …… 234
奥歯《おくば》に物《もの》が挟《はさ》まったよう …… 61
臆病風《おくびょうかぜ》に吹《ふ》かれる …… 266
押《お》し合《あ》いへし合《あ》い …… 148
お釈迦《しゃか》になる …… 158
押《お》すな押《お》すな …… 148
お茶《ちゃ》の子《こ》さいさい …… 152
お茶《ちゃ》を濁《にご》す …… 151
驚《おどろ》き桃《もも》の木《き》山椒《さんしょ》の木《き》 …… 145・203
同《おな》じ穴《あな》の狢《むじな》 …… 178
同《おな》じ釜《かま》の飯《めし》を食《く》う …… 111
鬼《おに》が出《で》るか蛇《じゃ》が出《で》るか …… 230
鬼《おに》に金棒《かなぼう》 …… 228
鬼《おに》の居《い》ぬ間《ま》に洗濯《せんたく》 …… 230
鬼《おに》の霍乱《かくらん》 …… 108・231
鬼《おに》の首《くび》を取《と》ったよう …… 230
鬼《おに》の目《め》にも涙《なみだ》 …… 229
帯《おび》に短《みじか》し襷《たすき》に長《なが》し …… 119
尾鰭《おひれ》が付《つ》く …… 168
溺《おぼ》れる者《もの》は藁《わら》をもつかむ …… 252
思《おも》い立《た》ったが吉日《きちじつ》 …… 323
親《おや》の心子《こころこ》知《し》らず …… 81
親《おや》の脛《すね》をかじる …… 76
親《おや》の光《ひかり》は七光《ななひかり》 …… 80
親《おや》は無《な》くとも子《こ》は育《そだ》つ …… 83
及《およ》びもつかない …… 134
折《お》り紙《がみ》付《つ》き …… 324
尾《お》を引《ひ》く …… 168
恩《おん》を仇《あだ》で返《かえ》す …… 179

か

飼《か》い犬《いぬ》に手《て》を噛《か》まれる …… 170
快刀乱麻《かいとうらんま》を断《た》つ …… 135
蛙《かえる》の子《こ》は蛙《かえる》 …… 222
蛙《かえる》の面《つら》へ水《みず》 …… 223
顔色《かおいろ》をうかがう …… 279
顔《かお》が広《ひろ》い …… 40
顔《かお》から火《ひ》が出《で》る …… 40
顔《かお》に泥《どろ》を塗《ぬ》る …… 40
顔《かお》を曇《くも》らせる …… 41
顔《かお》を潰《つぶ》す …… 40
柿《かき》が赤《あか》くなれば医者《いしゃ》は青《あお》くなる …… 87
影《かげ》が薄《うす》い …… 324
影《かげ》も形《かたち》もない …… 324
影《かげ》を潜《ひそ》める …… 324
風上《かざかみ》に置《お》けない …… 266
笠《かさ》に着《き》る …… 175
火事場《かじば》の馬鹿力《ばかぢから》 …… 80
華燭《かしょく》の典《てん》 …… 130
風《かぜ》が吹《ふ》けば桶屋《おけや》が儲《もう》かる …… 266
風《かぜ》の便《たよ》り …… 267
風邪《かぜ》は万病《まんびょう》の元《もと》 …… 318
固唾《かたず》を呑《の》む …… 50・68・325
肩《かた》で息《いき》をする …… 23
肩《かた》で風《かぜ》を切《き》る …… 175
肩《かた》の荷《に》が下《お》りる …… 23
肩《かた》を怒《いか》らす …… 24
肩《かた》を落《お》とす …… 24
肩《かた》を並《なら》べる …… 24
肩《かた》を持《も》つ …… 23
火中《かちゅう》の栗《くり》を拾《ひろ》う …… 147
勝《か》って兜《かぶと》の緒《お》を締《し》めよ …… 140
河童《かっぱ》に水練《すいれん》 …… 232
河童《かっぱ》の川流《かわなが》れ …… 233
勝《か》てば官軍《かんぐん》、負《ま》ければ賊軍《ぞくぐん》 …… 140
我田引水《がでんいんすい》 …… 154
金《かね》が物《もの》を言《い》う …… 141
金《かね》の草鞋《わらじ》で探《さが》す …… 117
金《かね》は天下《てんか》の回《まわ》りもの …… 141
蚊《か》の鳴《な》くような声《こえ》 …… 214
兜《かぶと》を脱《ぬ》ぐ …… 140
画餅《がべい》 …… 152
壁《かべ》に耳《みみ》あり障子《しょうじ》に目《め》あり …… 121
果報《かほう》は寝《ね》て待《ま》て …… 65・153・241
雷《かみなり》が落《お》ちる …… 80・172
神《かみ》も仏《ほとけ》もない …… 156
髪結《かみゆ》いの乱《みだ》れ髪《がみ》 …… 89
髪《かみ》を下《お》ろす …… 37
亀《かめ》の甲《こう》より年《とし》の功《こう》 …… 227
鴨《かも》が葱《ねぎ》を背負《しょ》って来《く》る …… 200
可《か》もなく不可《ふか》もなし …… 222・261
烏《からす》の行水《ぎょうずい》 …… 199
借《か》りてきた猫《ねこ》 …… 166
枯《か》れ木《き》も山《やま》のにぎわい …… 257
可愛《かわい》い子《こ》には旅《たび》をさせよ …… 82
可愛《かわい》さ余《あま》って憎《にく》さが百倍《ひゃくばい》 …… 316
閑古鳥《かんこどり》が鳴《な》く …… 194
顔色《がんしょく》無《な》し …… 278
顔色《がんしょく》を失《うしな》う …… 278
邯鄲《かんたん》の夢《ゆめ》 …… 299
間《かん》に髪《はつ》を入《い》れず …… 37
堪忍袋《かんにんぶくろ》の緒《お》が切《き》れる …… 140・192・282
間髪《かんはつ》を入《い》れず …… 37
管鮑《かんぽう》の交《まじ》わり …… 286
顔面蒼白《がんめんそうはく》 …… 293

き

聞《き》いて極楽《ごくらく》見《み》て地獄《じごく》 …… 157・298

黄色《きいろ》い声《こえ》 288
気《き》が多《おお》い 98
気《き》が置《お》けない 100
気《き》が利《き》く 96
気《き》が気《き》でない 97
気《き》が進《すす》まない 100
気《き》が散《ち》る 97
気《き》が抜《ぬ》ける 46
気《き》が緩《ゆる》む 112
聞《き》き耳《みみ》を立《た》てる 63
聞《き》くは一時《いっとき》の恥《はじ》、聞《き》かぬは一生《いっしょう》の恥《はじ》 173・298
起死回生《きしかいせい》 311
雉《きじ》も鳴《な》かずば打《う》たれまい 193
机上《きじょう》の空論《くうろん》 152・163
喜色満面《きしょくまんめん》 280
帰心《きしん》矢《や》の如《ごと》し 136
狐《きつね》につままれる 176
狐《きつね》の嫁入《よめい》り 176
狐《きつね》を馬《うま》に乗《の》せたよう 176
木《き》で鼻《はな》を括《くく》る 257
気《き》に掛《か》ける 97
気《き》に障《さわ》る 98
気《き》にする 97
木《き》に竹《たけ》を接《つ》ぐ 259
気《き》に病《や》む 97
昨日《きのう》の敵《てき》は今日《きょう》の友《とも》 84
気《き》の置《お》けない 100
牙《きば》を研《と》ぐ 70
きまりが悪《わる》い 321・326
肝《きも》が据《す》わる 30
肝《きも》が太《ふと》い 228
肝《きも》を潰《つぶ》す 30
肝《きも》を冷《ひ》やす 30
脚光《きゃっこう》を浴《あ》びる 325
牛飲馬食《ぎゅういんばしょく》 189
九牛《きゅうぎゅう》の一毛《いちもう》 311
九死《きゅうし》に一生《いっしょう》を得《え》る 311
窮鼠《きゅうそ》猫《ねこ》を噛《か》む 191
灸《きゅう》を据《す》える 250
驚天動地《きょうてんどうち》 274
旭日昇天《きょくじつしょうてん》の勢《いきお》い 110
漁夫《ぎょふ》の利《り》 90
気《き》を失《うしな》う 278
気《き》を落《お》とす 99
気《き》を配《くば》る 96
気《き》を遣《つか》う 96
気《き》を抜《ぬ》く 112
気《き》を回《まわ》す 99
木《き》を見《み》て森《もり》を見《み》ず 173・257
気《き》を揉《も》む 96
琴線《きんせん》に触《ふ》れる 102
金時《きんとき》の火事見舞《かじみま》い 80

く

ぐうの音《ね》も出《で》ない 327
釘付《くぎづ》けにする 123
釘《くぎ》を刺《さ》す 123
臭《くさ》い物《もの》に蓋《ふた》をする 113
草木《くさき》もなびく 204
腐《くさ》っても鯛《たい》 208
草《くさ》の根《ね》を分《わ》けて捜《さが》す 258
苦汁《くじゅう》をなめる 122
口《くち》が堅《かた》い 53
口《くち》が軽《かる》い 53
口《くち》が裂《さ》けても 20
口数《くちかず》が多《おお》い 246
口《くち》が酸《す》っぱくなる程《ほど》 54
口《くち》が滑《すべ》る 53
口《くち》が回《まわ》る 57
口《くち》から先《さき》に生《う》まれる 195・246
口《くち》に合《あ》う 54
口《くち》に上《のぼ》る 87
嘴《くちばし》が黄色《きいろ》い 288
嘴《くちばし》を入《い》れる 245
唇《くちびる》を噛《か》む 50・91・191
口《くち》を酸《す》っぱくする 54
口《くち》を揃《そろ》える 55
口《くち》を尖《とが》らせる 53
口《くち》を濁《にご》す 205
首《くび》が回《まわ》らない 38
首《くび》を傾《かし》げる 39
首《くび》を切《き》る 38
首《くび》を縦《たて》に振《ふ》る 39
首《くび》を突《つ》っ込《こ》む 38
首《くび》を長《なが》くする 39
首《くび》を捻《ひね》る 34・39
蜘蛛《くも》の子《こ》を散《ち》らす 217
雲行《くもゆ》きが怪《あや》しい 268
雲《くも》を霞《かすみ》と 269
雲《くも》をつかむ 269
雲《くも》を衝《つ》く 269
苦《くる》しい時《とき》の神頼《かみだの》み 154
黒山《くろやま》の人《ひと》だかり 294
君子《くんし》危《あや》うきに近寄《ちかよ》らず 93
君子《くんし》は豹変《ひょうへん》す 93
群《ぐん》を抜《ぬ》く 293・307

け

鶏群《けいぐん》の一鶴《いっかく》 196
蛍雪《けいせつ》の功《こう》 227
怪我《けが》の功名《こうみょう》 325
逆鱗《げきりん》に触《ふ》れる 326
下駄《げた》を預《あず》ける 117

舌《した》を巻《ま》く 56
七転八起《しちてんはっき》 309
十指《じっし》に余《あま》る 312
失敗《しっぱい》は成功《せいこう》のもと 328
尻尾《しっぽ》を出《だ》す 329
尻尾《しっぽ》をつかむ 252・329
尻尾《しっぽ》を振《ふ》る 329
尻尾《しっぽ》を巻《ま》く 56・329
鎬《しのぎ》を削《けず》る 330
四《し》の五《ご》の 306
しびれを切《き》らす 328
四面楚歌《しめんそか》 306
耳目《じもく》に触《ふ》れる 102
釈迦《しゃか》に説法《せっぽう》 158
杓子《しゃくし》は耳《みみ》かきにならず 109・331
癪《しゃく》に障《さわ》る 98
蛇《じゃ》の道《みち》は蛇《へび》 226
十人十色《じゅうにんといろ》 281
十人並《じゅうにんな》み 312
朱《しゅ》に交《まじ》われば赤《あか》くなる 286
朱《しゅ》を入《い》れる 287
春眠暁《しゅんみんあかつき》を覚《おぼ》えず 132
正気《しょうき》を失《うしな》う 278
正直《しょうじき》の頭《こうべ》に神宿《かみやど》る 154
上手《じょうず》の手《て》から水《みず》が漏《も》れる 244
小《しょう》の虫《むし》を殺《ころ》して大《だい》の虫《むし》を助《たす》ける 188
初心忘《しょしんわす》るべからず 104
白川夜船《しらかわよふね》 240
知《し》らぬが仏《ほとけ》 158
白羽《しらは》の矢《や》が立《た》つ 292
白《しら》を切《き》る 289
尻馬《しりうま》に乗《の》る 186
尻《しり》が重《おも》い 27
尻《しり》が軽《かる》い 27
尻切《しりき》れ蜻蛉《とんぼ》 215
尻《しり》に敷《し》く 27
尻《しり》に火《ひ》が付《つ》く 27
白《しろ》い歯《は》を見《み》せる 289
白《しろ》い目《め》で見《み》る 290
白黒《しろくろ》をつける 291
心血《しんけつ》を注《そそ》ぐ 15・110
神出鬼没《しんしゅつきぼつ》 155
針小棒大《しんしょうぼうだい》 122
寝食《しんしょく》を忘《わす》れる 58
人事《じんじ》を尽《つ》くして天命《てんめい》を待《ま》つ
人生《じんせい》わずか五十年《ごじゅうねん》 209・241 313

す

水魚《すいぎょ》の交《まじ》わり 211・286
水泡《すいほう》に帰《き》する 263
頭《ず》が高《たか》い 36
好《す》きこそ物《もの》の上手《じょうず》なれ 244・337
過《す》ぎたるは及《およ》ばざるが如《ごと》し 136
涼《すず》しい顔《かお》 41
雀《すずめ》の涙《なみだ》 200
雀百《すずめひゃく》まで踊《おど》り忘《わす》れず 201
捨《す》てる神《かみ》あれば拾《ひろ》う神《かみ》あり 155
砂《すな》を噛《か》むよう 191
図《ず》に当《あ》たる 167
図《ず》に乗《の》る 330
脛《すね》をかじる 76
隅《すみ》に置《お》けない 329
住《す》めば都《みやこ》 331

せ

青雲《せいうん》の志《こころざし》 283
晴耕雨読《せいこううどく》 264
急《せ》いては事《こと》を仕損《しそん》じる 323
青天《せいてん》の霹靂《へきれき》 283
青天白日《せいてんはくじつ》 291
席《せき》の暖《あたた》まる暇《いとま》もない 44・89
赤貧洗《せきひんあら》うが如《ごと》し 136・148
世間《せけん》の口《くち》に戸《と》は立《た》てられない 55
背筋《せすじ》が寒《さむ》くなる 25
背《せ》に腹《はら》はかえられない 25
背《せ》を向《む》ける 25
千客万来《せんきゃくばんらい》 317
船頭多《せんどうおお》くして船山《ふねやま》に上《のぼ》る 87
善《ぜん》は急《いそ》げ 323
前門《ぜんもん》の虎《とら》、後門《こうもん》の狼《おおかみ》 182
千里《せんり》の道《みち》も一歩《いっぽ》より始《はじ》まる 317

そ

そうは問屋《とんや》が卸《おろ》さない 88
総領《そうりょう》の甚六《じんろく》 308
底《そこ》が浅《あさ》い 240
俎上《そじょう》の魚《うお》 209
素知《そし》らぬ顔《かお》 41
袖《そで》にする 119
袖振《そでふ》り合《あ》うも多生《たしょう》の縁《えん》 119
袖《そで》を絞《しぼ》る 118・229
袖《そで》を通《とお》す 119
側杖《そばづえ》を食《く》う 125
反《そ》りが合《あ》わない 330
損《そん》して得取《とくと》れ 28

た

対岸《たいがん》の火事《かじ》 243
大山鳴動《たいざんめいどう》して鼠一匹《ねずみいっぴき》 192
大同小異《だいどうしょうい》 261
大《だい》は小《しょう》を兼《か》ねる 331
大木《たいぼく》は風《かぜ》に折《お》られる 251
箍《たが》が緩《ゆる》む 127

高嶺《たかね》の花《はな》 256
高飛車《たかびしゃ》に出《で》る 175
高《たか》みの見物《けんぶつ》 243
宝《たから》の持《も》ち腐《ぐさ》れ 331
高《たか》を括《くく》る 332
竹《たけ》に雀《すずめ》 201
竹《たけ》を割《わ》ったよう 260
他山《たざん》の石《いし》 250
蛇足《だそく》 226
畳《たたみ》の上《うえ》の水練《すいれん》 120・163
ただより高《たか》いものはない 332
太刀《たち》打《う》ちできない 134
立《た》つ鳥跡《とりあと》を濁《にご》さず 205
立《た》て板《いた》に水《みず》 246
盾《たて》を突《つ》く 137
棚《たな》から牡丹餅《ぼたもち》 153
棚《たな》に上《あ》げる 121・153
棚牡丹《たなぼた》 153
他人行儀《たにんぎょうぎ》 85
他人《たにん》の空似《そらに》 85
他人《たにん》の飯《めし》を食《く》う 152
狸寝入《たぬきねい》り 178
旅《たび》の恥《はじ》はかき捨《す》て 82
旅《たび》は道連《みちづ》れ世《よ》は情《なさ》け 82・335
玉《たま》にきず 332
ためつすがめつ 315
袂《たもと》を分《わ》かつ 119
盥回《たらいまわ》し 128
胆《たん》が据《す》わる 30
短気《たんき》は損気《そんき》 28・333
断腸《だんちょう》の思《おも》い 31

ち

血《ち》が騒《さわ》ぐ 32
血《ち》が上《のぼ》る 87
力《ちから》を得《え》る 311
力《ちから》を落《お》とす 24・99
竹馬《ちくば》の友《とも》 84
地《ち》に落《お》ちる 274
血《ち》の気《け》が失《う》せる 278
血《ち》の気《け》が引《ひ》く 278
血《ち》の出《で》るよう 32
血《ち》のにじむよう 32
血道《ちみち》を上《あ》げる 103
血《ち》も涙《なみだ》もない 32
茶々《ちゃちゃ》を入《い》れる 245
茶腹《ちゃばら》も一時《いっとき》 151
忠言耳《ちゅうげんみみ》に逆《さか》らう 54
長蛇《ちょうだ》の列《れつ》 226
提灯《ちょうちん》に釣《つ》り鐘《がね》 130
提灯《ちょうちん》を持《も》つ 129
塵《ちり》も積《つ》もれば山《やま》となる 239
血湧《ちわ》き肉躍《にくおど》る 17

つ

月《つき》と鼈《すっぽん》 271
月《つき》に叢雲《むらくも》、花《はな》に風《かぜ》 271
月夜《つきよ》に釜《かま》を抜《ぬ》かれる 112
月夜《つきよ》に提灯《ちょうちん》 129
角突《つのつ》き合《あ》わせる 188
角《つの》を矯《た》めて牛《うし》を殺《ころ》す 188
罪《つみ》を憎《にく》んで人《ひと》を憎《にく》まず 92
爪《つめ》に火《ひ》をともす 70
爪《つめ》の垢《あか》ほど 70
爪《つめ》を研《と》ぐ 70
面《つら》の皮《かわ》が厚《あつ》い 177・223
面《つら》の皮《かわ》を剝《は》ぐ 223
鶴《つる》の一声《ひとこえ》 202
鶴《つる》は千年亀《せんねんかめ》は万年《まんねん》 202

て

手《て》が空《あ》く 66
手《て》が掛《か》かる 66
手《て》が込《こ》む 67
手《て》が付《つ》けられない 66
敵《てき》に塩《しお》を送《おく》る 144
手塩《てしお》に掛《か》ける 144
手《て》に汗《あせ》を握《にぎ》る 68
手《て》に余《あま》る 316
手《て》に負《お》えない 66
手《て》に付《つ》かない 67
手前味噌《てまえみそ》 150
手《て》も足《あし》も出《で》ない 66
出《で》る杭《くい》は打《う》たれる 126
出《で》る釘《くぎ》は打《う》たれる 126
手《て》を替《か》え品《しな》を替《か》え 68
手《て》を貸《か》す 66
手《て》を加《くわ》える 66
手《て》をこまぬく 67
手《て》を束《つか》ねる 67
手《て》を抜《ぬ》く 66
手《て》を焼《や》く 68
伝家《でんか》の宝刀《ほうとう》 134
天狗《てんぐ》になる 234
天災《てんさい》は忘《わす》れた頃《ころ》にやって来《く》る 58
天高《てんたか》く馬肥《うまこ》ゆる秋《あき》 272
点滴石《てんてきいし》を穿《うが》つ 265
天《てん》に向《む》かって唾《つば》を吐《は》く 273
天《てん》にも昇《のぼ》る心地《ここち》 272
天《てん》は二物《にぶつ》を与《あた》えず 273
天《てん》を衝《つ》く 110

と

頭角《とうかく》を現《あらわ》す 196・293・307

峠《とうげ》を越《こ》す……239
灯台下暗《とうだいもとくら》し……129
豆腐《とうふ》に鎹《かすがい》……150
東奔西走《とうほんせいそう》……89
蟷螂《とうろう》の斧《おの》……216
遠《とお》くの親類《しんるい》より近《ちか》くの他人《たにん》……85
時《とき》は金《かね》なり……141
毒《どく》にも薬《くすり》にもならない……222
どこの馬《うま》の骨《ほね》……186
どこ吹《ふ》く風《かぜ》……266
所変《ところか》われば品変《しなか》わる……333
所《ところ》を得《え》る……311
年《とし》の功《こう》……227
塗炭《とたん》の苦《くる》しみ……122
とどのつまり……210
とどめを刺《さ》す……123
隣《となり》の花《はな》は赤《あか》い……284
鳶《とび》が孔雀《くじゃく》を生《う》む……195
鳶《とび》が鷹《たか》を生《う》む……195
鳶《とび》に油揚《あぶらあ》げ……194
飛《と》ぶ鳥跡《とりあと》を濁《にご》さず……205
飛《と》ぶ鳥《とり》を落《お》とす勢《いきお》い……204
途方《とほう》に暮《く》れる……333
取《と》らぬ狸《たぬき》の皮算用《かわざんよう》……177
虎《とら》の威《い》を借《か》る狐《きつね》……175
虎《とら》の尾《お》を踏《ふ》む……182
虎《とら》の子《こ》……183
虎《とら》を野《の》に放《はな》つ……182・238
取《と》り付《つ》く島《しま》もない……334
鳥無《とりな》き里《さと》の蝙蝠《こうもり》……205
泥縄《どろなわ》……94
泥《どろ》のように眠《ねむ》る……268
泥棒《どろぼう》を捕《と》らえて縄《なわ》をなう……94
泥《どろ》を被《かぶ》る……268
泥《どろ》を吐《は》く……268
度《ど》を失《うしな》う……278
団栗《どんぐり》の背比《せいくら》べ……261
飛《と》んで火《ひ》に入《い》る夏《なつ》の虫《むし》……217
鳶《とんび》が鷹《たか》を生《う》む……195
鳶《とんび》に油揚《あぶらあ》げをさらわれる……194
蜻蛉返《とんぼがえ》り……215

な

内助《ないじょ》の功《こう》……227
無《な》い袖《そで》は振《ふ》れない……119
長《なが》い物《もの》には巻《ま》かれろ……334
流《なが》れに棹《さお》さす……233
流《なが》れを汲《く》む……233
泣《な》き出《だ》しそうな空模様《そらもよう》……213
泣《な》きっ面《つら》に蜂《はち》……213
泣《な》く子《こ》は育《そだ》つ……83・213
泣《な》く子《こ》も黙《だま》る……83
無《な》くて七癖《ななくせ》……309
情《なさ》けは人《ひと》の為《ため》ならず……335
情《なさ》けを掛《か》ける……335
情《なさ》けを知《し》る……335
梨《なし》の礫《つぶて》……149
七転《ななころ》び八起《やお》き……309
七度探《ななたびさが》して人《ひと》を疑《うたが》え……309
何食《なにく》わぬ顔《かお》……41
生木《なまき》を裂《さ》く……20
涙《なみだ》に暮《く》れる……51
涙《なみだ》を誘《さそ》う……50
涙《なみだ》を呑《の》む……50
習《なら》うより慣《な》れよ……334
成《な》らぬ堪忍《かんにん》するが堪忍《かんにん》……91
名《な》を汚《けが》す……40
難色《なんしょく》を示《しめ》す……279
南船北馬《なんせんほくば》……187

に

煮《に》え湯《ゆ》を飲《の》まされる……179
逃《に》がした魚《さかな》は大《おお》きい……210
苦虫《にがむし》を噛《か》み潰《つぶ》したよう……219
憎《にく》まれっ子《こ》世《よ》にはばかる……92
西《にし》から日《ひ》が出《で》る……270
西《にし》も東《ひがし》も分《わ》からない……168
二足《にそく》の草鞋《わらじ》を履《は》く……117
似《に》たり寄《よ》ったり……261・314
二進《にっち》も三進《さっち》も……303
煮《に》ても焼《や》いても食《く》えない……336
二度《にど》あることは三度《さんど》ある……303
二兎《にと》を追《お》う者《もの》は一兎《いっと》をも得《え》ず……302
二人三脚《ににんさんきゃく》……187
二《に》の足《あし》を踏《ふ》む……302
二《に》の句《く》が継《つ》げない……303
二枚舌《にまいじた》を使《つか》う……57

ぬ

糠《ぬか》に釘《くぎ》……123・128・150
盗人猛々《ぬすっとたけだけ》しい……95
盗人《ぬすびと》の昼寝《ひるね》……95
盗人《ぬすびと》を捕《と》らえて縄《なわ》をなう……94
濡《ぬ》れ衣《ぎぬ》を着《き》せられる……143
濡《ぬ》れ手《て》で粟《あわ》……143
濡《ぬ》れ鼠《ねずみ》……192

ね

猫被《ねこかぶ》りをする……166
猫可愛《ねこかわい》がり……166
猫撫《ねこな》で声《ごえ》……164
猫《ねこ》に鰹節《かつおぶし》……164
猫《ねこ》に小判《こばん》……163
猫《ねこ》の首《くび》に鈴《すず》を付《つ》ける……165

猫《ねこ》の手《て》も借《か》りたい……164
猫《ねこ》の額《ひたい》……165
猫《ねこ》の目《め》のよう……165
猫《ねこ》も杓子《しゃくし》も……109
猫《ねこ》を被《かぶ》る……166
ねじを巻《ま》く……56
寝《ね》た子《こ》を起《お》こす……82
熱《ねつ》に浮《う》かされる……103
熱《ねつ》を上《あ》げる……103
寝《ね》ても覚《さ》めても……65
根掘《ねほ》り葉掘《はほ》り……258
寝耳《ねみみ》に水《みず》……65
眠《ねむ》れる獅子《しし》……180
根《ね》も葉《は》もない……258
寝《ね》る子《こ》は育《そだ》つ……83
年貢《ねんぐ》の納《おさ》め時《どき》……336
念《ねん》には念《ねん》を入《い》れる……93・125・322

の

能《のう》ある鷹《たか》は爪《つめ》を隠《かく》す……196
軒《のき》を並《なら》べる……121
残《のこ》り物《もの》には福《ふく》がある……207・339
喉《のど》が鳴《な》る……58・71
喉《のど》から手《て》が出《で》る……59
喉元《のどもと》過《す》ぎれば熱《あつ》さを忘《わす》れる……58
乗《の》り掛《か》かった船《ふね》……133
暖簾《のれん》に腕押《うでお》し……128

は

背水《はいすい》の陣《じん》……248
歯《は》が浮《う》く……60・98
歯《は》が立《た》たない……60
歯《は》が抜《ぬ》けたよう……60
掃《は》き溜《だ》めに鶴《つる》……202
馬脚《ばきゃく》を露《あらわ》す……187
白日《はくじつ》の下《もと》にさらす……290
白紙《はくし》に戻《もど》す……292
白砂青松《はくしゃせいしょう》……292
白眉《はくび》……293
化《ば》けの皮《かわ》が剥《は》がれる……177・187・329
箸《はし》が転《ころ》んでもおかしい年頃《としごろ》……125
馬耳東風《ばじとうふう》……169・184
箸《はし》にも棒《ぼう》にも掛《か》からない……109
馬車馬《ばしゃうま》のよう……15・185
旗色《はたいろ》が悪《わる》い……280
破竹《はちく》の勢《いきお》い……260
蜂《はち》の巣《す》をつついたよう……214
八面六臂《はちめんろっぴ》……308
八方美人《はっぽうびじん》……310
八方塞《はっぽうふさ》がり……310
鳩《はと》が豆鉄砲《まめでっぽう》を食《く》ったよう……203
鳩《はと》に豆鉄砲《まめでっぽう》……203
鼻息《はないき》をうかがう……279
鼻《はな》が高《たか》い……51
話《はなし》が弾《はず》む……101
話《はな》し上手《じょうず》は聞《き》き上手《じょうず》……244・298
鼻《はな》で笑《わら》う……52
鼻《はな》に掛《か》ける……52
鼻《はな》に付《つ》く……51
鼻持《はなも》ちならない……98
花《はな》も実《み》もある……256
花《はな》より団子《だんご》……255
鼻《はな》を明《あ》かす……52
鼻《はな》を鳴《な》らす……71
花《はな》を持《も》たせる……254
歯《は》に衣着《きぬき》せぬ……59
歯《は》の抜《ぬ》けたよう……60
歯《は》の根《ね》が合《あ》わない……61
幅《はば》を利《き》かせる……335
早起《はやお》きは三文《さんもん》の徳《とく》……305
早鐘《はやがね》を打《う》つ……131
腹《はら》が黒《くろ》い……294
腹《はら》が据《す》わる……30
腹黒《はらぐろ》い……294
腹《はら》に据《す》えかねる……22
腹《はら》の皮《かわ》がよじれる……177・289
腹《はら》の虫《むし》が治《おさ》まらない……22
腹八分《はらはちぶ》に医者《いしゃ》いらず……86
腹《はら》も身《み》の内《うち》……22
腸《はらわた》がちぎれる……31
腸《はらわた》が煮《に》えくり返《かえ》る……31
腹《はら》を抱《かか》える……21・33・289
腹《はら》を固《かた》める……21・264
腹《はら》を決《き》める……21
腹《はら》を括《くく》る……21
腹《はら》を据《す》える……21
腹《はら》を割《わ》る……21
張《は》り子《こ》の虎《とら》……183
針《はり》の穴《あな》から天《てん》をのぞく……181・224・253
針《はり》の筵《むしろ》……122
馬齢《ばれい》を重《かさ》ねる……186
歯《は》を食《く》いしばる……59
万死一生《ばんしいっしょう》……311
万事休《ばんじきゅう》す……318
半死半生《はんしはんしょう》……311
反面教師《はんめんきょうし》……250

ひ

日《ひ》が浅《あさ》い……240
膝《ひざ》が笑《わら》う……75
庇《ひさし》を貸《か》して母屋《おもや》を取《と》られる……121
膝《ひざ》を正《ただ》す……76
膝《ひざ》を交《まじ》える……76

肘鉄砲《ひじてっぽう》を食《く》わせる 138
額《ひたい》を集《あつ》める 165
左団扇《ひだりうちわ》で暮《く》らす 116
一泡《ひとあわ》吹《ふ》かせる 300
一皮《ひとかわ》剝《む》ける 177
一《ひと》つ穴《あな》の狢《むじな》 178
一《ひと》つ釜《かま》の飯《めし》を食《く》う 111
人《ひと》の噂《うわさ》も七十五日《しちじゅうごにち》 314
人《ひと》の口《くち》には戸《と》が立《た》てられない 55
人《ひと》の振《ふ》り見《み》て我《わ》が振《ふ》り直《なお》せ 250
一花《ひとはな》咲《さ》かせる 256
人《ひと》を見《み》たら泥棒《どろぼう》と思《おも》え 95
火《ひ》に油《あぶら》を注《そそ》ぐ 110
微《び》に入《い》り細《さい》を穿《うが》つ 265
日《ひ》の当《あ》たる場所《ばしょ》 270
非《ひ》の打《う》ち所《どころ》が無《な》い 336
火《ひ》の車《くるま》 242
火《ひ》の付《つ》いたよう 243
火《ひ》の無《な》い所《ところ》に煙《けむり》は立《た》たぬ 242
日《ひ》の目《め》を見《み》る 270
火花《ひばな》を散《ち》らす 242
火蓋《ひぶた》を切《き》る 113
百害《ひゃくがい》あって一利《いちり》なし 316
百聞《ひゃくぶん》は一見《いっけん》に如《し》かず 315
百《ひゃく》も承知《しょうち》 315
氷山《ひょうざん》の一角《いっかく》 239
瓢簞《ひょうたん》から駒《こま》が出《て》る 262
昼行灯《ひるあんどん》 130
火《ひ》を見《み》るより明《あき》らか 243

ふ

風前《ふうぜん》の灯火《ともしび》 130
笛吹《ふえふ》けど踊《おど》らず 190・201
深《ふか》い川《かわ》は静《しず》かに流《なが》れる 240
不覚《ふかく》を取《と》る 112
覆水盆《ふくすいぼん》に返《かえ》らず 248
袋《ふくろ》の鼠《ねずみ》 192
武士《ぶし》に二言《にごん》無《な》し 91
武士《ぶし》は食《く》わねど高楊枝《たかようじ》 91
豚《ぶた》に真珠《しんじゅ》 190
降《ふ》って湧《わ》いたよう 264
筆《ふで》が立《た》つ 114
筆《ふで》を入《い》れる 115
筆《ふで》を加《くわ》える 115
筆《ふで》を断《た》つ 115
懐《ふところ》が深《ふか》い 240
冬《ふゆ》来《き》たりなば春遠《はるとお》からじ 132
刎頸《ふんけい》の交《まじ》わり 286
粉骨砕身《ふんこつさいしん》 15
踏《ふ》んだり蹴《け》ったり 213

へ

下手《へた》な鉄砲《てっぽう》も数《かず》撃《う》ちゃ当《あ》たる 139
下手《へた》の考《かんが》え休《やす》むに似《に》たり 139
下手《へた》の道具立《どうぐだ》て 139
下手《へた》の長談義《ながだんぎ》 139
下手《へた》の横好《よこず》き 337
屁《へ》の河童《かっぱ》 233
蛇《へび》に見込《みこ》まれた蛙《かえる》 225

ほ

坊主《ぼうず》憎《にく》けりゃ袈裟《けさ》まで憎《にく》い 92
棒《ぼう》に振《ふ》る 124・263
吠《ほ》え面《づら》をかく 223
吠《ほ》える犬《いぬ》は嚙《か》み付《つ》かぬ 167
頰《ほお》が落《お》ちる 43
頰《ほお》を染《そ》める 43
頰《ほお》を濡《ぬ》らす 143・229
頰《ほお》を膨《ふく》らます 43
墓穴《ぼけつ》を掘《ほ》る 181
ほぞを嚙《か》む 191
ほっぺたが落《お》ちる 43
仏造《ほとけつく》って魂《たましい》入《い》れず 157・218・304
仏《ほとけ》の顔《かお》も三度《さんど》 156
骨折《ほねお》り損《ぞん》のくたびれ儲《もう》け 28
骨身《ほねみ》にこたえる 29
骨身《ほねみ》を惜《お》しまず 29
骨《ほね》を埋《うず》める 28
骨《ほね》を折《お》る 29
ほらを吹《ふ》く 115
ぼろが出《で》る 187・329

ま

間《ま》が抜《ぬ》ける 46
蒔《ま》かぬ種《たね》は生《は》えぬ 263
枕《まくら》を高《たか》くする 116
枕《まくら》を濡《ぬ》らす 143・229
負《ま》けるが勝《か》ち 140
馬子《まご》にも衣装《いしょう》 90
待《ま》ちに待《ま》った 241
真《ま》っ赤《か》な嘘《うそ》 285
待《ま》てば海路《かいろ》の日和《ひより》あり 241
的《まと》を射《い》る 337
俎板《まないた》に載《の》せる 209
俎板《まないた》の鯉《こい》 209
眉唾物《まゆつばもの》 49
眉《まゆ》に唾《つば》を付《つ》ける 49
眉《まゆ》をしかめる 49
眉《まゆ》をひそめる 49
丸《まる》い卵《たまご》も切《き》りようで四角《しかく》 149
満面朱《まんめんしゅ》を注《そそ》ぐ 110

み

ミイラ取《と》りがミイラになる 337
身《み》から出《で》た錆《さび》 16
右《みぎ》に出《で》る 338
見《み》切《き》りを付《つ》ける 108
見《み》猿《ざる》聞《き》か猿《ざる》言《い》わ猿《ざる》 173
水《みず》心《ごころ》あれば魚《うお》心《ごころ》 211
水《みず》と油《あぶら》 247
水《みず》に流《なが》す 248
水《みず》も漏《も》らさぬ 244
水《みず》をあける 245
水《みず》を打《う》ったよう 244
水《みず》を得《え》た魚《うお》のよう 211
水《みず》を掛《か》ける 245
水《みず》を差《さ》す 245
水《みず》を向《む》ける 246
身《み》銭《ぜに》を切《き》る 142
味《み》噌《そ》を付《つ》ける 150
道《みち》草《くさ》を食《く》う 253
三《みっ》日《か》坊《ぼう》主《ず》 92
三《み》つ子《ご》の魂《たましい》百《ひゃく》まで 304
身《み》に付《つ》く 15
身《み》の置《お》き所《どころ》がない 321
身《み》の毛《け》がよだつ 16
身《み》の程《ほど》知《し》らず 224
耳《みみ》が痛《いた》い 63
耳《みみ》が早《はや》い 65
耳《みみ》にたこができる 64
耳《みみ》に付《つ》く 64
耳《みみ》を貸《か》す 63
耳《みみ》を傾《かたむ》ける 63
耳《みみ》を澄《す》ます 63
耳《みみ》をそばだてる 63
耳《みみ》を立《た》てる 63
身《み》も世《よ》もない 20
身《み》を固《かた》める 264
身《み》を切《き》られる思《おも》い 122
身《み》を削《けず》る 16
身《み》を粉《こ》にする 15
実《み》を結《むす》ぶ 263

む

六《む》日《いか》の菖蒲《あやめ》十日《とおか》の菊《きく》 254
向《む》かう所《ところ》敵《てき》なし 228
昔《むかし》取《と》った杵柄《きねづか》 126
虫《むし》がいい 220
虫《むし》が納《おさ》まる 221
虫《むし》が知《し》らせる 221
虫《むし》が好《す》かない 220
虫《むし》唾《ず》が走《はし》る 98
虫《むし》の息《いき》 219
虫《むし》の居《い》所《どころ》が悪《わる》い 221
虫《むし》の知《し》らせ 221
虫《むし》も殺《ころ》さない 188・220
矛《む》盾《じゅん》 137
無《む》駄《だ》骨《ぼね》を折《お》る 28
胸《むね》が熱《あつ》くなる 17
胸《むね》が一杯《いっぱい》になる 18
胸《むね》が躍《おど》る 17
胸《むね》が騒《さわ》ぐ 17
胸《むね》がすく 18
胸《むね》が潰《つぶ》れる 17
胸《むね》が詰《つ》まる 18
胸《むね》がときめく 17
胸《むね》が弾《はず》む 17
胸《むね》が張《は》り裂《さ》ける 20
胸《むね》が膨《ふく》らむ 17
胸《むね》が塞《ふさ》がる 20
胸《むね》に納《おさ》める 17
胸《むね》に刻《きざ》む 17
胸《むね》に迫《せま》る 20
胸《むね》に手《て》を当《あ》てる 17
胸《むね》を痛《いた》める 19
胸《むね》を打《う》つ 17
胸《むね》を借《か》りる 19
胸《むね》を撫《な》で下《お》ろす 19
胸《むね》を張《は》る 18
無《む》用《よう》の長《ちょう》物《ぶつ》 163

め

目《め》が眩《くら》む 45
芽《め》が出《で》る 259
目《め》角《かど》を立《た》てる 48
目《め》が無《な》い 44
目《め》が回《まわ》る 44
目《め》から鱗《うろこ》が落《お》ちる 172・190
目《め》から鼻《はな》へ抜《ぬ》ける 46
目《め》先《さき》を変《か》える 281
目《め》白《じろ》押《お》し 204
目《め》玉《だま》が飛《と》び出《で》る 48
目《め》に余《あま》る 316
目《め》に角《かど》を立《た》てる 48
目《め》には目《め》を、歯《は》には歯《は》を 190
目《め》に触《ふ》れる 102
目《め》に物《もの》見《み》せる 289
目《め》の色《いろ》を変《か》える 281
目《め》の敵《かたき》にする 290
目《め》の黒《くろ》いうち 294
目《め》の中《なか》に入《い》れても痛《いた》くない 45
目《め》の前《まえ》が真《ま》っ暗《くら》になる 99
目《め》は口《くち》ほどに物《もの》を言《い》う 48
目《め》も当《あ》てられない 45
目《め》を疑《うたが》う 46

目《め》を奪《うば》う 44
目《め》を凝《こ》らす 315
目《め》を皿《さら》のようにする 47
目《め》を三角《さんかく》にする 48
目《め》を白黒《しろくろ》させる 291
芽《め》を摘《つ》む 259
目《め》を吊《つ》り上《あ》げる 48
目《め》を光《ひか》らせる 47
芽《め》を吹《ふ》く 259
目《め》を細《ほそ》める 47
目《め》を丸《まる》くする 48
目《め》を見張《みは》る 48・56
目《め》を剝《む》く 282
面目《めんぼく》を失《うしな》う 278

も

持《も》ちつ持《も》たれつ 338
餅《もち》は餅屋《もちや》 88
物怪《もっけ》の幸《さいわ》い 153
元《もと》の木阿弥《もくあみ》 28
物《もの》は言《い》いよう 149
物《もの》も言《い》いようで角《かど》が立《た》つ 149
桃栗三年柿八年《ももくりさんねんかきはちねん》 147

や

矢面《やおもて》に立《た》つ 135
焼《や》き餅《もち》を焼《や》く 153
焼《や》け石《いし》に水《みず》 247
焼《や》け木杭《ぼっくい》に火《ひ》が付《つ》く 126
安《やす》かろう悪《わる》かろう 142
安物買《やすものが》いの銭失《ぜにうしな》い 142
矢《や》の催促《さいそく》 136
藪《やぶ》から棒《ぼう》 124
藪《やぶ》の中《なか》 124
藪蛇《やぶへび》 225
藪《やぶ》をつついて蛇《へび》を出《だ》す 225
病《やまい》は気《き》から 100
山場《やまば》を迎《むか》える 238
山《やま》を越《こ》す 239
闇《やみ》に烏《からす》 199
闇夜《やみよ》の鉄砲《てっぽう》 139
矢《や》も盾《たて》もたまらない 137
槍《やり》が降《ふ》っても 138・264

ゆ

指折《ゆびお》り数《かぞ》える 69
指《ゆび》をくわえる 69
湯水《ゆみず》のように使《つか》う 247
夢《ゆめ》のまた夢《ゆめ》 299
夢枕《ゆめまくら》に立《た》つ 116・299

よ

洋《よう》の東西《とうざい》を問《と》わず 168
欲《よく》が深《ふか》い 212
欲《よく》に目《め》が眩《くら》む 212
欲《よく》の皮《かわ》が突《つ》っ張《ぱ》る 177・212
横車《よこぐるま》を押《お》す 131
横槍《よこやり》を入《い》れる 138
葦《よし》の髄《ずい》から天井《てんじょう》のぞく 253
四《よ》つに組《く》む 306
読《よ》みが深《ふか》い 240
寄《よ》らば大樹《たいじゅ》の陰《かげ》 154
弱《よわ》り目《め》に祟《たた》り目《め》 213

ら

来年《らいねん》の事《こと》を言《い》えば鬼《おに》が笑《わら》う 232

り

両手《りょうて》に花《はな》 255
良薬《りょうやく》は口《くち》に苦《にが》し 54

る

類《るい》は友《とも》を呼《よ》ぶ 84

ろ

ローマは一日《いちにち》にして成《な》らず 265
六十《ろくじゅう》の手習《てなら》い 313
呂律《ろれつ》が回《まわ》らない 38
論語《ろんご》読《よ》みの論語《ろんご》知《し》らず 224
論《ろん》より証拠《しょうこ》 338

わ

脇目《わきめ》も振《ふ》らず 15
禍《わざわい》を転《てん》じて福《ふく》となす 339
渡《わた》りに船《ふね》 133
渡《わた》る世間《せけん》に鬼《おに》はない 231
笑《わら》う門《かど》には福来《ふくき》たる 339
藁《わら》にもすがる 252
破《わ》れ鍋《なべ》に綴《と》じ蓋《ぶた》 113
我《われ》を忘《わす》れる 58・103
輪《わ》を掛《か》ける 339

なかまでおぼえる
オールカラー はじめてのことわざ辞典

2014 年 5 月 28 日　　初版第 1 刷発行

編　者	小学館 国語辞典編集部
発行人	森田康夫
発行所	株式会社 小学館
	〒101-8001　東京都千代田区一ツ橋 2-3-1
	電話　編集 03-3230-5170　販売 03-5281-3555
印刷所	大日本印刷株式会社
製本所	株式会社 若林製本工場

© SHOGAKUKAN 2014　　Printed in Japan
ISBN 978-4-09-501824-9

- 造本には十分注意しておりますが、印刷、製本など製造上の不備がございましたら「制作局コールセンター」（フリーダイヤル 0120-336-340）にご連絡ください。
（電話受付は、土・日・祝休日を除く 9:30 ～ 17:30 となります）
- Ⓡ〈公益社団法人日本複製権センター委託出版物〉
本書を無断で複写（コピー）することは、著作権法上の例外を除き、禁じられています。本書をコピーされる場合は、事前に公益社団法人日本複製権センター（JRRC）の許諾を受けてください。
JRRC〈http://www.jrrc.or.jp　e-mail:info@jrrc.or.jp　電話 03-3401-2382〉
- 本書の電子データ化等の無断複製は著作権法上での例外を除き禁じられています。
- 代行業者等の第三者による本書の電子的複製も認められておりません。

小学館 国語辞典のホームページ　http://www.web-nihongo.com/

✻ きみの知《し》ってる「はんたいの いみの ことわざ」はあるかな？
ページを開《ひら》いて、使《つか》い方《かた》や意味《いみ》を調《しら》べてみよう！

腰《こし》が低《ひく》い（26ページ）

頭《ず》が高《たか》い（36ページ）

立《た》つ鳥跡《とりあと》を濁《にご》さず（205ページ）

後《あと》は野《の》となれ山《やま》となれ（238ページ）

好《す》きこそ物《もの》の上手《じょうず》なれ（244ページ）

下手《へた》の横好《よこず》き（337ページ）

瓜《うり》の蔓《つる》に茄子《なすび》はならぬ（146ページ）

蛙《かえる》の子《こ》は蛙《かえる》（222ページ）

鳶《とび》が鷹《たか》を生《う》む（195ページ）

棒《ぼう》に振《ふ》る（124ページ）

実《み》を結《むす》ぶ（263ページ）